·供应链管理与运营系列·

SCMP
供应链管理专家认证教材

计划管理
优化产供销协同，提升精益运营效率

中国物流与采购联合会◎主编

人民邮电出版社
北　京

图书在版编目（CIP）数据

计划管理：优化产供销协同，提升精益运营效率 /
中国物流与采购联合会主编. -- 北京：人民邮电出版社，
2023.9
　（供应链管理与运营系列）
　ISBN 978-7-115-61037-9

　Ⅰ．①计… Ⅱ．①中… Ⅲ．①计划管理 Ⅳ.
①F406.2

　中国国家版本馆CIP数据核字(2023)第013823号

内 容 提 要

供应链计划以需求计划为输入、以生产相关计划为纽带、以能力计划为支撑，担负着通过产供销协同以实现企业精益运营的神圣使命，因此其设计与执行的质量将极大地影响企业发展的质量。

《计划管理》聚焦企业运营中较为普遍的预测难、生产难、交付难等问题，以及部分企业为了保证交付而建立大量库存等突出现象，旨在通过建立结构化的计划体系，在战略业务计划的引领下，通过销售与运营计划的协同，实现需求计划与供应计划由远及近的平衡，进而推动企业由当前的"低效孤岛式运营"向"高效协同型运营"转型，助力企业高质量发展。

鉴于供应链管理是一项一体化协同工作，尤其供应链运营需要依靠计划将销售、设计、采购、生产、物流等多部门协同在向顾客准时交付这一首要任务上来，因此从保证整个供应链协同效率和效果的角度来看，本书可以作为所有供应链从业者的参考读物。

　◆ 主　　编　　中国物流与采购联合会
　　　责任编辑　　马　霞
　　　责任印制　　周昇亮

　◆ 人民邮电出版社出版发行　　北京市丰台区成寿寺路 11 号
　　　邮编　100164　　电子邮件　315@ptpress.com.cn
　　　网址　https://www.ptpress.com.cn
　　　固安县铭成印刷有限公司印刷

　◆ 开本：787×1092　1/16
　　　印张：17.75　　　　　　　　　2023 年 9 月第 1 版
　　　字数：345 千字　　　　　　　 2025 年 9 月河北第 10 次印刷

　　　　　　　　　　定价：99.00 元

读者服务热线：(010)81055296　印装质量热线：(010)81055316
反盗版热线：(010)81055315

供应链管理专家（SCMP）认证丛书
编写委员会

本书编写组

组　长：

王运新　中物联采购与供应链专家委员会委员

撰稿人：

王运新　中物联采购与供应链专家委员会委员，负责第1、3、6章

赵韶翊　中物联采购与供应链专家委员会委员，负责第2、8、9章

高　上　中物联采购与供应链专家委员会委员，负责第4、5、7章

特约审稿人：

王海军　华中科技大学管理学院副院长、教授、博导

张　一　北京物资学院物流学院采购管理专业副教授

总　序

自供应链概念在 20 世纪 80 年代提出后，随着全球经济一体化的发展和技术的进步，供应链已从企业的管理科学逐步转化为产业和经济的组织形态，并从产业供应链扩展到了跨产业的平台供应链，甚至发展到了跨产业、跨区域的供应链生态圈。《国务院办公厅关于积极推进供应链创新与应用的指导意见》（国办发〔2017〕84 号）指出："供应链是以客户需求为导向，以提高质量和效率为目标，以整合资源为手段，实现产品设计、采购、生产、销售、服务等全过程高效协同的组织形态。随着信息技术的发展，供应链已发展到与互联网、物联网深度融合的智慧供应链新阶段。"

在全球经济实践中，现代市场竞争已不再简单地体现为产品与产品、企业与企业之间的竞争，而是深刻地体现为供应链与供应链之间的竞争。供应链的整合能力和效率已成为企业、产业甚至国家的核心竞争力。中国供应链的创新发展经历了几个阶段：第一阶段是供应链产业链的初步形成，不同企业的供应链创新重点多样化；《国务院办公厅关于积极推进供应链创新与应用的指导意见》发布后，中国供应链创新进入第二阶段，即供应链产业链的优化协同阶段，通过供应链上下游全流程的优化协同，形成了更高效、稳定、安全的产业链；到现在，中国供应链创新发展已进入数字化供应链阶段，这是产业链供应链现代化发展的必然趋势。作为世界第二大经济体，中国不仅成为引领世界经济发展的重要力量，也在全球供应链中发挥着"稳定器"和"压舱石"作用，并继欧美国家之后逐渐成为供应链管理研究与实践的前沿阵地。

当前，世界面临百年未有之大变局并持续加速演变，各种不稳定性因素明显增加。面对复杂严峻的发展环境和风险挑战，如何确保我国供应链的整体安全稳定，不断提升我国在全球供应链中的竞争优势，成为展现我国实力和大国担当的重要任务。

习近平总书记在 2016 年 4 月 19 日网络安全和信息化工作座谈会上曾说："供应链的'命门'掌握在别人手里，那就好比在别人的墙基上砌房子，再大再漂亮也可能经不起风雨，甚至会不堪一击。"随着供应链战略逐渐成为我国国家层面的重要议题，紧密关注并促进各方面、各环节和全链条的有机融合，以推动供应链发展，是至关重要的。在这一过程中，供应链领域的专业人才培养则成为其中必不可少的关键一环。

近年来，美国供应管理协会（Institute for Supply Management，ISM）和英国皇家采购与供应学会（Chartered Institute of Purchasing and Supply，CIPS）等国际知名行业组织，已建立了相对成熟和完善的供应链知识体系和认证品牌。作为我国物流、采购与供应链领域的综合性社团组织，中国物流与采购联合会（以下简称"中物联"）牵头建立一套具有中国自主知识产权、符合中国供应链管理发展实际的本土供应链知识体系，是义不容辞的责任与使命。自2013年起，中物联组织了20多位业内知名专家，集聚了全行业的智慧与力量，耗时5年精心打磨，建立了一套涵盖供应链管理运作、规划、环境、战略等核心内容的"供应链管理专家（Supply Chain Management Professionals，SCMP）"知识体系。2018年，中物联将该知识体系推向市场，并基于此进行了"供应链管理专家（SCMP）"考试与认证，广受社会各界的欢迎和好评，为我国培养了一大批优秀的供应链专业人才。

今天，呈现在读者面前的这套丛书，是中物联根据近年来供应链理论体系的完善与供应链管理实践的发展，组织近40人专家团队耗时两年多，对2018版"供应链管理专家（SCMP）"知识体系的修订与完善。该套丛书共有7册，包括关于供应链基础知识的《供应链运作》《供应链规划》《供应链领导力》和关于供应链专业知识的《物流管理》《计划管理》《采购管理》，以及1本工具书《供应链术语》。本套丛书基于中物联供应链管理SCOP模型和"3+X"认证思路，更聚焦物流管理、计划管理和采购管理这三个主要供应链管理专业。丛书的每册既可单独使用，又可组合成一套由浅入深、相互衔接、结构性强的系列教材。

人才是国家强盛之基，创新是民族进步之魂。相信这套新版"供应链管理专家（SCMP）"知识体系能对培育供应链专业高端人才，完善我国供应链管理学科体系，推动供应链"产、学、研、用"协调发展，打造供应链创新发展新高地，提升我国供应链的"硬核"竞争力，实现我国供应链自主可控、安全稳定和高质量发展贡献智慧与力量。

中国物流与采购联合会会长

何黎明

　　如今，供应链管理已成为一个日臻成熟的专业领域。供应链管理从几十年前的模糊概念，到逐渐成为组织制定战略、规划或开展交流时的高频词，其重要性已上升到国家战略层面。没有任何两条供应链是相同的，只有全面了解供应链管理的内涵、过程及架构等，组织才更有能力应对多变的内外部环境带来的挑战。

　　ISM 在《ISM 术语 2016》中提出，供应链是供应网络，即一个组织往下游延伸到顾客的顾客，往上游延伸到供应商的供应商的网络。《国务院办公厅关于积极推进供应链创新与应用的指导意见》（国办发〔2017〕84 号）对供应链的定义是以客户需求为导向，以提高质量和效率为目标，以整合资源为手段，实现产品设计、采购、生产、销售、服务等全过程高效协同的组织形态。中物联给出的供应链最新定义是生产及流通过程中，围绕核心企业的核心产品或服务，由所涉及的原材料供应商、制造商、分销商、零售商直到最终用户等形成的网链结构，该定义旨在统一国内供应链管理行业对供应链的认识。

　　在本套丛书中，中物联创造性地提出了"供应链运营与规划框架"，即 SCOP 模型（见图 0-1）。该框架由 3 个层面构成，即战略层、运作层和基础层。从战略层来看，供应链规划是企业战略规划的重要组成部分，它指导和制约所有与供应链管理相关的活动；从运作层来看，供应链管理侧重五大领域，包括计划、采购、生产、交付和物流；从基础层来看，供应链管理主要涉及每个企业在运营过程中不可回避的大环境和逐渐成熟的供应链治理理念和最佳实践，包括内外部利益相关者协同，以及环境、社会和公司治理。在 SCOP 模型中，供应链管理活动可分为 8 个主要管理领域，包括供应链规划、计划管理、采购管理、生产管理、交付管理、物流管理、内外部利益相关者协同、环境 / 社会 / 公司治理。

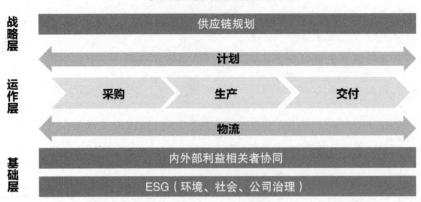

图 0-1 SCOP 模型

这套新版教材由原来 4 册扩展为 6 册，同时提供《供应链术语》作为工具书。认证模式由 3 门基础课加 1 门选修课组成，即"3+X"，其中包括 3 册基础教材，即必选教材《供应链运作》《供应链规划》《供应链领导力》；另外 3 册为选修教材，学员可根据职业方向或兴趣选择 1 门课程，参加对应专业方向的认证，包括《物流管理》《计划管理》《采购管理》，当然也可多选并参加多个专业方向的认证。

本书为"供应链管理专家（SCMP）"教材的选修模块之一，聚焦从需求计划到供应计划的整个运营计划体系的结构和运作流程、计划信息系统及计划绩效。全书共 9 章，第 1 章计划概述，基于供应链计划体系，概括全书的结构和逻辑；第 2 章预测与需求计划，阐述需求预测方法和需求计划；第 3 章综合供应计划，描述基于需求计划制订供应计划的方法；第 4 章销售与运营计划（S&OP），阐述需求计划与综合生产计划在 S&OP 流程中的碰撞和平衡；第 5 章主生产计划、物料需求计划及排程，阐述主生产计划、物料需求计划和工单的排产管理等；第 6 章供应能力计划与管理，阐述各层级供应计划必须配备的供应能力计划，实现能力与需求的平衡；第 7 章库存管理，明确库存管理的重要性，确保制订合理的库存计划，实现客户服务水平与库存水平的平衡；第 8 章计划信息系统，阐述供应链计划相关的信息系统；第 9 章计划绩效，阐述生产计划绩效、库存绩效、交付绩效等不同角度的供应链绩效，彰显计划绩效管理对于打造企业竞争优势的重要作用。

本书通过由远及近的计划流程，突出前瞻性计划的重要性。通过能力平衡，用计划把采购、生产、交付紧紧连接在一起，突出协同计划的重要性；在深入阐述计划理论知识的同时，也融入了在供应链计划工作中可能会遇到的一些问题、挑战以及解决问题和应对挑战的方法和建议等，突出了本书的实用性。

本书由王运新、赵韶翔、高上 3 位老师联合编写，也得到了王海军、张一等专家学者的指导，在这里对每位老师的辛苦付出表示由衷感谢！书中难免有不当之处，恳请读者批评指正。

目 | 录

3　第 3 章　综合供应计划

4 第4章　销售与运营计划（S&OP）

5 第5章　主生产计划、物料需求计划及排程

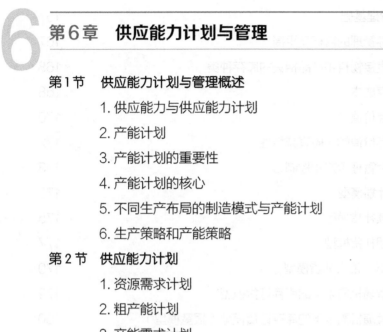

7 第7章 库存管理

8 第8章 计划信息系统

9 第 9 章　计划绩效

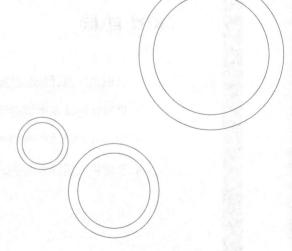

第 1 章

计 划 概 述

众所周知，供应链中流淌着物料流、信息流和资金流。供应链计划蕴含着不同层次、不同维度、不同时间点的需求信息、供应信息、能力信息等信息，这些信息是供应链信息流的重要组成部分，也是使采购、生产和交付紧密相连的必需的纽带。本章将对本书的内容进行提纲挈领的介绍，使读者大致了解供应链计划体系、供应链计划所使用的制造模式、供应链计划所面临的挑战，从而为深入学习后续各章内容奠定基础。

本章目标

1. 认识供应链计划的重要性。

2. 理解计划体系模型的结构、各模块间的关系。

3. 掌握 4 种基本制造模式及其影响。

4. 了解供应链计划面临的挑战。

| 第 1 节 | 计划及其重要性

1. 管理中的计划

一个国家、一个组织、一个部门、一个项目、一个员工都会有计划，如国家的五年规划、组织和部门的战略计划、项目的里程碑和输出物、员工的职业生涯规划等。

法国工业经济学家亨利·法约尔率先提出了管理的 5 项职能：计划、组织、指挥、协调和控制。今天，不同的管理类书籍描述的管理职能可能会略有不同，但计划在管理中的重要性从未改变。

1）计划的定义

计划包括制定组织的目标和目标实现的途径。《管理学：原理与实践》（斯蒂芬·P. 罗宾斯等主编）这样描述计划：计划包括定义组织的目的和目标，制定为达到这些目标的整体战略，以及建立一套综合的计划体系来整合与协调行动。计划工作既确定了要做什么，又确定了怎样做。

2）正式计划和非正式计划

计划可以分为正式计划和非正式计划两种。

（1）正式计划

正式计划是以书面形式记录下来的计划。组织在发展的不同阶段都要设定自己的目标，这些目标经过组织成员间的沟通和协同，被确定和记录下来，组织各部门和员工据此制订自己的计划以支持组织目标的实现。正式计划包括战略业务计划、预算计划、产品计划、销售计划、综合生产计划、主生产计划、采购计划等。正式计划具有很好的连续性，因此对计划实施的控制、员工的绩效评估和未来新计划的制订都是非常重要的可视化的标准和基础。

（2）非正式计划

非正式计划是以非书面形式呈现的计划。举个例子，有些组织可能由于业务规模较小，没有建立预算制度，盈利计划和成本控制计划等可能仅存在于各级管理者的心中，这类计划就属于非正式计划。非正式计划由于缺乏很好的再现性，管理起来就会缺乏一致性和连续性。

3）建立正式计划的价值

管理者为什么要建立正式计划呢？下面从战略指引、聚焦协同、未雨绸缪、精益运作、高效控制5个维度来理解建立正式计划的价值。

（1）战略指引

一个组织的战略明确了组织未来的发展方向、目标和竞争优势等内容，而发展方向、目标、竞争优势将成为组织中每个部门、每个人的战略指引。正如《平衡计分卡》（罗伯特·卡普兰等著）中描述的那样，有了战略指引，组织各部门就可以从4个关键视角强调组织成功的驱动力，即财务、顾客、内部业务过程、创新与学习。

（2）聚焦协同

当组织各部门都清楚地知道组织的目标以及组织均衡发展的重要意义时，各部门就需要识别做哪些工作才能实现这些目标。这时团队工作与协同合作就会同时开展起来，团队的力量也就聚焦在实现组织目标和组织均衡发展上。反之，就很有可能造成各部门仅追求自身利益最大化，组织也就很难成功地实现目标。

（3）未雨绸缪

组织处在一个变化的世界中，顾客在变、竞争对手在变，组织也必须随机应变。当一个任务的截止时间越近，其变化的可能性相对就越小些。大部分组织在管理上从来都是冻结近期的"具象型"计划来满足运营的需要，而认同远期的"轮廓型"计划的变化，并通过前瞻性管理这个计划的变化，实现组织运营的未雨绸缪。不少组织认为计划天天变，就没有必要花时间做计划。事实上，组织如果不花时间去研究远期的计划，就很难监控市场变化并及时响应。

（4）精益运作

有了一个协同的计划，如预算计划，除非预算计划本身需要修订，否则各部门只需要按预算计划开展工作。在实际工作中，很多组织既没有预算计划，也没有综合生产计划（该生产计划来自销售与运营计划，将在本书第4章讲解），这时销售、生产、采购等部门就很有可能自己做自己的工作计划，这种重复的工作就是管理上的浪费。

（5）高效控制

有了目标，就要有实现目标的计划，包括实现目标的路径和里程碑。这些目标和里程碑恰恰就是要实现的与交付物相关的计划。在做绩效回顾时，计划自然就成了控制的标准。做了计划与实际的差距分析并采取了纠偏行动，也就是做了控制。管理者常说：要管理什么，就计划什么；要计划什么，就控制什么；要控制什么，就测量什么；要测量什么，就奖励什么。

2. 供应链计划

1）供应链计划的内涵

供应链计划在组织战略计划的引领下，通过建立和实施一套计划体系来实现供给与需求的平衡，从而更好地实现顾客价值和组织价值。供给和需求都受环境的影响，处于动态变化中，不平衡是常态。如果需求大于供给，组织在一定的时间内没有足够的能力满足顾客的需求，这将造成顾客满意度下降；如果供给大于需求，组织将面临成本增加和利润水平降低的问题。供应链计划的目标就是通过计划体系的协同实现供给与需求的平衡。为了实现这个目标，供应链计划要具有前瞻性，组织则要从承接战略业务计划开始，由远及近地进行动态管理，直到完美满足顾客的需求。

2）供应链计划的重要性

供应链计划不应是可有可无的、也不应是被动地按销售订单安排生产，供应链计划的协同性和前瞻性功能在组织追求高质量发展的今天，已经变得愈发重要。供应链计划的重要性体现在打造竞争优势、实现供应链绩效等方面。

（1）打造竞争优势

一个组织要想发展，归根结底要通过差异化或低成本获得竞争优势。供应链计划体系设计得好，组织就会像一台优质的机器，输出一些重要的能赢得顾客订单的优秀特质。比如质量、反应速度、柔性和成本等特质，都与供应链计划体系紧密相关。供应链计划工作的战略就是把这些组织需要的特质"设计"进供应链计划体系之中，使之能够在业务中发挥作用。

（2）实现供应链绩效

不同供应链书籍对供应链绩效的描述略有不同，这里参考美国供应链协会（Association for Supply Chain Management，ASCM）在供应链运作参考模型（Supply Chain Operations Reference Model，SCOR）中给出的供应链绩效指标，向读者分享供应链计划是如何为这些指标的实现提供支撑的。SCOR 模型给出了 5 个指标，它们分别是可靠性 RL（Reliability）、响应性 RS（Responsiveness）、敏捷性 AG（Agility）、成本 CO（Costs）、资产管理效率 AM（Assets Management Efficiency）（见 CSCP 认证知识体系的 Module 3，Section C，Chapter 2）。这里的每个指标的实现，都与供应链计划紧密相关。没有协同的供应链计划，物料就不会在需要的时间齐套集结在需要的地点，组织也就无法准时生产并实现对顾客的准时交付，也就没有可靠性；没有协同的供应链计划，组织就不知道如何以产能的合理配置达到需要的供应链响应性；没有协同的供应链计划，组织就不会预先设计供应链的敏捷性；没有协同的供应链计划，组织就很难准确地规划供给能力和物流网络，从而使供应链总成本降到最低；没有协同的供应链计划，组织就不知道应该消除哪些不应有的库存或建立哪些有意义的库存，从而提升资产管理效率。

（3）其他影响

计划的好坏还与安全、质量及员工士气紧密相关。如果一个组织的生产计划做完了，但销售在变、设计在变、采购在变，组织为了保证交付，很可能会安排员工连续数日加班，这样员工的安全和产品的质量都将面临很大的挑战；如果每个部门都有自己的小计划，甚至部门中不同的岗位都在为自己的计划争夺资源，那牺牲的很可能就是整体的顾客服务水平。长此以往，这些不正常的现象演变成组织常态，将对员工士气产生很大影响。

3）对不同行业都有贡献

供应链计划体系是基于制造业搭建的，但在贸易、物流、建筑项目等非制造业领域也具有很强的通用性，希望不同行业的读者都能从本书中受益，并结合本行业的特殊性进行拓展和应用。

| 第2节 | 供应链计划体系

只有好的机器才能生产出好的产品。供应链计划体系是组织这台机器的重要组成部分，计划体系结构化管理水平的高低将严重影响组织的运营绩效。

1. 供应链计划体系模型

组织战略、文化、信息技术等的不同，势必造成组织结构的不同。有的组织设立了独立的计划部，有的组织由运营部门管辖计划部，也有的组织设立了生产部来管理计划科，不一而足。这些组织结构的不同就可能带来计划工作模式的不同。供应链管理迫切需要把计划体系的架构标准化，这个标准化的架构就是供应链计划体系模型，如图1-1所示（全书会多次用到这张图，不同地方的内容侧重点会有所不同）。

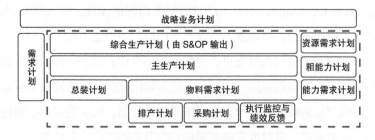

图1-1 供应链计划体系模型

从结构上看，供应链计划体系由战略业务计划、需求计划和综合供应计划 3 部分构成。

战略业务计划位于供应链计划体系的上部，属于组织战略规划的范畴，引领着组织运营方向，是供应链计划体系的重要输入；需求计划位于供应链计划体系的最左侧，是来自市场的需求输入；图 1-1 中矩形虚线方框内的部分是综合供应计划，综合供应计划由图中央不同层级的生产计划及矩形虚线方框内右侧的各级供应能力计划构成。

供应链计划体系模型将贯穿本书，后续的 8 章内容都将围绕这个模型的构成要素及与之紧密相关的库存管理、技术支持、绩效管理做深入的展开。在学习后续内容之前，读者有必要先从整体轮廓上进一步了解供应链计划体系模型。

1）战略业务计划

战略业务计划（Strategic Business Planning，SBP）是由组织管理层制订的组织的长期业务计划，为组织运营确定了业务目标和方向。

组织管理层基于宏观环境分析、供应市场与竞争对手分析、组织优势与劣势分析（SWOT）、中长期市场趋势预测，以及市场份额、盈利能力等关键绩效指标，明确组织未来的长期发展方向和目标，包括工程、市场、制造、销售及财务等方面的目标，并为体系内其他各层计划的编制提供指南。战略业务计划的输出通常表现为组织的经营战略，收入、成本和利润目标，运营管理预算，预估的资产负债表、损益表和现金流量表等。

做预算是将下一财年的活动计划进行量化的过程，以帮助管理层确定未来的行动和所需的资金。预算中的产销存数量，都来自预算与计划体系的互动过程。

2）需求计划

一部分组织已经意识到，供应链计划成功实施的一个重要前提就是有效的需求管理，而偏偏这又是当下很多组织管理中非常薄弱的"灰色"地带。有的组织甚至出现了各部门制订自己的需求计划，并根据自己的需求计划开展工作的情况，其结果可想而知。

需求计划是需求管理部门协同销售、市场、产品等部门基于对需求的预测和协同而产生的计划。为了有效管理需求计划，管理层首先要明确需求管理职责并搭建需求管理流程。需求管理流程主要包括如何进行需求预测和如何把预测转换为需求计划。

需求预测就是对顾客及其他需求方未来需求的预期。需求预测主要有定量和定性两种基本方法，而多数需求经过定量预测后，还要进行定性预测并修正，这就产生了需求预测的综合方法。定量预测方法有两种：一种是时间序列预测法，就是用内部的历史数据推断未来的需求；另一种是回归法，即根据自变量与因变量之间的关系进行预测。预测是一个闭环的管理过程，通过平均绝对偏差（Mean Absolute Deviation，MAD）和跟踪信号（Tracking Signal，TS）等指标来反应偏差大小和趋势，并决定是否对预测方法做出调整。

需求计划是战略业务计划、综合供应计划等计划的输入。需求计划可能要根据使用者的不同给出不同的预测值。如果管理层制订战略业务计划，需求计划应该给出基于销售金额的预测；如果计划部门为了制订综合生产计划并为长提前期的关键资源做准备，需求计划应该给出基于产品大类 / 产品线 / 产品系列 / 产品族的销售数量的预测；如果计划部门为了确定主生产计划并购置物料，需求计划应该给出基于具体产品的销售数量的预测。

有关预测与需求计划，本书第 2 章将做详细的讲解。

3）综合供应计划

综合供应计划是供应链计划体系的重要组成部分。综合供应计划由生产和物料的相关计划，以及供应能力计划构成。综合供应计划覆盖了一系列与供应相关的计划，这也是我们称之为综合供应计划的原因，本书后续各章将描述综合供应计划的范围，强调基于这个概念如何协同整体计划和资源，共同满足需求计划。

生产和物料的相关计划包括综合生产计划、主生产计划、总装计划、物料需求计划、排产计划、采购计划、与计划执行相关的监控与绩效反馈。

供应能力计划包括资源需求计划、粗能力计划、能力需求计划。资源需求计划、粗能力计划、能力需求计划分别与综合生产计划、主生产计划、总装计划、物料需求计划一一对应。排产计划、采购计划、执行监控与绩效反馈是处于最低层级的基于所有能力核定后的执行级别的计划和控制。

销售与运营计划（Sale & Operation Plannings，S&OP）是中长期供应链计划流程，它通过对比未来 12 个月或以上计划区间的产品大类 / 产品线 / 产品系列 / 产品族的销售计划所需的关键资源与组织所具有的资源能力是否存在不平衡，在确保顾客服务水平和组织价值最优的前提下，寻求资源能力与所需的关键资源的平衡。S&OP 输出包括销售计划、（批准的）综合生产计划、资源需求计划等在内的一套协同计划。

S&OP 由一名高级领导者作为流程发起人进行领导，由 S&OP 负责人组织。S&OP 是一个每月都要开展的连续的活动，通常由与产、供、销相关的功能部门和高级管理团队参加。高级管理团队使用 S&OP 流程实现战略业务计划向战术计划的传递、回顾供给和需求的平衡并为不平衡的消除做出决策。这些决策包括调整班次、调整员工队伍规模、制定库存策略、外包、投资，以及使用可行的营销策略来引导需求等。

有关各层级生产计划的内容，将在本书第 3 章和第 5 章进行讲解。第 3 章将侧重对综合供应计划体系及综合生产计划进行详细讲解；第 5 章将侧重对主生产计划、物料需求计划、排产计划和采购计划做详细讲解。由于第 2 章的需求计划要与第 3 章的综合生产计划经过销售与运营计划协同后，才能转化到第 5 章的主生产计划，因此本书在第 4 章讲解销售与运营计划。供应能力计划虽然与生产计划一一对应并与生产计划同步发生，但考虑到其独特性，将在本书第 6 章进行专门的讲解。

2.计划体系中的基础计划岗位

供应链计划体系中有需求计划员（Demand Planner）、综合生产计划员（Production Planner）、主生产计划员（Master Scheduler）、物料计划员（Material Planner）、计划协调员（Plan Coordinator）、S&OP 负责人（S&OP Owner）等岗位，每个岗位的职责不尽相同。除了这些基础计划岗位，组织还会根据自身业务规模、产品线及制造模式、跨国家或地区运营的实际情况，设立需求经理、计划经理、主计划经理、S&OP 经理等，有的组织还设立了与计划相关的高级经理，如中国区 S&OP 高级经理或总监等。下文主要从计划流程的角度，介绍计划体系中的基础计划岗位。

1）需求计划员

需求计划员要完成独立需求计划的编制。独立需求就是与其他需求无关的需求，主要指顾客的需求，将在第 2 章中详细介绍。

需求计划员的职责如下。

● 收集基于不同维度的需求信息，如产品大类 / 产品线 / 产品系列 / 产品族的顾客需求信息，包括需求数量和需求时间。

● 完成需求数据和需求计划的分析。

● 达成关于需求计划的共识。

● 与需求计划制订、达成共识、变更的利益相关方进行有关需求信息、计划的沟通。

需求计划员在某些组织中可能有多个，每个需求计划员负责编制不同产品线的需求计划；也可能是一个需求计划员或一个计划经理负责编制整个组织的需求计划。需求计划员要与提供需求信息的销售、市场、产品等部门管理需求计划的代表协同工作，因此需求计划员需要了解需求预测的方法和流程、需求计划的制订流程。

需求计划员应该划分在哪个部门呢？与计划岗位相关的内容将在"供应链管理专家（SCMP）"丛书的其他模块中讲解。

2）综合生产计划员

综合生产计划员要完成综合生产计划的编制。

综合生产计划员的职责如下。

● 沟通产品大类 / 产品系列 / 产品族相关的需求计划或信息，收集关键资源相关信息。

● 完成不同情景下综合生产计划的成本分析、交付分析、资源匹配等。

● 参加 S&OP，并达成关于综合生产计划的共识。

● 与综合生产计划制订、达成共识、变更的利益相关方进行需求信息、计划的沟通。

综合生产计划员负责将战略业务计划的目标转化到综合生产计划中，并负责综合生产计划制订、达成共识、变更的重要任务。当下不少组织严重缺乏综合生产计划的制订，可以设想，当发生大量的"无拘无束"的综合生产计划变更时，工厂如何招聘人员、人员何时到位呢？同时组织也可能会面临一系列涉及长交期关键资源的准备问题。

综合生产计划员一般由主计划员兼任。

3）主生产计划员

主生产计划员要完成主生产计划的编制。

主生产计划员的职责如下。

● 沟通具体产品需求计划或信息，收集产品级关键能力信息。

● 完成不同情景下主生产计划的成本分析、交付分析、资源匹配等。

● 组织生产会议并达成关于主生产计划的共识。

● 与主生产计划制订、达成共识、变更的利益相关方进行需求信息、计划的沟通。

实际工作中，如果主生产计划员不能打造一个结构化的主计划系统，任凭综合生产计划变更、顾客插单、供应链不确定等问题产生影响，车间现场将会很混乱。由于主生产计划员对顾客服务水平、物料计划、能力计划等都有非常重大的影响，因此这个岗位的任职人员需要具有更多计划以外的知识，包括市场营销、项目管理、产品控制、过程控制、供应链协同、精益管理等。

4）物料计划员

物料计划员要完成物料的计划，包括在变化的环境中保持物料需求计划的优先性。

物料计划员的职责如下。

● 批准计划订单。

● 拉近或推远待交付订单。

● 主动识别潜在风险并采取预防措施以消除或降低风险的影响。

● 错误信息的溯源和修正。

● 计划参数的分析和优化。

物料计划员担负着让合理数量的物料在合理时间到达工厂、制造、流出工厂的职责。物料计划员要主动担当，敢于推动主生产计划的合理制订。

5）计划协调员

计划协调员负责制造系统、释放车间订单并监控其执行情况。

计划协调员的职责如下。

● 按照主生产计划和物料需求计划确定的时间交付产品或物料。

● 审核资源并释放车间订单。

● 监控后续资源和环境变化。

● 提高资源利用效率，包括物料、工装、设备、人员等资源。

计划协调员是确保主生产计划和物料需求计划能够在车间现场实现的重要岗位，这个岗位的任职人员是实现顾客服务水平和产能效率等指标的基层管理者。

6）S&OP 负责人

S&OP 负责人负责组织和实施 S&OP，协调供给与需求之间可能存在的不平衡，积极推动问题的解决。

S&OP 负责人的职责如下。

● 负责 S&OP 流程。

● 负责组织各级 S&OP 会议。

● 负责协调 S&OP 的各项功能。

● 负责向高层汇报问题并推动团队解决问题。

S&OP 负责人直接负责需求计划、综合供应计划、产品计划、财务计划等的远期协同，对组织实施一体化联动发挥着重要作用。

| 第 3 节 | 制造模式

供应链中的任何一个层级，都要完成计划、采购、生产、交付 4 项基本的供应链工作，这几项工作的完成推动了顾客订单履约的实现。制造模式是组织实现顾客订单履约时，从制造角度需要做出的基本选择。制造模式在很大程度上因产品的产量和种类的多少而不同，因此它对供应链计划和组织的运营有比较大的影响，本节将详细讲解与制造模式相关的内容。

1.4 种基本制造模式

基本制造模式分为按订单设计、按订单生产、按订单装配、按库存生产 4 种。

1）按订单设计

按订单设计（Engineer to Order，ETO），即当顾客要求的产品或服务需要进行独特设计、产品需要大幅改动以满足客户化定制时，产量可能很少，甚至只有一件；不同的顾客订单交织在一起意味着产品类别多而每个订单需要的数量又非常少，面对这些情形，组织需要对不同的顾客订单做出不同的安排。

ETO 对供应链的重大影响是这类订单的产品需要从设计开始，然后采购、生产、交付，这势必需要较长的提前期。如果新订单产品中没有一个零件是通用的，需要的提前期将会更长。

客户化目前已成为趋势，一些组织甚至做的都是项目类的产品，比如三峡水利枢纽的装备、2035 年计划通车的北京到台湾的高铁线路，甚至是为了这条跨海铁路而可能需要特殊设计的高铁本身。ETO 的管理比较复杂，但如果管理好了，就会打造出一种竞争优势，使组织成为这个行业的佼佼者。

2）按订单生产

按订单生产（Make to Order，MTO），即只有收到顾客订单才能生产产品或服务的制造模式。这类产品或是因为少量的顾客的特殊性要求，或是因为其本身不适合提前生产等，在收到订单前不能提前生产。

MTO 对供应链的影响比 ETO 小，这类订单没有过多的新设计，物料大多甚至全部都是通用的，组织可以考虑提前建立物料库存，这将大大缩短提前期。

MTO 很普遍，例如许多装备在没有订单时就不能生产。虽然 MTO 比 ETO 的制造过程相对稳定得多，但在实际工作中也会面临诸多挑战，这些挑战包括质量问题、速度问题、库存问题等。

3）按订单装配

按订单装配（Assemble to Order，ATO），即收到顾客订单后才装配产品或提供服务的制造模式。

ATO 最大的特点是用在总装工序或最终工序的不同零部件选项，包括采购件和制造件都已经生产完毕并且处于库存状态。这时接到顾客订单后只剩下最后一道装配工序，显然这种制造模式的提前期非常短，这就意味着能够快速交付。ATO 为顾客的不同选件和组件需求提供了快速解决方案。

ATO 也很普遍，如不同配置的计算机、不同外观的产品等。任何事情都具有两面性，提前按预测生产不同组件，也带来了库存成本的增加，因此实践中，要综合考虑速度和成本的平衡，要进行精益管理。

4）按库存生产

按库存生产（Make to Stock，MTS）是指在收到订单之前，产品或服务就已经生产完毕并处于库存状态。很显然只有生产大量的产品才可能实现 MTS。这时，顾客订单是通过现有的库存来满足的。

因为是用库存来满足顾客订单需求，所以提前期可以理解为等同于发运的时间。在不同制造模式中，MTS 的提前期最短。组织通常把库存放在工厂和分销网络中以满足顾客对反应速度的要求。把 MTS 与 ETO 或 MTO 相比较，ETO 或 MTO 是由于顾客有很高或部分独特的规格要求，而厂家不得不重新设计产品或服务；MTS 是厂家直接从标准产品的库存中直接发货，因为顾客订货时没有独特的规格要求。

上面介绍了 4 种基本制造模式，实际工作中还有一些复合型或细分的制造模式，比较常见的有延迟制造、大规模定制、按订单包装，它们都是上面 4 种基本制造模式的变形和复合。由于篇幅的限制，不在此做详细阐述。不同的制造模式，其工艺过程和生产布局也是不同的，关于工艺过程和生产布局的详细内容将在"供应链管理专家（SCMP）"丛书的其他模块中讲解。

2. 制造模式的特征

对制造模式特征的认知，可以帮助读者深入理解制造模式。制造模式的特征包括批量性、流动性、重复性、提前期。

1）批量性

批量性用于判断生产产品的批量大小，批量大小取决于市场对于产品的需求数量。产品的批量越大，投资专用的生产线的必要性越大。举个例子，如果公司产品部门和研发部门计划导入一款新的街景设施产品，刚开始向市场推广这款新产品时，第一步就要用最灵活的方法焊接街景相关的支架和用通用设备生产街景组合模块部件，而不是投资焊接工装和专门的部件生产线，这时使用的制造模式就是 ETO，因为 ETO 面对的是小批量产品或项目；而随着首批街景产品样品的使用和验证，一个好的设计得到了顾客的认可，并且可以在多个城市批量销售这个产品，这时为了提高生产速度和降低成本，可能就需要把这个设计调整为标准产品，这时就可以建立专门的生产线，制造模式就可以转换为 MTO 甚至 MTS。

2）流动性

流动性用于判断生产过程是流动的还是间断的。流动就是指物料经过不间断的过程被加工成最终的成品；间断是指物料按工艺路线要求经过各种不同的工艺车间而被加工成最终的成品。举个例子，拖拉机装配线上的每个产品，都在以固定的节拍向前流动；而顾客提出独特设计要求的齿轮，由于在生产过程中可能要在不同的工艺车间中穿梭，而每个工艺车间的设备前都有不同的订单在排队，所以这个产品就不具有流动性。

3）重复性

重复性用于判断要制造的产品是可重复的产品，还是每次制造的都是不同的产品。制造模式越向 ETO 方向移动，产品规格的重复性越低；制造模式越向 MTS 方向移动，产品规格的重复性越高。举个例子，北京通往台湾的跨海高铁线路与北京通往上海的陆地线路建设可能有所不同，也就是生产任务的重复性低。

4）提前期

制造模式越向 ETO 方向移动，提前期就越长；制造模式越向 MTS 方向移动，提前期就越短。由于提前期在供应链计划管理中是个非常重要的话题，下面专门进行讨论。

3.提前期与制造模式

供应链绩效中的一个重要指标就是速度。速度是指完成一个流程有多快，等同于这个流程的周期时间有多长。下面介绍提前期的基本概念，然后按制造模式的不同对累计提前期进行分析。

1）常用的提前期

首先介绍几个常用的提前期的概念，包括交付提前期、供应商提前期、采购提前期、制造提前期、累计提前期等。

（1）交付提前期

交付提前期是指从工厂收到顾客订单到交付给顾客产品或服务的时间跨度。交付提前期越长，有利的一面是，工厂有更多的时间来准备完成订单所需的资源；不利的一面是，已经采购的物料和已经开工的工程，甚至已经完工的产品可能面临工程变更、订单推迟、订单取消的风险。如果交付提前期过长，可能造成顾客满意度下降和订单丢失。

（2）供应商提前期

供应商提前期是指从供应商收到顾客订单到完成订单发货的时间跨度。如果供应商与采购组织没有进行很好的关于预测信息的交互，供应商在收到采购组织的订单后才开始采购物料，那么供应商提前期就可能比较长。在实际工作中，由于供应商提前期有可能对采购组织向其顾客交付的提前期产生较大影响，因此优秀的供应商要懂得与采购组织一道实现交付速度的优化。

（3）采购提前期

采购提前期是指从采购人员接到采购指令到采购物料入库所需要的总时间。采购提前期包括采购订单准备、付款、供应商提前期、运输、检验、入库等过程所需要的时间。

（4）制造提前期

制造提前期是指从订单准备、生产及后续过程直到入库所需要的时间。制造提前期不包括材料的采购提前期，包括主要生产活动时间，如排队、换模、运行、移动等所花费的时间。

（5）累计提前期

假设一个产品要经过由计划、设计、采购、生产 / 装配、交付几个流程所构成的关键路径，那么累计提前期就是把这些单独流程所需的时间相加得到的总时间。累计提前期的构成如图 1-2 所示。

图 1-2　累计提前期的构成

2）不同制造模式的累计提前期

不同制造模式有属于其自身的特定活动，这些特定的活动所需要的周期时间构成了对应制造模式的累计提前期。图 1-3 所示为不同制造模式的累计提前期。

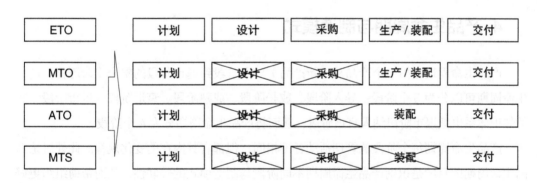

图 1-3　不同制造模式的累计提前期

（1）ETO 的累计提前期

ETO 的累计提前期最长。供应商收到订单后，要进行计划、设计、采购、生产 / 装配、交付等一系列供应链活动，才算完成。其中每一项活动都有自己的周期时间，所以 ETO 的累计提前期是最长的。ETO 的累计提前期面临的挑战是整个供应链周期时间的管理。

（2）MTO 的累计提前期

MTO 的累计提前期比较长。供应商收到订单后，不需要进行设计或只进行少量设计，所以基本不花费时间在设计上。因为原材料也基本是标准的，可以提前按预测准备好。这时的累计提前期通常由计划、生产／装配、交付等一系列活动的周期时间构成。MTO 的累计提前期面临的挑战是制造过程的时间管理。

（3）ATO 的累计提前期

ATO 的累计提前期较短。供应商收到订单后，把提前准备好的材料、半成品进行装配，即可完成制造过程。ATO 的累计提前期是由计划、装配、交付这些活动的周期时间构成的。ATO 的材料、半成品是按销售预测提前采购和生产的，所以对于 ATO 的累计提前期而言，销售预测的准确性和对装配过程进行管理是非常重要的。在 ATO 中，有很多不同选项的材料、半成品，可以通过物料计划清单来做出预测，这部分内容将在本书第 5 章主生产计划、物料计划及排程中进行详细阐述。

（4）MTS 的累计提前期

MTS 的累计提前期是最短的。在此模式中，制造过程已经按预测完成，产品已经入库。顾客订单交付提前期就是供应商收到顾客订单安排发运及交付的时间，这时的主要活动包括付款、发运前检查、包装、发运等。预测的准确性对于 MTS 的累计提前期的实现是非常重要的。

4. 产品生命周期与制造模式

产品生命周期是指一个产品从（新产品）导入阶段到退市阶段的整个生命历程。产品生命周期可以分为 5 个阶段：导入阶段、成长阶段、成熟阶段、衰退阶段、退市阶段。有的知识体系也把退市阶段纳入衰退阶段，从而将产品生命周期分为 4 个阶段。

产品生命周期每个阶段的管理活动各不相同，但都有其内在的变化规律。此处讨论产品生命周期的目的是识别产品生命周期不同阶段与制造模式的关联性，从而帮助组织更好地管理产品在生命周期不同阶段的相关计划活动。

1）导入阶段

导入阶段是指一个新产品的诞生过程，是从无到有的过程。很多组织在这个阶段采用的是项目制管理，就是跨部门团队成员在项目经理的领导下完成新产品导入这个阶段性任务。在这个阶段，组织需要花费大量的时间进行市场调研、产品设计、市场推广、产品验证，获取供应商和制造过程的量产前批准等，因此产品导入会伴随着诸多变化。这里为了帮助读者理解，列举几个变化的驱动因素。首先，在产品验证过程中，经常会识别出产品设计在可行性、可靠性、供应商和制造过程等方面的问题；其次，随着顾客对产品的初步体验，可能会给出新的区别于前期在市场调研阶段提供的关于产品功能及其他特征的建议；最后，可能由于产品的总成本超出项目预算并存在较大差异，需要重新进行产品设计等。总之，在这个阶段，市场、组织内部、供应商等都可能带来变更风险。鉴于这些风险，同时考虑到采购和制造的成本在新产品导入阶段很高，在这个阶段必须做好对需求数量的控制，也就意味着需要非常严格地控制生产量并按设计要求生产，因此最适合这个阶段的制造模式是 ETO。

2）成长阶段

伴随着产品进入成长阶段，越来越多的顾客体验了新产品，顾客对新产品的性能和价值的认同开始在市场上传播，加上组织更为主动地进行市场推销，这时新产品的竞争优势也凸显出来，为赢得更多的市场份额提供了保证。在这个阶段，产品设计变化大幅度减少，供应商、制造商、经销商等供应链伙伴也对新产品更加有信心，从而积极采取各种改善行动以实现产量的增加。供应商和制造商的员工通过学习已经初步掌握了作业方法并在不断优化，使得质量和生产效率改善的同时，交付提前期也在缩短；经销商也积极参与到收集顾客需求、制订预测、建立库存等各项工作中，以更好地为顾客服务。因此在这个阶段，可能不必过多担心产品设计变化而严格控制生产，也就意味着制造模式可以由产品导入阶段的 ETO 逐步转为 MTO、ATO、MTS。

3）成熟阶段

在成熟阶段，随着很多顾客开始采购和使用该产品，竞争对手的同类产品也已经步入成长阶段或已经处于成熟阶段。这时市场上可能同时出现多家竞争对手，使供应处于饱和状态，市场的饱和会迫使组织降低价格以保持市场份额。由于此时市场需求数量还会相对稳定一段时间，因此组织可以开展几方面的活动来保持盈利能力。首先，主动升级产品，如增加新的配置；其次，通过开展基于供应链思维的精益改善活动，降低总成本；最后，向顾客提供额外的服务，保持组织的吸引力，比如收割机作业季节后提供的免费维护。在成熟阶段，产品可能会有少量的变化，但基本上组织的制造模式仍然可以采用 MTO、ATO、MTS。

4）衰退阶段

在衰退阶段，产品的需求量开始下滑。虽然这一阶段仍然会有利润，但挑战也很大，组织需要采用更精益的方法制造产品，如拉动式生产。这个阶段伴随着另一款新产品步入成长阶段，就需要为现有衰退阶段的产品制订退市计划。这时的库存既有可能影响该阶段的利润，也可能影响产品退市时的成本，因此控制库存是非常重要的，包括对原材料、在制品和产成品的生产控制。此时组织在制造模式方面要谨慎使用 MTS，根据不同情景适度采用 MTO 和 ATO。

5）退市阶段

按照衰退阶段制订的退市计划，计划部门与采购部门妥善落实即将退市产品的生产，并严格依据 MTO 控制物料，以降低损失。当最后一批退市产品生产完成后，要妥善处置剩余的物料、工装、设备。一旦退市计划执行完毕，组织将不再生产这个产品，但有义务根据法规和行业习惯保证在一定时间跨度内提供相关服务及零件。不少组织有很多由于产品退市产生的库存，一个重要原因就是没有做好动态管理，尤其是在衰退阶段和退市阶段，缺乏对物料在供应链思维下的统筹管理。

| 第 4 节 | 计划面临的挑战

本章前面几节已经详细介绍了计划在管理和供应链中的重要性，包括打造组织的竞争优势和获得供应链绩效等。不少国内外优秀的组织在计划系统的流程再造上下了很多功夫，把计划部融入了供应链组织，把数字化技术嵌入了供应链流程。在计划的协同下，工厂和供应链的运转就像一场和谐的交响音乐会；也有一些组织的计划还处于简单地按销售订单排产、忽视产能与需求的平衡、被动地应对销售插单的状态；个别组织的计划工作处于无需求管理、无计划协同、无能力计划的"三无"状态。认清挑战，才能更好地面对挑战。本节从组织层面和运营层面分析计划面临的挑战。

1. 组织层面

组织层面所面临的挑战涉及战略高度、组织结构、部门墙和组织墙、技术、技能等方面。

1）战略高度

个别组织管理层更愿意向研发、销售、采购、制造、质量等部门投入人力、物力和财力，认为这些部门是获得财务绩效的关键部门。一些高级管理者甚至偏颇地认为一组能力强的人组合在一起，就一定有好的运营结果。由于这些部门缺乏供应链流程思维，结果是：销售部门抱怨准时交付率低，采购部门抱怨大量计划变化和设计变更，财务部门抱怨大量的库存，质量部门抱怨没有时间按流程做零件验证，制造部门部抱怨物料青黄不接，设备部门抱怨虽然努力但无能为力，人力资源部门抱怨提供劳务派遣的第三方没有足够提前期招募人员。功能部门力量再强大，不协同就无法聚焦。计划担负着协同的重要使命，计划部门通过协同创造组织的竞争优势，因此管理层要从战略的高度把计划部门视为最重要的部门之一。

2）组织结构

计划岗位在一些组织中只有少数几个人，甚至一个人，这时计划岗位可能向生产部门汇报工作。在另一些组织中，计划岗位有上百个人，这时可能建立了独立的计划部门，计划部门向高层管理者汇报。也有的组织已经建立了供应链中心，计划部门向供应链中心汇报。计划部门的规模和汇报层级取决于组织战略、组织规模、产品线、制造过程的复杂程度、管理层对计划岗位的认知程度等。传统意义上的计划岗位可能是按照销售部门的指令制订计划，而忽视了计划工作的严肃性和可实施性。在今天的供应链思维模式下，计划岗位把履行订单作为目标，计划的职能越来越向产供销一体化的协同转变。本章的前面部分已经列出了与计划相关的基础岗位的名称和职责，读者可以参考这些内容并结合组织的实际情况，搭建适合自身情况的组织结构。需要强调的是，组织如果没有适宜的结构，计划岗位在供应链思维下的职能就很难发挥，组织内部的供应链运作也很难实现。有关组织结构的内容将在本丛书的其他模块中向读者分享。

3）部门墙和组织墙

墙的功能是隔离和防御。组织各部门可能都是利益相关者，因为有不同的利益，所以自然而然地用部门墙来保护本部门的利益。部门的利益可能包括多个方面，部门自己的绩效可能就是其中最典型的利益。例如财务部门有库存的指标，希望减少库存，而采购部门需要建立库存以应对供应链的不确定性；营销部门希望扩大销售，因此要求制造部门有很快的反应速度，但其又不愿意提供计划部门搭建能力所需的销售预测信息和项目信息；等等。组织之间也是一样，采购组织希望供应商建立寄售库存或实施供应商管理库存（Vendor Managed Inventory，VMI），这势必会增加供应商的库存成本和风险；供应商总是希望采购组织能够更早提供更大批量的订单，但更早的、更大批量的订单又代表着采购组织的承诺。这些存在于采购组织和供应商之间的不同利益诉求，就形成了组织墙。部门墙和组织墙可能是计划部门在顾客订单履行方面面临的重大挑战之一。

要想降低部门墙和组织墙的高度，就要做好包括战略协同和信任协同在内的一系列协同工作。有关协同的更多内容，将在"供应链管理专家（SCMP）"丛书的其他模块中做详细的阐述。

4）技术

技术在这里指信息技术。计划体系中的技术包括物料需求计划（Material Requirement Planning，MRP）系统、企业资源计划（Enterprise Resource Planning，ERP）系统、分销需求计划（Distribution Requirements Planning，DRP）系统等资源计划系统和与之关联的制造执行系统（Manufacturing Execution System，MES）、有供应链伙伴关系的客户关系管理（Customer Relationship Management，CRM）系统和供应商关系管

理（Supplier Relationship Management，SRM）系统等。这些技术系统能够精准实现资源的计算和信息及时的跨部门与跨组织共享。只有共享，才能保证信息可视性，才能推动快速决策和改善。有一些组织亟待建立和完善 ERP 系统，以实现各级生产计划与物料计划的全面打通。这就要求组织建造内部的供应链流程，确保物料清单及时建立并保持其准确性、确保物料数据及时维护并保持其准确性、确保库存交易的及时维护并保持其准确性，等等。有关信息技术的更多内容，将在本书第 8 章计划信息系统中做详细的阐述。

5）技能

技能指掌握并能运用专门技术的能力。供应链计划岗位的技能要求就是从事计划工作的人员所应具备的并能运用的知识和能力。假设你学习了供应链中的计划并获得了供应链认证，你的领导让你写一份计划经理的岗位职责和技能描述，你想从几个维度下笔呢？你可能首先想到问问人事部门有没有这个文件，但即便有，估计你也要做很多的调整，因为通过对本套丛书的学习，你会发现计划经理的岗位职责包含更加丰富的内容，这些岗位职责的变化可能正是需要计划部门牵头做出的优化。要实现这些职责，就必须具备应有的技能。供应链思维对驾驭计划部门岗位提出了很多新的技能要求，这里给出几点建议。首先是专业能力，也就是本书讲的计划体系、库存管理、信息技术、计划绩效等；其次是与计划岗位相关的供应链的其他知识，包括设计、工艺、采购、物流、财务、项目、精益等；最后是供应链领导力。与计划相关的岗位和技能要求，将在"供应链管理专家（SCMP）"丛书的其他模块中阐述。

2.运营层面

运营层面面临的挑战包括缺乏预测、缺乏资源计划、提前期长、插单严重、计划倒排、物料齐套率低、交付绩效差等。

1）缺乏预测

不少组织对预测的管理很薄弱。一个突出的现象就是组织没有预测，或有预测但预测没有太多使用价值。这些组织针对营销团队做了很多销售技巧的培训，却很少认为销售预测也是非常重要的。预测是组织管理的一个重要领域，每个组织都应建立一套正式的预测管理系统，这个系统包括预测技术、预测流程、预测系统、预测协同等。虽然预测是不准的，但不是所有的预测都是越准确越具有使用价值。有关预测的更多内容，将在本书第 2 章预测与需求计划中做详细阐述。

2）缺乏资源计划

如果预测管理部门能够做好预测，那工厂的制造、采购、质量、物流，甚至研发等部

门，都要利用好这个预测，从而使预测为组织带来价值。例如，在战术层级上，预测通过
S&OP 流程与关键资源计划相连接，实现需求与供给的平衡。没有匹配的资源，组织是无
法向顾客提供具有竞争力的交付绩效的。有些组织可能面临一些关键产能和供应商能力的
缺失，这在很大程度上可能是因为没有做好远期关键资源的计划。有关资源计划的内容将
在第 6 章供应能力计划与管理中详细阐述。

3）提前期长

你可能偶尔会听到销售部门抱怨某个产品的提前期长。当提前期长到顾客无法等待
时，组织就很难让顾客满意。读者可以从本章前面讲到的顾客提前期、不同制造模式的提
前期、累计提前期等内容中，研究如何识别关键路径并持续地做好提前期的优化。此处就
不赘述了。

4）插单严重

插单就是在批准的主生产计划的计划区间内插入新订单。插单一直困扰着很多组织，
尤其是在主生产计划的冻结期内的插单。插单看似满足了一个顾客的紧急需求，但排在主
生产计划冻结期的其他订单很可能就要因此而推迟。销售部门往往还要保证一部分订单不
能推迟，这势必给计划、采购和生产等部门带来极大的挑战。有关主生产计划的稳定性管
理的内容，将在本书第 5 章主生产计划、物料需求计划及排程中详细阐述。

5）计划倒排

计划倒排本来是一种常见的排产方法，但在实际工作中，组织以顾客要求的交付时间
作为交付时间而倒推生产相关活动的时间，包括设计时间、物料采购时间、生产时间等
时，经常会发现采购和生产面对的时间要求是"无法完成的使命"。少部分组织不去研究
如何能优化出足够的时间来实现合理的倒排，而是把压力都传递给供应商和生产部门。有
关排产的内容将在本书第 5 章主生产计划、物料需求计划及排程中详细阐述。

6）物料齐套率低

物料齐套率低就是在物料消耗点按计划进行生产、分装、总装时，缺少一部分物料，
造成生产计划无法执行。物料齐套率低看似简单，却是个综合性问题，因为整个计划体系
任何一个环节的运行不良都会影响物料齐套率。在实际工作中，物料齐套率低可能是因为
没有给供应商预留足够的提前期，也可能是因为供应商准时交付率低或交付质量不合格，
还可能是组织建立的安全库存、库存计划模型等存在问题。有不少优秀的组织正在改变供
应商绩效评价的频率使之带来更大价值，也有组织在开展主动的供应商履约系统的评价、
采购零件的质量差异化管理等。有关安全库存、库存计划模型等的内容，将在本书第 7 章
库存管理中做详细的阐述。

7）交付绩效差

交付绩效差就是不能按承诺时间把符合质量要求的准确数量的产品交付给顾客。交付绩效差的原因有如下几个：一是组织与顾客之间没有对何时交付才算准时达成共识，双方的基准是不一致的；二是组织在运营过程中，没有按约定时间生产出合格的数量一致的产品；三是组织在物流阶段没有按照约定的时间交付。交付绩效是整个计划体系，甚至整个供应链运作的绩效表现。要改善交付绩效，就要从计划体系这个核心入手实施改善，并拉动整个供应链的协同运作。

面对以上计划领域的挑战，一个重要的方法就是建立计划系统的关键绩效指标（Key Performance Indicator，KPI），通过比较这些 KPI 的实际值与目标值，识别出供应链整体计划流程的绩效表现，同时拉动组织持续改善。跨功能组织也需要跨功能的绩效测量和激励（见 CPIM 认证知识体系的 Part 1，Module 1，Section A）。供应链思维下的流程型目标设定和激励方式，可能也是很多组织今天面临的一个挑战。有关计划系统的 KPI 和测量办法的内容，将在本书第 9 章计划绩效中做详细的阐述。

第 2 章

预测与需求计划

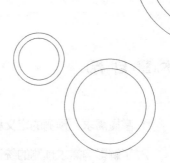

供应链管理强调的是在保证一定的客户服务水平的前提下，以最低的总成本满足客户的需求，为客户创造价值。客户的需求以采购订单的形式传递给企业，同时企业也需要主动积极地进行分析和预测。为了达成既定的客户服务水平，并以最低的总成本来满足客户的需求目标，企业需要事前做好包括需求计划、供应计划、库存计划、综合生产计划、交付计划等在内的整个供应链计划，而做好需求计划是制订这一系列供应链计划的第一步。

至于预测，首先要做的是对客户需求的预测，包括对客户需求的产品或服务范畴和具体品类、需求数量、需求时间和需求地点等的预测。同时，预测也不仅限于对客户需求的预测，还包括对企业为了满足需求而进行采购的物资／服务的供应市场、成本价格、技术创新等方方面面的预测。比如，钢材的供应会紧张短缺吗？树脂的价格会上涨还是会下跌？陶瓷电容何时会升级到更小的尺寸？

预测永远存在偏差，但是如何通过各种定性的、定量的、恰当的预测方法来提高预测准确率，帮助企业提高运营与业务水平，是每个预测人员需要学习和掌握的。

本章目标

1. 掌握需求、预测的定义和特征，以及需求计划的内容。

2. 了解影响需求预测的统计特征描述指标。

3. 掌握主要的定性和定量预测方法的含义与适用性。

4. 了解协同需求预测的流程和验证方法。

5. 了解制订需求计划所需要的能力。

| 第 1 节 |　预测与需求计划概述

1. 需求的相关概念

1）需求的定义

在经济学中，"需求（Demand）"是指"在一定的时期，在一既定的价格水平下，消费者愿意并且能够购买的商品数量"。[1] 在供应链管理的情境中，我们认为需求至少有两层含义。其一，需求可以是"在未来的某个时期内，在某种价格水平和质量要求下，企业的客户购买某种特定产品或服务的意愿与能力"，通常称为"独立需求（Independent Demand）"；其二，需求可以是"企业为了满足其客户的需求，即企业为了提供客户所需要的特定产品或服务，而产生的对其他产品或服务的需求"，通常称为"相关需求（Dependent Demand）"。

对于独立需求，企业可以通过客户的询盘或订单等获取相关信息，也可以通过预测提前判断，进而形成相应的需求计划和供应计划，以便最大限度地做到按照客户所期望的数量、时间和地点完成交付。

而对于相关需求，企业则是按照一定的逻辑，将独立需求展开或拆解，从而形成一系列的下层多级原材料、部件、组件或服务的需求及相应的需求计划，再由内部或外部供应商按照该需求计划中所要求的时间、数量和地点，制订在既定的资源约束条件下、尽可能满足需求计划的供应计划，并完成供应。

对于一个生产投影仪的企业而言，客户对该企业的最终成品，即某种规格型号的投影仪的需求就是独立需求；而构成该投影仪的外壳、集成电路板、元器件、接插件、镜头、电源线、产品包装盒等，都是相关需求。但是，客户也会出于维护、维修等需要，对镜头或电源线等所谓的服务件/维修配件（Service Part）产生直接需求。这时，原来作为投影仪构成部分的镜头或电源线就转变为独立需求。因此，企业在制订需求计划时，不仅要针对最终产品、最终产品展开拆解后各个构成部分的需求进行预测，也要对服务件的需求加以预测和考虑。

2）需求的特征

将历史需求以时间为横轴绘制成图形可以发现，需求的走势显示出不同的需求特征，如图 2-1 所示。

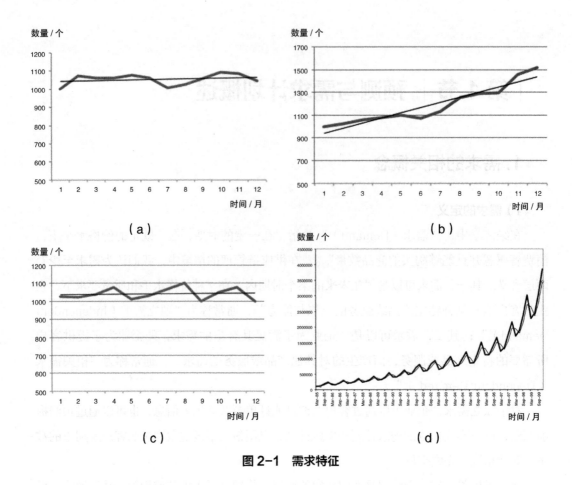

图2-1 需求特征

从图2-1（a）可以看出，需求沿着一根水平线无规律的上下随机波动，具有这种特征的需求通常被称为"稳定"需求。

从图2-1（b）可以看出，需求沿着一根向右上方倾斜的线往上"爬坡"，反映出需求有持续增加的趋势，具有这种特征的需求被称为"带趋势"需求。

从图2-1（c）可以看出，需求沿着一根水平线有规律地从低到高，再从高到低地上下波动，每一次上下波动的完整循环周期在4个月左右，这种特征的需求被称为"季节性"需求。

最后，从图2-1（d）可以看出，需求既存在有规律的上下波动，又存在持续增加的趋势，这种特征反映了该需求既具有"趋势"，又具有"季节性"。

3）需求弹性

弹性理论最早是由数理经济学派的奠基者，法国数学家、经济学家古尔诺（A. Cournot, 1801—1877）提出的，后来马歇尔完善了弹性公式，并将其发展成为完整的理论。

所谓弹性，就是指因变量变化同自变量变化的比例关系。用公式表示如下：

$$e= \frac{\Delta Y/Y}{\Delta X/X} = \frac{\Delta Y}{\Delta X} \times \frac{X}{Y}$$

式中：e——弹性系数；

　　　X——自变量；

　　　Y——因变量。

需求弹性就是指某种商品 / 服务的需求（因变量）的变动与某一影响需求的因素（自变量）的变动之间的比例关系，而影响需求的因素主要包括该商品 / 服务的价格、该商品 / 服务的需求方的收入水平、与该商品 / 服务有互补或替代作用的另一商品 / 服务的价格等。相对应的，需求弹性分为需求价格弹性、需求收入弹性、需求交叉弹性等。

需求价格弹性反映的是需求量对价格变动的敏感程度，也就是指商品 / 服务价格的变动对需求量变化的影响，以及对该商品 / 服务的总收益（价格与需求量的乘积）的影响。需求收入弹性则反映了需求量对收入变动的敏感程度。对于一般的商品 / 服务来说，需求量会随着收入的增加而增加。需求交叉弹性反映了需求量对于另一种商品 / 服务价格发生变动时的敏感程度。比如，由汽油价格下降（上涨）带来的汽车需求量的增加（减少），则反映了两种互补商品之间的需求交叉弹性关系。

2. 预测的概念与内容

预测就是对未来进行前瞻性的判断，并将其作为商业决策的基础。预测的根本目的是在看似无限多的不确定性中，基于各种定量、定性、合乎逻辑的分析，将这些不确定性最小化，从而优化决策过程，并增强决策的有效性。

预测的对象林林总总，与供应链管理有关的预测主要包括需求预测、技术预测、产能预测、价格预测、经济走势预测、消费行为模式预测、气候预测等。

需求预测，就是在对某商品 / 服务的历史需求量、变化趋势、未来的市场走势、客户偏好、供求关系等方方面面的数据进行分析判断的基础上，对未来一段时期内该商品 / 服务的需求量做出预估。

技术预测，就是对未来一定时期内可能出现的新技术、新工艺、新产品进行预测，该预测对需求和供应管理具有直接而重要的影响。如数码相机对传统胶卷相机需求的影响。

产能预测，一般是对未来某个行业或企业的总体生产供应能力进行预测，以确定供应能否满足需求。在进行产能分析的时候，除了生产设备与工艺能力外，行业和企业总体供应链条（尤其是原材料供应）的保障能力也是预测对象需要被评估的重要元素。

价格预测，一般是对某商品／服务在未来一定时期内的价格水平及走势进行预测。一般来说，市场供求关系、市场结构、政府管制等多维度因素，共同对价格产生决定作用。进行价格预测时，常常会运用到各类价格指数，如生产者价格指数、消费者价格指数、波罗的海干散货综合运费指数等。

经济走势预测，就是对全球或某个国家或地区的经济形势与走向做出判断与预测。

消费行为模式预测，就是对消费者的消费偏好、消费习惯、消费结构等进行预测。例如，"90后"的消费者是否对电子产品更显偏好，是否更加乐于网上购物，是否更加看重差异化的个性产品？

气候预测，即对企业所在地、客户所在地，甚至全球的气候变化趋势做出预测。气候的变化不仅能带来商品／服务需求品类的改变，也会对物流供应链的布局、成本带来影响。

从预测的时间跨度上来看，预测可以分为长期预测、中期预测和短期预测。

长期预测，是指对一年及以上的需求前景的预测，它是企业制订长期发展规划和供应计划的依据。

中期预测，是指对一个季度以上、一年以下的需求前景的预测，它是企业制订需求计划、生产计划、物料需求计划、交付计划的依据。

短期预测，是指对一个季度以下的需求前景的预测，它是调整生产能力、采购、安排生产作业计划等具体生产经营活动的依据。

依据不同的划分原则，预测的方法有很多，最基本的预测方法包括依据预测中对计量统计分析的使用程度进行划分的定性预测或定量预测，以及依据企业组织架构层级划分的自上而下预测或自下而上预测等几种形式。

定性预测是通过洞察事物发展的性质来进行预测，具有简单快捷、预测成本低、灵活性强，充分利用了人的知识、经验、判断力和主观能动作用等优点；不足在于预测受主观因素的影响大，受预测人员个人的知识、经验和能力的制约，再现性低，预测变动幅度大。

定量预测则是基于各种历史数据和指数等客观数据，利用统计分析、概率分析等科学工具进行预测，具有再现性高、变动幅度小、较少受到主观因素的影响等优点；不足在于比较机械，对性质突变事件的响应性低，对于波动程度大的需求难以进行有效预测。

自上而下的预测是先从比较大的产品大类、产品系列、产品族，着手进行需求预测，再依次向下分解到单品上；或首先从全企业的层面进行集合预测，再渐次分解到某个销售区域、工厂、分销中心或商店。这种方法具有整体预测的特质，一般来说，具有预测的准确性较高、成本较低等优点；不足在于预测受高层领导的个人经验、能力的制约。对于生命周期长、标准化程度高的商品，建议采用此种方法。

自下而上的预测方法正好相反，是从单品预测合并到上层的产品大类、产品系列或产品族上；或从某个具体的销售点、分销中心工厂、销售区域开始预测，再汇总到整个企业或整个集团层级上。这种方法具有预测的民主性高、更贴近市场与客户的需求、更易于从单品层级进行预测等优点；不足之处则是预测成本高、预测准确性较低。这种方法更加适用于生命周期短、定制化程度高的商品。

在本章后续内容中，我们谈及的预测如果没有特殊说明，主要是指企业级的需求预测。

3. 预测的重要性

预测是商业计划的重要组成部分，是企业甚至个人做出生产与购买决策的基础性与指导性信息。例如，需求预测对于企业各相关职能的帮助作用明显，营销部门需要借助需求预测来制订可行的销售计划；而计划部门需要借助需求预测来制订相对平稳的主计划；战略采购部门会将长期需求预测转换为物料的长期规划，并与供应商协同处理产能与供应瓶颈问题；运营部门需要借助需求预测来进行产能规划、制订设备投入与厂房建设计划；财务部门需要依据需求预测来估计成本、利润和资金需求量；物流部门需要借助长期需求预测帮助企业制订物流规划，而短期需求预测可以用于改善运输管理。

不断改善的预测水平可以提高运营绩效，从而提高客户满意度，提升企业的竞争力，最终以 7R（即 7 Rights，解释为"以恰当的来源、恰当的价格，将所需的物资和服务以恰当的数量，在保证恰当的质量和恰当的服务的基础上，在恰当的时间交付到恰当的地点"）的形式呈现为优质的运营绩效。

4. 预测的特点

预测在大多数情况下是不准确的。即便预测技术和工具得到了较好的发展，或者一个企业的销售力量和预测能力很强，但是下游用户端总会有一定比例的误差，而向上游传导的易变性增强使得上游的预测准确性更加不理想。

如果预测差异始终很大，企业应考虑尝试其他预测技术。需求预测过程通常包括对预测的可靠性和误差的评估，目前企业多是对需求预测进行定期的审核与复盘，但是企业需要清醒地认识到，在某些业务场景下，持续出现较大预测误差，则需要调整预测的手段与技术，避免时间序列的历史值对未来趋势产生过大的干扰。

对产品大类 / 产品线 / 产品系列 / 产品族的预测比对单个产品的预测要准确。主要原因是单个产品的需求是随机的。例如人们在购买汽车时，即便对某一型号的汽车较为认可，但是对于具体的配置多有不同的选择或会临时变更，这种随机性集中体现在单个产品上。

此外，近期预测的准确性要高于远期预测；顾客越多，预测越准确。产品的市场占有率越高，预测越准确。

5. 需求计划的内容

需求计划（Demand Planning，DP），在本书中是指对市场商机信息、客户订单及（客户）需求预测进行采集、评估和分析，明确市场或客户需要什么产品，在什么时间、什么地点，基于什么交易条件下需要多少数量，并将输出的结论在上下链条上进行传导的管理过程。

需求计划是计划过程的第一步，是整个供应链计划非常关键的输入，也是需求管理的重要组成部分，其主要工作的内容围绕对需求的评估与分析，以及对需求目标和任务的分解与传导展开，并为企业需要进一步开展的计划工作做出重要的指导。

需求预测是需求计划的重要输入来源，但需求计划整体的组织与管理涉及较多方面内容，包括客户订单管理、制造模式、分销需求计划等运作系统，尤其是涉及多工厂运营模式的企业，其需求计划体系更加庞大复杂。面对现代商业与制造业环境日新月异的变化和激烈的竞争，一个好的需求计划机制需要好的数据和协同系统来支撑决策，所以其对数据治理水平和信息化系统的要求也越来越高。可以肯定的是，需求计划是目前各企业运营管理的重点之一，也是推动企业提升竞争力的关键所在。

|第2节| 预测基础与定性预测法

需求预测的方法有很多，总体而言，可以分为定性预测法和定量预测法两大类。定性预测法主要包含销售人员组合法、市场调研法、管理层集体评议法和专家意见法（德尔菲法）等；而定量预测法包含时间序列法、回归预测法等。无论采用定性预测法还是定量预测法，都需要尽可能全面地了解和把握会对预测产生影响的各类因素，也都要运用统计技术。

1. 影响预测的因素

影响预测的因素很多，归纳起来，可以分为宏观、中观和微观 3 个层面。宏观层面是指所有企业都会身处其中的全球或一个国家或地区的宏观环境，通常包括政治生态、经济环境、社会文化、科学技术水平、法律规范、自然环境等几个方面因素的影响，供应链管理人员多采用 "PESTLE"（Political，Economic，Sicial，Technological，Legal，Environment，政治、经济、社会、技术、法律、环境）分析模型来洞察宏观层面对需求的影响，以做出合理的需求预测；中观层面则是指特定企业所处的特定行业和细分市场环境，其中有产业格局、产业链现状与发展趋势、细分市场的竞争性特征等因素会对预测产生影响，供应链管理人员通常会采用波特五力模型分析工具去了解和把握中观环境，以便做出较准确的目标市场对本行业产品 / 服务品类的总体需求预测；微观层面是指企业自身的商业模式、经营方针、企业行为、产品特点、价值取向等内部环境因素，供应链管理人员把握这些因素对市场需求的影响，进而做出尽可能准确的客户对本企业产品 / 服务的需求预测。

有关 PESTLE 和波特五力分析的具体内容与方法，请参见本书的其他章节。下文就微观层面的分析做一些简要的介绍。

企业所处的微观环境对企业所提供的产品 / 服务在市场上的需求的识别与预测有着直接的影响。相对而言，企业的微观环境对企业而言更具可控性，因而研究企业微观环境对需求的影响，往往更重要、更直接，也更为企业重视。在研究企业微观环境方面，也有非常多的工具和方法论可以使用和借鉴。

一个企业的战略导向对企业微观环境具有首要的影响作用，迈克尔·波特就曾提出 3 种可供企业选择的竞争性战略：成本领先战略、差异化战略和专一化战略。例如某电商平台凭借成本领先战略，成为 B2C （企业对消费者）电商的翘楚；而某国内家电集团则借力差异化战略获得成功；某国内空调企业在很长的一段时间内采用专一化战略，专注于空调产品的研发、生产和销售。采取不同的战略，企业就会有不同的发展方向、不同的目标市场，对需求预测的影响也就很好理解。除了迈克尔·波特的 3 种竞争性战略，可供企业选择的战略还有很多，如技术领先战略、业务多元化战略、补缺战略等。

商业模式的选择对企业的微观环境同样有着巨大影响。当企业在构建自己独特的商业模式时，会根据价值定位、目标市场、收入来源、价值链、核心能力、可持续性等多种商业模式要素定义自己的关注重点和经营模式，而所有这些商业模式要素的选择与规划，都是为了给客户创造价值。因此，一个商业模式能否为客户创造价值、能够为客户创造多少价值、为客户创造的价值与客户期望或认知到的让渡价值的一致程度，无疑都会对需求产生决定性影响。

企业还可以运用 SWOT（Strengths，Weaknesses，Opportunities，Threats，优势、劣势、机会、威胁）分析模型来审视自身，发现自己在某个行业、市场、地区、领域等所具有的优势、不足、机会与威胁，并通过扬长避短、因势利导的战略与战术选择，进而分析可能带来的对需求走势的影响及其程度。

企业的营销策略，如经典的 4P、4C 营销组合策略，也是对需求预测有重要影响、需要认真分析的微观环境组成部分。所谓 4P，就是卖什么样的产品（Product），卖什么样的价格（Price），通过什么渠道卖（Place），以及用什么促销手段去卖（Promotion）；而 4C 则是从客户的角度去看问题，即谁是我们的目标客户（Customer），客户为满足需求愿意付多少钱（Cost），为了提升客户体验而给予客户何种便利（Convenience），以及维持客户所需要的双向沟通机制（Communication）。

波士顿矩阵为企业提供了一条考察、分析、选择业务组合策略的途径。波士顿矩阵从相对市场占有份额和市场成长率这两个维度，将企业提供的产品 / 服务划分为四大类别，分别是瘦狗、现金牛、明星和问号，如图 2-2 所示。很显然，对产品 / 服务做出这样的分类，有助于企业对客户和这些产品 / 服务未来的需求做出更好的预测分析。

图 2-2　波士顿矩阵

产品生命周期分析也是一个对需求预测非常有帮助的微观环境分析方法。企业可以通过产品生命周期分析，识别产品 / 服务处于生命周期的哪个阶段，再通过对近似产品在相同阶段的历史需求数据与变化的模拟，为现有产品 / 服务的需求预测提供依据。

2. 统计特征描述指标

现代统计学中存在描述统计和推断统计两大体系。描述统计就是收集全体或样本数据，进行概括总结，再用各种特征数值、表格、图形等予以表示，以方便使用者阅读理解；而推断统计则多采取抽样的方法，通过对样本数据的概括总结，获得对全体数据的特征的估计，并加以检验。比如，收集某产品在过去一年里每天的销售数据，进而获得该产品的日均销售量，采用的就是典型的描述统计方法；而在一批产品中随机抽出 50 件样品，就某特征尺寸（如外径）进行测量分析，获得外径均值为 10.2 毫米，并进一步运用概率统计原理，推断出在 99.9% 的置信水平下，该批产品的外径均值的区间为 10~10.4 毫米，采用的就是典型的推断统计方法。

对一组数据进行特征描述的方法有很多，比较常见的特征数值如下。

1）平均值、众数和中位数

反映集中性趋势的有平均值（常用的有算术平均数、几何平均数和调和平均数）、众数、中位数、百分位数和四分位数等。其中，众数就是指一组数据中出现频次最多的数值。相对于算术平均数而言，众数不易受到极端值的影响，呈现出较高的统计稳健性。而中位数是指一组数据从小到大排列，位于中间位置的数值。在奇数个数据中，数据从小到大排列，处于最中间位置的数值就是中位数；在偶数个数据中，数据从小到大排列，将中间两个数值的平均数作为中位数。在数据的变异程度较大时，中位数经常取代平均值来反映数据的集中性趋势。

2）极差

反映一组数据的变异程度或离散程度特征的数值通常称为极差，即最大值与最小值的差值。极差易受极端值影响，因此，可以采用四分位数差来表示离散程度，用上 1/4 值减去下 1/4 值得到的差值就是四分位数。除了极差，大家耳熟能详的特征数值还包括方差、标准差和变异系数等。读者可以参阅相关的统计学教材进行了解。

3）标准差

标准差，是总体各单位标准值与其平均数离差平方的算术平均数的平方根，用 σ 表示。它是概率统计中最常使用的统计分布程度的特征数值，它反映组内个体间的离散程度。简单来说，标准差度量的是一组数据平均值的分散程度。一个较大的标准差，代表大部分数值和其平均值之间差异较大；一个较小的标准差，代表这些数值较接近平均值。

4）相关系数和判定系数

反映两组数据之间的关系的特征数值，包括相关系数和判定系数。前者反映的是两组数据之间的相关性，比如，销售量与销售价格之间就可能存在比较密切的相关性。相关系

数 r 的取值范围是 $-1 \leq r \leq 1$，当 $r > 0$ 时，表示两个变量之间存在正相关关系；当 $r < 0$ 时，表示两个变量之间存在负相关关系。一般来说，当 $|r| > 0.75$ 时，两个变量被认为高度相关；$|r| > 0.5$ 且 $|r| < 0.75$ 时，两个变量被认为是中度相关；当 $|r| < 0.5$ 时，则两个变量被认为是弱相关关系，一般没有太多的管理应用价值；当 $r = 1$ 时，表明两个变量完全正相关；当 $r = -1$ 时，表明两个变量完全负相关；当 $r = 0$ 时，表明两个变量之间没有相关性。而判定系数（R^2），又称决定系数，则用于判断一组数据（或称为变量）对另一组数据的解释程度或决定程度。比如，环境温度低到什么程度时，穿羽绒服的人数会有多少，就可以用判定系数或决定系数来表述。R^2 的取值范围为 $0 \leq R^2 \leq 1$，其值越接近 1，说明自变量对因变量的解释程度越高，自变量引起的因变量变动占总变动的百分比越高。[2]

在数值上，判定系数 R^2 就是相关系数 r 的平方，但是在意义上，两者存在一定的区别，表 2-1 展示了两者的主要异同点。

表 2-1　相关系数与判定系数的异同点

比较维度	相关系数	判定系数
研究对象	针对回归分析模型	针对两个变量
取值范围	$-1 \leq r \leq 1$	$0 \leq R^2 \leq 1$
作用	（1）说明自变量对因变量的决定程度或回归模型的拟合程度 （2）变量之间的相关程度 （3）度量不对称的因果关系	（1）说明两个变量的线性相关程度 （2）度量不含因果关系的对称相关关系
是否有方向性	是（大于 0 时为正相关，小于 0 时为负相关）	否

5）置信水平与置信区间

反映预测出来的数据的可信程度的特征数值称为置信水平。例如，前文提到的某产品的外径均值区间估计为 10~10.4 毫米（10~10.4 毫米这个数据范围通常被称为置信区间），并非是百分百确定的，而是对应着一个反映可信程度的概率。这个概率可能是 90%、95% 或其他可能的百分数，这些百分数就被称为置信水平。

3. 定性预测法

定性预测法是根据已有的历史资料和现实资料，依靠综合分析与判断能力，对未来的需求及可能的变化趋势做出判断，主要有销售人员组合法、市场调研法、管理层集体评议法和专家意见法（德尔菲法）几种。

1）销售人员组合法

销售人员组合法是一种自下而上的预测方法，即由每一个销售人员对其所负责区域未来一定时期内的需求进行预测，再逐层汇总上报，最后形成某个销售大区乃至全公司的需求预测。

这种方法适用于那些客户需求个性化强、销售人员在需求的识别和实现中具有一定的影响力的产品或服务。这种方法的潜在问题是，有的销售人员为减轻自己的销售压力，一般会有偏低的预测倾向性。

2）市场调研法

市场调研法就是指企业通过现场调查、电话访问、邮件往来、网络在线沟通、信件沟通等方式，让受访者针对事先设计好的调查问卷作答，从而获得目标消费者对某类产品或服务的兴趣、购买欲望、功能预期、心理价位等信息，并应用统计手段及分析判断能力，形成该类产品或服务的需求预测。市场调研法更适用于短期预测，预测准确率更高。另外，市场调研法对于新品上市的初始需求预测也十分有用。

市场调研法获得成功的关键在于调查问卷中问题的设计，尤其是对那些不熟悉产品或服务的受访者进行市场调查时，一份好的调查问卷能够带给受访者身临其境的感受，从而使其做出恰当的回复或选择。现在更多的企业倾向于采用现场调查或在线调查的方式进行市场调研。在进行现场调查时，企业会尽可能通过给受访者提供免费试用的机会来增强受访者参与调查的积极性，并得到更加真实的反馈信息；而进行在线调查时，企业则可以向消费者提供图文并茂、全面直观的产品资讯，极大地减少受访者对产品或服务的陌生感，再辅以各种有奖调查的激励方式，获得较为真实的反馈信息。

现在，越来越多的企业都开始试用客户关系管理（Customer Relationship Management，CRM）系统，以收集、存储、汇总、整理和分析客户需求信息和数据，进而完成需求预测。

3）管理层集体评议法

管理层集体评议法是指主要由高层管理人员实施，同时可能包括部分外部伙伴，如关键客户及供应商高管在内的管理层团队，依靠他们的经验、知识、判断力进行集体预测的一种定性预测法。

这种方法常常应用于对关键问题的预测，包括在没有历史数据、因果关系不明、竞争对手有重大变化或举措、国内或国际形势发生重大变化、高管掌握着一些普通预测人员所不具备的信息等情形。例如针对没有历史销售记录的新产品或服务的需求预测，或者是针对由于某个国家或地区的经济政策突变而可能带来的某类产品或服务在未来的需求变化的预测，就常常会使用这种预测方法。

这种方法的优点是简单易行、完成预测效率较高、预测成本相对较低，是目前最常使用的预测方法之一。它的不足之处在于，预测常常受限于预测人员中最有影响力的高管或专家的历史经验、知识积累和主观判断，造成预测结果的离散程度较大，容易出现极端情况，即预测可能非常准确，也可能相当不准。

4）专家意见法（德尔菲法）

德尔菲法就是为了降低使用管理层集体评议法时可能出现的个别影响力极大的高管或专家对预测结果产生较大影响、造成偏离过大的潜在不足，而采用的一种结构化预测方法。这种方法是通过组成一个 5~10 人的预测专家团队来进行预测，每个专家的预测结果都是匿名的，从而可以保证每位专家都能畅所欲言、直抒己见，几乎不会受到某一个公认的权威想法的限制或左右。德尔菲法的实施通常需要一个协调员负责预测调查问卷的发放、回收，数据汇总，预测结果反馈、分发，最终预测共识确认和公布等工作。

逐轮收集意见并为专家反馈他人的预测是德尔菲法的重要特点。如果多轮后，预测意见的差异依然存在，协调员会通过算术平均、专家加权平均、概率加权平均等统计方法，获得最终的预测结论。

德尔菲法的适用领域包括针对产品和服务的长期需求或销售收入的预测，对缺乏历史资料的新产品或服务的需求预测，以及对不可预测因素较多的技术发展趋势的预测等。它的优点主要是可以获得来自不同背景和专业领域的各种不同但有价值的观点和意见，且预测成本较低；不足在于预测耗时较多、预测责任分散、专家做出预测的视角可能有局限性等。

总体而言，基于个人实际经验和判断力实施的定性预测相对简单易行，并会一直在预测领域扮演重要角色，任何人都不能忽略其价值。

| 第 3 节 | 定量预测法

在信息化飞速发展的今天，随着各种计算机辅助分析、决策系统的进化与广泛应用，定量预测法也越来越被接受与重视。在这一节中，我们将介绍各种常用的定量预测法。

预测人员需要注意的是，一些定量预测法具有"后视镜"现象，就是说预测都是基于过去发生的数据。田纳西大学副教授马克·穆恩（Mark Moon）曾说，虽然"后视镜"现象对未来预测具有一定的限制作用，但是基于统计预测的结果往往是预测任务的良好的开端，无论历史数据是随着时间规律性地重复，还是与一些因素存在关联关系，历史需求对于未来预测都有着莫大的帮助。

1. 时间序列预测法

时间序列预测法是指将过去的历史资料及数据，以时间为基准排列后形成一个数据集，再运用统计分析工具，揭示出历史数据随时间变化而可能存在的一定关系或规律，最后再基于被揭示的关系或规律，对未来的变动趋势做出预测的方法。时间序列预测法中有4 个重要的因素需要加以考量，分别如下。

●趋势性变动，即指通过历史数据或资料分析而显示出来的，需求在一段较长的时间内存在的，随时间的推移而产生或总体向上、或向下、或平稳的变动总趋势。

●季节性变动，即指通过历史数据或资料分析而显示出来的，需求随着时间推移而产生的有规律的，在一年以内完成由低到高、再由高到低的整个上下波动过程中的周期性变动。需求按照季节有规律地起伏波动属于季节性变动；而按天、按周、按月，甚至按小时发生的、有规律的上下波动也属于季节性变动。换句话说，只要在小于一年的时间之内能够完成上下波动全过程的周期性变动，都称为季节性变动。

●周期性变动，与季节性变动类似，只是完成整个上下波动过程的时间长于一年，甚至为数年。因此，周期性变动对需求预测的影响主要表现在长期预测上。周期性变动常常与经济波动，如经济周期或通货膨胀相关，是预测的难点。实践中，通常运用各种经济指标、指数来预测周期性变动。

●不规则变动，又称随机变动，是指偶发事件导致时间序列出现数值忽高忽低、时升时降的无规律的变动。

综合考虑上面的各项影响因素，预测可用一般的数学模型来表示，并可以进一步细分为加法模型和乘法模型两种形式。

$$F_t = f(B_t, S_t, T_t, C_t, \varepsilon)$$

加法模型：$F_t = B_t + S_t + T_t + C_t + \varepsilon$

乘法模型：$F_t = (B_t \times S_t \times T_t \times C_t) + \varepsilon$

式中：F_t ——t 时期内的预测需求量；

　　　B_t ——t 时期内的基本需求；

　　　S_t ——t 时期内的季节性因素；

　　　T_t ——t 时期内的需求变化趋势，上升或下降；

　　　C_t ——t 时期内的周期性因素；

ε——残差，即没有规则的或随机的需求。

1）朴素预测法（Naive）

朴素预测法就是将最近一期的实际需求（A_t）视为下一预测周期的需求预测（F_{t+1}），用公示来表示，就是：$F_{t+1}=A_t$。如某个零售商在过去一个月（3月）的某类需求稳定的生活用品的实际销售额是 1,000 万，就可以预测 4 月的销售额依旧是 1,000 万。

显然，朴素预测法适用于没有季节性、周期性变动，没有明显上行或下行趋势的产品或服务的预测，且更多地运用在短期预测中。

在历史数据显示出上行或下行趋势时，依然可以采用稍微复杂一点的朴素预测法，即在最近一期的实际需求（A_t）基础之上，再加上最近一期实际需求与上期的实际需求的变动量（A_t-A_{t-1}），并赋予其一个衰减系数 α，从而计算出下一周期的需求预测（F_{t+1}）。计算公式如下：

$$F_{t+1}=A_t + \alpha \times (A_t - A_{t-1})$$

α 的取值区间为［0，1］。α 为 0 时，该公式就变成没有趋势变化时的朴素预测法的计算公式；α 的取值越接近于 0，预测时越看重最近一期的实际需求对下一周期需求的贡献；α 的取值越接近于 1，越看重过去两期之间的需求变化对下一周期需求的影响。

2）一次移动平均预测法（Single Moving Average）

一次移动平均预测法包括简单移动平均预测法和加权移动平均预测法两种。

简单移动平均预测法就是用选定期间 n（如 $n=3$）的实际需求量（A_1、A_2、A_3 或 A_2、A_3、A_4）的算术平均值作为下一期（如第四期）需求的预测值。简单移动平均预测法的计算公式一般可以表述为：

$$F_{t+1}=M_t^{[1]}=(A_t + A_{t-1}+A_{t-2}+ \cdots +A_{t-n+1}) \div n$$

式中：F_{t+1}——下一期的需求预测值；

$M_t^{[1]}$——到第 t 期为止的、过去 n 期的简单移动平均值；

A_t——第 t 期的实际需求量；

n——每次移动平均值所包含的实际值个数。

加权移动平均预测法就是根据预测人员的分析判断，为过去 n 期内每一期的实际需求量赋予一个合适的权重，从而获得一个加权移动平均值 $WM_t^{[1]}$，并以这个值作为下一期的需求预测值。相应地，计算公式可以表述为：

$$F_{t+1}=WM_t^{[1]}=W_t \times A_t+W_{t-1} \times A_{t-1}+W_{t-2} \times A_{t-2}+ \cdots + W_{t-n+1} \times A_{t-n+1}$$

式中，W_t——第 t 期的权重，所有权重的和为 1。

如某公司 1 月、2 月和 3 月的实际需求量分别为 1,500、2,300 和 1,650 件，则 4 月需求预测值的计算如下：

4 月需求预测值 =（1,500 + 2,300 +1,650）÷ 3 ≈ 1,817（件）

有了最新一期的实际需求量后，最远一期的数据就要从计算中去掉。例如，当预测人员有了 4 月的实际需求量，如 1,580 件，再对 5 月进行需求预测时，就会使用 2 月、3 月和 4 月的实际需求量，计算如下：

5 月需求预测值 =（2,300 + 1,650 +1,580）÷ 3 ≈ 1,843（件）

当预测人员对手头已有的数据进行观察，发现上例中 2 月的实际需求量存在比较明显的异常时，预测人员可以通过为过去各个期间的实际需求量分配合理的权重的方法来减弱某个异常值对预测的影响，或根据需要给予某个期间更大的权重。实践中，通常是给予最近一期的数值最大的权重。例如，在上例中，预测人员在进行 5 月的需求预测时，一般给予最近一期实际需求量最大的权重值，如 50%，给予明显存在异常的 2 月的实际需求量最小的权重值，如 10%，剩下的 40% 分配给 3 月的实际需求量，从而获得一个新的 5 月的需求预测值，计算如下：

5 月加权需求预测值 = 2,300 × 10% + 1,650 × 40% +1,580 × 50% = 1,680（件）

观察过去 4 个月的实际销售量，5 月加权需求预测值比使用简单移动平均预测法得到的需求预测值看起来更可信。

一次移动平均预测法适用于没有季节性、周期性变动，没有明显上行或下行趋势的产品或服务的预测，且多运用于短期预测。

一次移动平均预测法的优点在于能把历史数据中的随机变动平滑掉，从而得出更稳定的预测数据。其不足之处在于，随着采用的期间数的增加，移动平均的平滑效果随之增大，从而使得预测值对近期真实数据的实际变化的敏感度降低。相对于朴素预测法而言，一次移动平均预测法需要更多的历史数据，收集与处理工作也复杂一些。另外，由于平滑效果的存在，一次移动平均预测法不能对带有趋势变化的需求进行有效的预测。

3）二次移动平均预测法（Double Moving Average）

二次移动平均预测法就是为了弥补一次移动平均预测法无法有效地对带有趋势变化的需求模式进行预测的不足，而利用了线性回归的方法，对具有趋势性的需求做出预测。二次移动平均是指对经过一次移动平均得到的移动平均值，再进行一次移动平均，从而得到二次移动平均值。二次移动平均预测法的计算公式如下：

$$M_t^{[2]} =（M_t^{[1]} +M_{t-1}^{[1]} +M_{t-2}^{[1]} + \cdots +M_{t-n+1}^{[1]}）÷ n$$

例如，某公司过去 3 个季度（1~9 月）某产品的历史销售数据如表 2-2 所示，在 $n=5$ 时，计算本年最后一个季度（10~12 月）的需求预测值。

表2-2　某公司过去3个季度的历史销售数据及一次、二次移动平均预测法应用示例

月份	实际销售量 / 万件	一次移动平均值 $M_t^{[1]}$ （$n=5$）/ 万件	二次移动平均值 $M_t^{[2]}$ （$n=5$）/ 万件
1月	998		
2月	1,023		
3月	1,056		
4月	1,078		
5月	1,096	1,050.2	
6月	1,069	1,064.4	
7月	1,132	1,086.2	
8月	1,255	1,126	
9月	1,387	1,187.8	1,102.92

根据历史数据给出的9个月的数据资料，可以计算出第9期的一次移动平均值和二次移动平均值，即 $M_9^{[1]}$ 和 $M_9^{[2]}$，分别是1,187.8和1,102.92。有了这两个数据，我们就可以用二次移动平均预测法来预测10~12月的销售量了，具体方法和过程如下：

计算求解线性方程所需的截距值 α_9：$2M_9^{[1]} - M_9^{[2]} = 2 \times 1,187.8 - 1,102.92 = 1,272.68$

计算求解线性方程所需的斜率值 β_9：$2\left(M_9^{[1]} - M_9^{[2]}\right) \div (n-1) = 2 \times (1,187.8 - 1,102.92) \div (5-1) = 42.44$

应用 α_9 和 β_9 的值，计算出10~12月的需求预测值（F_{10}、F_{11}、F_{12}）如下：

$$F_{10} = \alpha_9 + \beta_9 \times 1 = 1,272.68 + 42.44 \times 1 = 1,315.12$$

$$F_{11} = \alpha_9 + \beta_9 \times 2 = 1,272.68 + 42.44 \times 2 = 1,357.56$$

$$F_{12} = \alpha_9 + \beta_9 \times 3 = 1,272.68 + 42.44 \times 3 = 1,400$$

二次移动平均预测法的优点在于能够对带有趋势的需求进行预测；不足在于需要更多的数据和计算量大，且仅适用于短期预测。

4）一次指数平滑预测法

指数平滑预测法是一种比朴素预测法、移动平均预测法和各种定性预测法更为专业的预测方法，在零售批发等行业中被广泛应用。常用的指数平滑预测法包括一次指数平滑预测法、二次指数平滑预测法（Holt法）和三次指数平滑预测法（Winter's法）3种。

一次指数平滑预测法适用于没有季节性、周期性变动，没有明显上行或下行趋势的产品或服务的预测，且更多运用在短期预测中。这种方法需要的数据很少，但需要预测人员根据经验来设定首次预测值，通过对最近一期的实际需求值和需求预测值进行权重分配，对未来短期内的需求做出预测。这种方法准确性高，且计算量少。

一次指数平滑预测法的计算公式如下：

$$F_{t+1} = F_t + \alpha\ (A_t - F_t)$$

式中：F_{t+1}——预测期（t+1 期）的需求预测值；

F_t——最近一期（第 t 期）的需求预测值；

A_t——最近一期的实际需求值。

α 为平滑常数，取值范围为 $0 \leqslant \alpha \leqslant 1$。$\alpha$ 取值越接近于 1，说明在预测中应给予最近一期的实际需求值越大的权重，也就是说，越重视最近的实际需求的变化对未来预测的影响，预测值对实际需求变化的响应度越高；反之，当 α 取值越接近 0 时，则给予之前若干期的权重分配越趋同，该预测方法起的作用是更加接近于移动平均预测法起的平滑作用，而且预测值对近期实际需求变化的响应度较低。

假设某公司从来没有做过预测，现在公司的预测人员决定首次采用一次指数平滑预测法来对 5 月的需求进行预测。假定预测人员知道公司的某产品在 4 月的实际需求是 1,200件，则首先需要人为赋予 4 月一个需求预测值 F_4，实践中，一般就用 4 月的实际需求作为预测值，即 1,200 件；其次预测人员需要根据经验赋予平滑常数 α 一个值，假定为 0.5，此时，5 月需求预测值的计算如下：

$$F_5 = F_4 + \alpha\ (A_4 - F_4) = 1{,}200 + 0.5 \times (1{,}200 - 1{,}200) = 1{,}200（件）$$

当公司得到 5 月的实际需求为 1,230 件后，即可继续利用这个实际值和上面计算获得的预测值来进行 6 月的需求预测：

$$F_6 = F_5 + \alpha\ (A_5 - F_5) = 1{,}200 + 0.5 \times (1{,}230 - 1{,}200) = 1{,}215（件）$$

如此，该公司就可以一个月接一个月地预测出未来短期的需求。

5）二次指数平滑预测法

二次指数平滑预测法也称趋势指数平滑预测法，因为这种方法可以对带有趋势变化的需求模式进行有效的短期到中期的需求预测。

二次指数平滑是相对于一次指数平滑而言的，即在一次指数平滑常数 α 的平滑基础之上，再进行一次平滑，这次平滑是针对趋势变化的，因此这种方法会应用到两个平滑常数：α 和 β。α 的含义与取值范围与一次指数平滑预测法中的相同；而体现平滑趋势的 β 的取值范围也是介于 0 和 1 之间。较大的 β 值（接近 1）意味着预测更关注近期趋势的变化，而较小的权重（接近 0）则减弱了近期趋势的影响。预测人员通常根据过去经验、试验和误差，来设置首次预测值、α 值和 β 值。当然，当预测人员收集到更多的数据资料后，会更容易、更准确地做出 α 值和 β 值的设置。二次指数平滑预测法的计算包括 3 个步骤，会用到 3 个公式，分别如下：

用 α 做出基础需求预测：$F_{t+1} = \alpha \times A_t + (1 - \alpha) \times (F_t + T_t)$

趋势平滑：$T_{t+1} = \beta \times (F_{t+1} - F_t) + (1-\beta) \times T_t$

经趋势调整后的预测：$TAF_{t+1} = F_{t+1} + T_{t+1}$

其中：F_{t+1}——预测期的基本需求预测（未考虑趋势变化量）；

$\quad\quad F_t$——最近一期的指数平滑预测值；

$\quad\quad T_t$——最近一期平滑后的趋势变化量；

$\quad\quad A_t$——最近一期的实际需求量；

$\quad\quad T_{t+1}$——预测期平滑后的趋势变化量；

$\quad$ TAF_{t+1}——考虑了预测期趋势变化量在内的需求预测量，也称趋势调整预测量。

某公司最近 1~6 月的销售数据如表 2-3 所示，预测 7 月的销售量。

表 2-3　某公司 1~6 月实际销售量及预测量数据表（假定 α=0.3，β=0.2）

月份	实际销售量/万件	预测销售量/万件	趋势变化量/万件	趋势调整预测量/万件
1月	138	138	0	138
2月	153	138	0	138
3月	169	142.5	0.9	143.4
4月	170	151.08	2.44	153.52
5月	182	158.46	3.43	161.89
6月	196	167.92	4.63	172.55

与一次指数平滑预测法一样，根据已知的历史数据，预测人员首先需要设置首次的预测值，如 138 万件；同时，预测人员还需要对首次趋势变化量做出预估，通常可以假定为 0，即没有趋势变化。另外，预测人员还需要根据经验对平滑常数 α 和 β 进行预设，这里假定 α=0.3，β=0.2。

基于上面各值的预估与假定，在计算 7 月的预测销售量前，必须先从 2 月开始，逐月计算出所有的预测值，直到 6 月，方可计算 7 月的预测销售量。具体计算过程从略，计算结果参见表 2-3。

6）三次指数平滑预测法

如前所述，有些需求模式除了有趋势性，还具有季节性或周期性变动等特征。在对这种类型的产品或服务进行需求预测时，就必须考虑到季节指数或周期指数对需求的影响。

计算季节指数的方法有多种，本书介绍的是一种被称为"乘积效应"的计算方法，即用每个季节的需求除以整个变动周期内的平均需求，得到相应的每个季节的季节指数，该指数可能大于、等于或小于 1。

如某泳衣在过去一年内 4 个季度的销售量分别是 11 万件、24 万件、3 万件、2 万件，可以通过"乘积效应"的计算方法，得到 4 个季度的季节指数，具体计算过程如下。

首先计算出去年每个季度的平均销售量：（11+24+3+2）÷ 4 =10 万件。则 4 个季度的季节指数计算分别如下。

春季，$11 \div 10 = 1.1$；夏季，$24 \div 10 = 2.4$；秋季，$3 \div 10 = 0.3$；冬季：$2 \div 10 = 0.2$。

该模型之所以被称为三次指数平滑预测法（又称 Winter's 模型），是由于其在针对基本需求和趋势变化做了两次平滑的基础之上，在 α 和 β 两个平滑常数之外，增加了第 3 个平滑常数——季节指数平滑常数 γ（取值范围依然在 0 到 1 之间），用来对预测进行第 3 次平滑处理，即对季节指数进行平滑。

三次指数平滑预测法的计算过程比较复杂，涉及基本需求、趋势变化及季节指数的分步计算过程，有兴趣的读者可以参考相关专业书籍进行学习和了解，如威尔逊（Wilson）和基廷（Keating）编写的《基于 Excel 的商业预测》或马克利达基斯（Makridakis）等人编写的《预测：方法和应用》（*Forecasting: Methods and Applications*）等书籍。

2. 回归预测法

在需求预测的日常实践工作中，预测人员经常会发现除了时间因素外，其他内外部因素对需求也会产生明显的影响，如降价、促销、利率变化、能源价格变化等。这时候，预测人员一般会选用回归预测法进行预测。在进行回归预测之前，我们首先要知道两个变量——自变量和因变量，因变量是由于自变量的变动引起变动的量。一般来讲，回归预测法被广泛用于时间跨度较大的产品大类 / 产品线 / 产品系列 / 产品族的预测。回归分析方法中较为普遍的主要有线性回归预测法、非线性回归预测法等，回归预测法也广泛应用因果回归分析手段。

回归分析的目的是估计模型的参数以便达到对数据的最佳拟合。在决定最佳拟合的标准时，最小二乘法是普遍采用的方法，也是回归分析的基础之一。最小二乘法也叫最小平方法，就是要找到一个拟合方程（线性或非线性，图形可以是直线或曲线），使得所有因变量的实际值与拟合线上相对应的计算值的误差（垂直距离）的平方之和最小。建立最小二乘法回归模型的目的在于找到可以作为因变量预测因素的一个或多个自变量，反过来，也就是运用找到的拟合方程对因变量进行预测。以下重点介绍 3 种回归预测法。

1）线性回归预测法

线性回归是指预测人员发现自变量与因变量之间的关系呈现出相对直线关系。因此，通过历史数据分析，找出自变量与因变量之间的线性关系，就可以由自变量的变化推导出随之而变的因变量预测值。在线性回归预测法中，较容易理解的是一元线性回归（也称简单线性回归），所谓一元线性回归就是每次只分析一个自变量，与之相对应的是多元线性回归，也就是每次对一个以上的自变量进行分析。

进行线性回归预测时，我们可以通过上文提到的最小二乘法，用一条直线来拟合历史数据。采用线性回归方法预测时，会使用到线性方程式，即：

$$Y = a + bX + \varepsilon$$

式中，Y——因变量值；

X——自变量值，可以是时间、数量等（当 X 为日历时间时，Y 值随着 X 值发生有趋势的变化时，被称为自回归；这时 Y 与 X 之间呈现出相关性，但并非是因果关联）；

a——截距，也就是 $X=0$ 时对应的 Y 的值；

b——用来拟合数据的直线的斜率；

ε——残差。

应用简单线性回归时有 4 个前提条件，分别如下。

● 自变量和因变量之间存在线性关系。

● 因变量符合正态分布。

● 因变量之间是相互独立的。

● 残差之间独立，符合正态分布和方差齐。

2）非线性回归预测法

非线性回归分析是线性回归分析的扩展，因为在现实环境中，很多变量之间的关系并不是线性关系，对这种类型的变量的分析预测一般要用非线性回归预测法，通过变量代换，可以将很多的非线性回归转化为线性回归，或者通过非线性模型进行分析，做出预测。由于本书篇幅有限，此处就不详细展开。

3）因果回归预测法

因果回归预测法也是利用了前文描述到的线性回归的方法来进行预测的，只是因果回归强调的是因变量与自变量之间存在因果关系。如前文提到的自回归，因变量随着作为自变量的 "日历时间" 轴发生趋势变化，仅仅说明两个变量之间存在相关性，并不能说两者之间存在因果关系。但是，当某产品销售价格下降而带来销售量的增加，或零件强度随着退火工艺时间的变化而发生变化时，两者之间就被认为存在着因果关系。

3. 其他预测方法

预测的方法非常多，除了上面介绍的常用的定性预测法与定量预测法外，决策树

（Decision Tree）预测模型也被广泛运用。决策树预测模型是用于分类和预测的主要技术之一，是助力使用者在不确定的环境中做出决策的一种方法。决策树预测模型的组成部分包括决策节点、方案枝、状态节点、概率枝和结果节点。

决策树是以实例为基础的归纳学习算法，之所以被广泛使用，是因为它提供了某种逻辑结构，能从一组无次序、无规则的实例中推导出以决策树表示的分类规则，表示对象属性与对象值之间的一种映射关系，以帮助使用者做出决策，并为分析备选方案提供一种更可观的方法。目前已经有了决策树工具软件，它可用于构建决策树，使得决策过程相对容易。有关决策树预测模型的内容，将在本丛书的其他模块中做详细介绍。

除了决策树预测模型外，其他常被使用的还有利用生命周期曲线拟合方法对短生命周期或技术更新类产品进行预测的生命周期预测法，用于对非连续的间断型需求进行预测的改进的 Croston 法等。

｜第 4 节｜ 需求预测与需求计划管理

1. 需求预测流程

需求预测流程主要包括 5 个步骤，如图 2-3 所示。

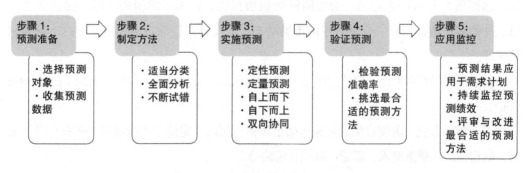

图 2-3　需求预测流程的 5 个步骤

1）预测准备

（1）选择预测对象

在着手进行需求预测之前，首先需要明确对什么进行预测。最终产品或服务的标准性和可配置性程度的不同，会导致预测对象被定位在产品或服务的不同层级上。

对于日用消费品、标准工业品而言，预测对象常常定位在单品上，或单品 / 区域、单品 / 工厂、单品 / 分销中心、单品 / 商店（统称单品 / 地点）。

对于非标类工业品而言，预测对象一般要定在较高的层级上，如产品大类、产品系列，进而进行原材料、标准件和工艺产能等的需求预测。

针对配置型产品而言，预测对象一般定位在各种配置的比例分配上，或者定位在原材料、模块组件层级上。在预测前，需要对各款可配置品类进行大量的分解和聚合处理。如某汽车制造公司生产若干系列的轿车，每个系列又有若干种配置可供选择，这时既可能针对每个系列、每种配置的需求做出预测，再自下而上地整合到全公司每个系列轿车的总需求预测，直至全部轿车的总需求预测；也可能根据历史销售量加上趋势性预测，首先自上而下地做出全部轿车的总需求预测，再分解到每个系列、每个配置的需求预测上；还可能直接从原材料、模块组件上入手，根据原材料、模块组件的历史需求量，加上趋势性预测，做出未来的材料层级上的需求预测。

（2）收集预测数据

在确定了预测对象之后，就需要收集和准备对预测有用的各种数据与信息了。在收集和准备数据与信息的过程中，预测人员应遵循 4 个原则：按客户细分需求；与数据有关的任何情况或事件都应该被记录；如果存在季节性变动，则必须在预测之前将其剔除，然后在解读结果之前将其添回；采集的数据的格式应与预测中使用的格式一致。

数据从时间上来讲主要来自两个方面，一是与预测对象相关的时间序列历史数据，例如历史销售记录、出货记录、生产记录等；二是未来可能与预测对象相关的各种信息，包括贸易与市场大环境、销售团队的销售预估、管理层的销售目标、促销活动信息、外部客户新品信息、竞争对手的市场动态，以及针对目标市场和消费者的市场调研资讯等。

需求预测的数据来源一般分为内部来源（Intrinsic Source））和外部来源（Extrinsic Source）。

对于新品来说，需要收集的数据包括市场销售策略、定价与利润策略、研发与设计策略、制造模式、质量要求、新老产品交替策略等。

例如对于零售行业来讲，需求预测所需的具有价值的数据一般包括：销售点实时销售数据（POS）；作为预测对象的商品品类结构、品牌结构、单品构成等数据；品类与单品销售渠道类型与商场属性数据，如线上、线下销售占比，商城、连锁、便利店销售占比等；客户行为数据，如购物时间、购物频率、对价格的敏感度、对促销的响应性等；各级仓库的库存数据、仓库间调拨数据；竞争对手信息，如促销活动、卖场布局、地理位置变更、品牌结构变化等；各类宏观经济数据；天气数据等。

2）制定方法

对于收集到的数据，需要进行适当分类，全面分析，识别产品／服务的属性、需求模式、波动程度、客户重要性等，从而做出预测方法的恰当选择。

从产品属性来看，对于消费者数量众多、需求弹性较大的日用消费品而言，多采用预测统计技术、快速波动的预测方法、因果回归法、产品生命周期分析法、自上而下为主与自下而上为辅的双向预测等；而对于消费者数量较少、需求弹性较小的工业品和高档奢侈消费品（如豪车）而言，一般更偏向采用销售人员组合法、趋势分析法、因果回归法等；对于产品更新快、生命周期很短的时尚产品而言，则更多地会采用特征值预测法、专家意见法、管理层集体评议法、市场调研法等定性预测法；对于新产品／服务，则通常选择市场调研、管理层集体评议法、专家意见法、类比法和因果回归法等预测方法。

从需求模式和波动程度上来看，对于需求稳定的产品／服务，可以选择朴素预测法、一次移动平均预测法、一次指数平滑预测法、销售人员组合法等预测方法；对于需求带有趋势变化的产品／服务，可以选择带趋势的朴素预测法、二次指数平滑预测法、因果回归法等定量预测方法；对于既有趋势变化又有季节性变动的产品／服务，可以选择三次指数平滑预测法、因果回归法、时间序列预测法等定量预测方法。

另外，根据预测的时间跨度的不同，预测方法的选择也有所不同，具体选择时可以参考表 2-4 给出的一般性指导原则。

表 2-4   根据预测时间跨度选择适用的预测方法的一般性指导原则

常用预测方法	预测时间跨度		
	短期	中期	长期
销售人员组合法	适用	适用	适用
市场调研法	适用	适用	适用
管理层集体评议法	适用	适用	适用
专家意见法	不推荐	不推荐	适用
朴素预测法	适用	不推荐	不推荐
移动平均预测法	适用	适用	不推荐
一次指数平滑预测法	适用	适用	不推荐
二次指数平滑预测法	适用	适用	不推荐
三次指数平滑预测法	适用	适用	不推荐
因果回归法	适用	适用	适用
生命周期法	不推荐	适用	适用
单期模型	适用	适用	不推荐

在进行预测方法选择时，不单单是选择某一种方法，而是在可供选择的方法里，选择几种，不断试错，并通过下文介绍的预测验证手段，找到最合适的预测方法。作为一般性原则，建议首先采用适当的时间序列预测法等定量预测方法进行初步预测，然后再使用因果回归模型改善初步预测，最后采用适当的定性预测方法做出最终调整和预测确认。

3）实施预测

在选择了预测方法后，企业会组织相关部门实施预测活动。预测活动是指企业根据其选择的定性预测、定量预测、自上而下、自下而上及双向协同等预测方法与实施手段开展的具体预测行动。在实际工作中，实施预测的组织十分重要，多为营销、职能人员牵头并包含市场、销售、产品管理、供应链等部门代表构成的跨职能团队。需要指出的是，不同的预测方法其实施团队是不同的，且执行此类预测结果需要听取一线人员的反馈与建议，单纯依赖于模型输出的结果并不加研判地执行，可能会出现偏离现实的情况。例如选择了德尔菲法进行产品长期预测的企业，就会组织包括内部与外部专家共同构成的专家团队对预测目标和任务进行有针对性的预测活动。

4）预测验证

预测不是目的，而是手段。预测的目的是洞察和前瞻客户的需求，制订相关的供应链管理计划并实施，以满足客户的需求，为客户创造价值，并达成企业自身的战略目标。因此，预测是一个闭环管理过程，即需要对预测的结果进行跟进与评估，通过对预测准确性的监控，找到最合适的预测方法。

预测的效果一般通过计算预测误差来进行评估。所谓预测误差（E_t），一般是指实际值（A_t）与预测值（F_t）之间的差异，用公式表示如下：

$$E_t = A_t - F_t（式中下标 t 代表任意一个预测期）$$

常用的评估预测误差的指标有平均误差（ME）、平均绝对误偏差（MAD／MAE）、平均绝对百分误差（MAPE）、均方误差（MSE）。需要注意的是，计算预测误差所使用的基础数据是非常重要的，因为某一产品或某一族产品可能会在固定期间内有多种版本的预测数据。一般来讲，企业应选择那些被纳入（最终版本）需求计划的预测数据作为计算预测误差的基础。而在复杂的运作中，对销售实际值进行调整也是频繁且常见的，一般来讲，企业应在合规的前提下，按照买卖双方的共识或契约规定来界定最终销售需求。

（1）平均误差（Mean Error，ME）

平均误差就是 n 期的预测误差运行总和（Running Sum of Forecast Errors，RSFE）的平均值。一般来说，ME 越小，n 期的总体预测效果越好。但是由于预测误差有正有负，在平均误差的计算中，会出现正负相消的现象，因此，这个指标可以用来评估系统误差，但不能有效揭示误差幅度，不建议独立使用。

（2）平均绝对偏差（Mean Absolute Deviation，MAD）

平均绝对偏差也叫平均绝对误差（Mean Absolute Error，MAE），它反映的是 n 期的预测误差绝对值之和的平均值。用公式表达为：

$$\text{MAD} = \frac{1}{n} \sum_{t=1}^{n} |A_t - F_t|$$

MAD 可以用来评估预测误差幅度，且计算简单、直观易懂，建议使用。

（3）平均绝对百分误差（Mean Absolute Percentage Error，MAPE）

平均绝对百分误差就是 n 期预测误差（E_t）绝对值与实际值（A_t）之间百分比的平均值，用公式表达为：

$$\text{MAPE} = \frac{1}{n} \sum_{t=1}^{n} \left| \frac{A_t - F_t}{A_t} \right| \times 100\%$$

MAPE 是一个十分有用的预测误差评估指标，不仅可以用于对一组数据的不同预测模型的误差幅度进行比较，还可以用于对不同数据系列之间的误差幅度进行比较。需要指出的是，在企业实践中，一些企业的预测人员会使用预测值 F_t 作为分母来衡量误差相对于预测的偏离程度。选取预测值作为分母，说明以预测值作为参考，以假设和计划为基础进行比较。

（4）均方误差（Mean Squared Error，MSE）

均方误差就是 n 期预测误差（E_t）的平方和的平均值，用公式表达为：

$$\text{MSE} = \frac{1}{n} \sum_{t=1}^{n} (A_t - F_t)^2$$

与取绝对值的效果一样，MSE 也通过取平方的方法消除了正负相消的情况，因此可以用来反映误差幅度。另外，平方将误差放大，尤其是原本已经较大的误差被放大得更明显，更容易被使用者发现。

5）应用监控

在预测方法持续应用在实践中时，预测人员需要找出一种方法来判断：预测是否会随着时间的推移发生严重偏离，而跟踪信号（Tracking Signal，TS）就是一种用来考察预测偏离程度的有效方法。跟踪信号是用预测误差运行总和（Running Sum of Forecast Errors，RSFE）除以平均绝对偏差（MAD）得到的一个值，计算公式如下：

$$TS= \frac{\sum_{t=1}^{n}(A_t - F_t)}{MAD}$$

跟踪信号等于 0 时，意味着实际需求与预测值完全吻合；大于 0 时，意味着实际需求大于预测值；小于 0 时，意味着实际需求小于预测值。当跟踪信号大于 1 且持续增加时，则说明实际需求在最近的期间内持续大于预测值，通俗地讲，就是预测少了；当跟踪信号小于 −1 且持续减小时，则说明实际需求在最近的期间内持续小于预测值，换句话说，就是预测多了。根据经验，一般将 TS 的界限设定在±3σ（即 3.75MAD）之间。当 TS 超限时，就需要预测人员采取行动，对预测方法进行评审与改进。

2. 制造模式与需求预测

制造模式的形成与发展既来自企业内部对产品的设计、厂房设备状态和工艺路线的规划，同时也受不断变化的供应链（例如制造外包）和复杂激烈的竞争环境的影响。

在 MTS 策略下，预测对象通常是最终（标准化）产品。在 ATO 策略下，需求预测主要围绕标准化或具有通用特点的中间产品展开，如模块组件或部件，而最终产品的组配，和 MTO 一样，是在接到确定的客户订单后，通过 FAS 策略来安排完成的。而在 MTO 策略下，预测应根据实际情况和行业的特点，针对关键材料、最终产品或产品大类 / 产品线 / 产品系列 / 产品族展开。有些行业最终产品的配置通常来自最终确认的客户订单，很难称为真正的预测，而且滚动预测的准确率很低。

ETO 的预测与其他制造模式相比更加复杂。在 ETO 模式下，企业一般是按照项目计划管理的模式进行预测与需求管理，这主要是由于 ETO 模式的需求响应周期长，潜在商机识别与管理难度大，尤其在国内，很多项目一旦招投标完毕就要求在短时间内交付。随着企业标准化的进行，越来越多的企业，尤其是装备制造业企业，选择了标准化设计与连续生产，使得 ETO 模式逐渐具有 ATO 策略的特质。

3. 牛鞭效应的成因和控制办法

牛鞭效应是指供应链条上的一种需求被变异放大的现象，是信息从下游向上游传导时，无法有效地实现信息共享，使得信息扭曲而逐渐放大，导致需求信息出现越来越大的波动。这种扭曲的放大作用在图形上看起来很像一根甩动的牛鞭，因此被称为牛鞭效应。

牛鞭效应产生的原因复杂，包括：预测与需求的不断修正、超越需求的订货、订货与生产批量决策、价格波动、供应与短缺的博弈、物料交货时间变化、库存失衡等。

消除牛鞭效应是企业运作过程中的重要事项，普遍的消除办法有：稳定或缩短物料交货时间、减少流通环节、尽量降低需求的可变性、采用先进的信息技术或数字化手段以实现供应链企业间的信息共享、使用合理的库存策略。

4. 如何降低对需求预测的过度依赖

需求预测是企业需求管理的起点，也是 S&OP 流程的重要输入，但是仅靠预测是不可能支撑整个运营系统运转的，企业需要更好的供应链计划体系和运营协同体系来改善经营活动。企业应通过下列活动，尽量降低对需求预测的过度依赖，增强供应链整体的韧性和可持续供应能力。

●供应链从推动向拉动转变。推动分离点远离供应链上游，缩短需求响应周期。

●推进延迟策略。协同各部门进行精益改善，通过标准化、模块化和本地化加速完成延迟策略在大部分产品上的覆盖。

●建立较为完备的风险管控体系和可持续供应能力，增强端到端计划链条模拟仿真能力。

5. 需求计划及制订需求计划的能力

作为整个供应链计划的一部分，需求计划是计划过程的第一步，也是整个供应链计划非常关键的输入。需求计划的输入主要有以下来源。

●直接来自客户的订单或需求预测。

●来自企业通过预测技术输出的预测数据。

●来自 DRP 系统输入的信息（DRP 是分销资源计划的简称，我们将在第 8 章详细介绍 DRP 的概念及它与 ERP、需求计划的协同关系）。

无论需求计划的来源是什么，企业都将面对如下几个问题并做出回答。

●客户想要哪些产品？

●客户想要多少产品？

●客户何时需要这些产品？

●客户需要在何地进行这些产品的交付？

通常，一个企业内不同的部门有着不同的目标与观点，每一个部门都会制订自己独立的需求计划。例如销售部门会以客户为对象，进行品项到品项（Item-by-Item）的需求预测；而市场部门则会制订一个全年的促销计划。一个好的需求计划，应该是把销售部门、市场部门的计划与其他部门的计划整合到一个统一的计划中，为企业提供一个共同的需求视图，即对整个企业都是可视的和可用的！

为了制订一个统一的、能够被企业中各个部门共用的需求计划，企业需要具备和发展以下4种能力。

1）统计预测能力

使用历史数据和其他调节性参数，如季节指数、平滑指数等，生成一个统计预测。

2）多角度数据分析能力

需求需要从不同的角度进行审视与解读。例如某个地区的销售经理只关心他自己所负责区域的客户的需求，甚至只想看到其中五大客户的需求；而对于首席运营官（COO）来说，其更感兴趣的可能是计划季度的需求总量与过往6个季度需求量的数据对比。

3）产品生命周期计划能力

这是指基于产品所处其生命周期的特定阶段和需求特征，对需求预测进行分析和调整的能力。例如，一款外观设计新颖别致的手机新品在初期导入市场时，其需求量可能非常大；但是随着竞争对手推出类似款式的手机之后，先推出的手机的市场需求量可能急剧减少。

4）企业4P营销策略能力

该能力是指挑选产品（Product），制定价格（Price），构建渠道（Place），进行促销（Promotion）的能力。

6. 需求管理

需求管理责任重大，因为背负达成交付、推动计划实施和连接计划传导断点的重要使命，涉及环节众多，并且需要推动多方面工作，所以企业要关注需求管理的流程建设。

通常来讲，需求管理的流程分为4个环节：计划制订、沟通与协同、制定优先级、推动实施。

在计划制订环节，相关部门应建立有效的沟通（会议）机制，共识计划方案与量化输出，定期将需求预测转化为可行的需求计划。当需求计划按期输出后，应在企业内各部门进行充分的沟通与信息传达，明示各种风险与达成方案、强调补充和应急方案、阐明差异管理机制等，并定期开展计划与实际情况的稽核对比工作，开立紧急和待办事项等进程管理内容，形成闭环管理；对外则通过客户服务或业务部门，针对客户需求与预测进行积极主动的反馈，及时反映供应链条存在的问题，沟通交付预测水平、关键物料的准备状况、产能状况、新产品和退市产品进度等。在充分沟通后形成信息与新要求的再分解与合并，针对产品级别做出优先级锁定并进行计划微调。最终在达成共识后进入下一阶段，推动计划的实施和监控代办事项、优化事项的跟踪与关闭情况。

需求管理机制并不是将需求预测简单地转化为一个简单的计划而录入 ERP 系统，而是要在企业复杂的经营环境中，梳理、掌握、控制繁杂的干扰因素。例如，多工厂生产同一产品，在需求预测被采集与整理后形成统一的需求计划，在考量各工厂的生产能力与物料供应状况、库存水平与排程状况后，形成合理的按工厂分解的需求计划，并及时落实到不同工厂执行。需求管理的循环机制以最终实施计划为闭环终点。

目前，协同一致的需求管理在企业供应链中越来越受到重视，并出现了着重与外部进行高效协同的"协同计划、预测和补货"体系和众多信息化、数字化助力工具。

协同计划、预测和补货（Collaborative Planning, Forecasting and Replenishment，CPFR），是一种建立在联合管理库存和供应商管理库存基础上的、供需双方协同开展的供应链库存管理技术。CPFR 最大的优点就是能及时准确地预测由各项促销措施或异常变化带来的销售高峰和波动，从而使销售商和供应商都能做好充分的准备，在市场上赢得主动。

CPFR 一般包括战略与计划、供需管理、实施和分析 4 个阶段。

在战略与计划阶段，供需双方签订协同协议和联合计划，明确合作原则、合作目标、协同范围、各自作用和责任等。此阶段采购方的主要任务是进行恰当的商品品类管理，而供应商的主要任务是制订相应的财务计划和市场计划。

供需管理阶段的主要工作是进行销售预测、订单预测与计划。销售预测是根据最终客户端的销售数据、配送中心退回和已计划事件的信息等来预测商品的销售状况；而订单预测与计划是根据销售预测、库存策略、订货提前期及其他影响因素，确定将来的产品订单和交付要求。此阶段采购方的主要任务是销售数据的预测和补货计划的制订，供应商的主要任务是销售数据的分析和需求计划的制订。

实施阶段的主要工作是订单生成和订单履行。此阶段采购方的主要任务是订单生成与下达，供应商的主要任务是开展生产与交付。

分析阶段的主要工作就是对合作中的例外情况进行管理，对目标实现情况进行评测，以及制定可供选择的战略。此阶段采购方的主要任务是对例外情况进行处理和对供应商进行评估，供应商的主要任务是对实施中的例外情况进行处理和对客户进行评估。

CPFR 成功的关键在于建立一个完善的 CPFR 运行机制，以及进行了合作伙伴的慎重选择。供需双方需要树立双赢共进的价值观，并坚持三"信"原则，即信任彼此、信息共享、信守承诺。

随着信息化的加强与数字化的发展，越来越多的工具可以助力企业间的 CPFR，例如 CRM 系统、SRM 系统等，使得企业间的需求协同管理更加有效。

参考文献

1. 刘厚俊 . 现代西方经济学原理（第四版）[M]. 南京：南京大学出版社，2005.

2. 耿修林 . 商务经济统计学 [M]. 北京：科学出版社，2003.

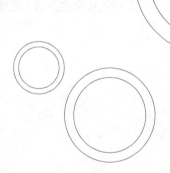

第 3 章

综合供应计划

第 1 章已经介绍了供应链计划体系。供应链计划体系由战略业务计划、需求计划和综合供应计划 3 个部分构成。这里使用综合供应计划一词来描述是因为综合供应计划覆盖了一系列的生产和物料的相关计划及供应能力计划。

1. 描述综合供应计划体系的构成。

2. 讲解综合供应计划的类型和特征要素。

3. 解释综合供应计划中的各种策略。

4. 讨论综合生产计划的编制及其挑战。

| 第 1 节 | 综合供应计划体系

1. 综合供应计划体系模型

在图 3-1 中,供应链计划体系模型用虚线方框界定了综合供应计划,这个计划由生产和物料的相关计划(综合生产计划、主生产计划、总装计划、物料需求计划、排产计划、采购计划、执行监控与绩效反馈)及供应能力计划(资源需求计划、粗能力计划、能力需求计划)构成。

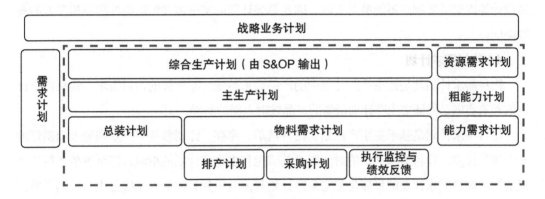

图 3-1 供应链计划体系模型

1) 综合生产计划

综合生产计划是综合供应计划的重要组成部分。综合生产计划能够承接战略业务计划并与主生产计划相连接;综合生产计划有与之相对应的供应能力,即做出资源需求计划。

综合生产计划是根据不同产品大类 / 产品线 / 产品系列 / 产品族的需求预测,结合不同制造模式和生产策略等,由综合生产计划员负责制订的滚动 12 个月或以上的预测性生产计划。这个预测性生产计划要考虑整体业务计划的盈利、生产效率、具有竞争力的提前期等。经过销售与运营计划批准的综合生产计划是各部门计划资源的共同依据。

本章后续部分主要介绍综合生产计划的制订。

综合生产计划是主生产计划的输入。

2) 主生产计划

主生产计划是产品级别的生产计划,它是基于综合生产计划中的产品大类 / 产品线 /

产品系列／产品族的信息、单品预测、订单和库存等计划要素制订的中短期计划。通常主生产计划的时间跨度要覆盖耗时最长的制造和采购提前期，而这个区间就是主生产计划的计划区间。由于在主生产计划阶段安排的是具体产品的生产，因此主生产计划与特定的顾客服务水平、特定产品库存、产品线成本等紧密相关。

有关主生产计划的知识，将在本书第 5 章主生产计划、物料需求计划及排程中详细讨论。主生产计划是物料需求计划的输入。

3）总装计划

如果下达的主生产计划针对的产品需要通过总装过程或类似总装工序才能实现时，这时为了实现这个主生产计划，就需要确定总装的完工时间和开始时间。一般情况下，在确定主生产计划后，就会在信息系统内生成总装计划。总装计划与物料需求计划是紧密相关的。为了实现总装计划，物料齐套率很重要；总装计划也常常受工艺装备、工艺文件和产品设计等因素的影响而不能准时实施，因此总装计划的实施需要组织内外利益相关方的高效协同。

4）物料需求计划

物料需求计划就是把主生产计划中的产品需求转变为零件级的物料需求。物料需求计划的有效实施是保证主生产计划所需的产品按时入库的前提。

物料需求计划是基于主生产计划、物料清单、库存、计划参数等一系列输入而制订的一个短期计划。物料需求计划的时间跨度的确定和主生产计划的相似，即至少要覆盖累计提前期。物料需求计划的目标是把主生产计划转换为更为具体的、完成主生产计划所需的物料和产能的计划。物料清单、库存、计划参数都会影响物料需求计划。

物料需求计划将在本书第 5 章主生产计划、物料需求计划及排程中详细讨论。

物料需求计划结束的标志是物料计划员在 MRP 系统中释放采购和生产订单。这些释放的订单是排产计划和采购计划的输入。

5）排产计划和采购计划

排产计划和采购计划是生产和采购订单发出之前制订计划的最后阶段。组织通过这两个短期计划来确保产能和物料得以满足的同时，增强计划执行的经济性。在所有产能和物料方面的短缺问题都得以解决后，组织才可以下达订单批准生产。确定了排产计划和采购计划后，就进入生产能力的监控和供应商交付的跟踪阶段。

有关排产计划的更多内容，将在本书第 5 章主生产计划、物料需求计划及排程中详细讨论。

6）执行监控与绩效反馈

执行监控与绩效反馈是指执行层的生产作业控制和采购订单的执行管理，用以跟踪和反馈生产与采购的执行情况，提前发现问题和做出预警，并及时采取纠正举措，保证物料准时交付到位、生产顺利进行和达成顾客服务水平目标。另外，还要对执行中所投入的资源加以正确地记录，用以分析和改善计划执行的效益。

7）供应能力计划

供应能力计划是资源需求计划、粗能力计划和能力需求计划的总称。上述各个层次的供应计划制订过程都需要把计划转换成需要的资源和能力，并与可用资源和能力相比较，来检查计划的可行性。当两者有差异时，抑或修改各项计划，抑或重新审视资源和能力并采取可行的方法来解决资源和能力不足的问题。解决资源不足的问题应从资金、人力、设备、技术、时间等方面去分析，而解决能力不足的问题则更多地从设施设备、工装工具、劳动力、工作时间、轮班班次、外部协作产能等维度去考虑。

供应能力计划将在本书第 6 章供应能力计划与管理中详细讨论。

2. 供应计划类型

综合供应计划与战略业务计划内含的供应计划内容构成了整体的供应计划。

计划可以按重要性、层级、时间跨度、对象等不同的分类依据得到不同的分类结果。

按计划的重要性和层级来分，计划可以分成战略、战术和执行 3 个层次；也可以分为集团公司计划、事业部计划、工厂计划、职能部门计划等。

按时间跨度来分，计划则可以分成长期计划、中期计划和短期计划 3 种。

按计划对象来分，计划可以分成寻源计划、库存计划、补货计划、生产计划、生产排程、物料需求计划、采购计划、产能计划、交付计划等。

3. 供应计划的特征要素

制订计划时，计划人员需要明确以下 4 个与计划相关的特征要素。

1）计划时间跨度

计划时间跨度（Time Horizon）是指一份计划所涵盖的时间长度。比如，一个展望和涵盖了 12 个月之久的计划，通常称为年度计划；一个展望和涵盖了未来 3~5 年的计划，称为长期计划；而只为下个月的工作内容与行动措施做出的计划，称为月度计划或短期计划。

2）计划时间单位

计划时间单位（Bucket Size）通常与计划时间跨度相关。时间跨度越长的计划，计划时间单位一般越大，反之计划时间单位一般越小。对于一个时间跨度长达数年的长期计划，计划时间单位一般是年；对于一个年度计划，计划时间单位通常是季度、月或周；而对于短于一年的计划，计划时间单位可能是月、周、日或者小时。

3）计划频率

计划频率（Frequency）是指对计划进行回顾和更新的频率，通常也与计划时间跨度相关。时间跨度越长的计划，计划频率一般越低，反之则越高。例如，对于一个时间跨度长达数年的长期计划而言，计划频率一般是每年一次或每个季度一次；而对于时间跨度为一年或一年以下的计划而言，计划频率通常是每月一次或每周一次；对于时间跨度极短的作业计划而言，计划频率可能高达每天一次，甚至每个班次一次。

4）计划详细程度

计划详细程度与计划时间跨度、计划重要性及计划层级都有关系。一般来说，计划时间跨度越短、计划重要性与计划层级越低时，计划详细程度越高，反之则越低。例如，一个长期的、公司层面的战略供应计划，一般不会细化到对每一个产品或部件的供应来源进行计划的程度，也不会对具体的供应时间或供应数量做出计划，而更多的是从产品线或商品品类的视角去规划供应来源和供应期间，对于需求通常只会用数量区间来描述，或是使用金额而非数量来描述；相反，一个短期的、工厂层面的物料需求计划，则通常会细化到对每一个产品、组件、部件或原材料进行计划的程度，如具体计划至什么时候需要多少数量。

这里对综合生产计划进行说明。综合生产计划承接战略业务计划，是战术计划。通常综合生产计划的计划时间跨度为 12 个月或以上，计划时间单位为月，计划频率为每月更新一次，计划细化到产品大类 / 产品线 / 产品系列 / 产品族。

除了上面谈到的计划特征要素，在编制计划时还会涉及产品的数量单位，这个单位需要根据产品确定，可以是台、千克或其他单位。

供应计划的长期、中期和短期计划，对应着战略、战术和执行层计划，反映在各种特征要素上，如表 3-1 所示。

表 3-1　供应计划的类型与特征要素

计划类型	特征要素			
	计划时间跨度	计划时间单位	计划频率	计划详细程度
战略（长期）	数年	季度或年	每年或每季一次	高度综合的
战术（中期）	数周 / 数月	周或月	每周或每月一次	较详细的
执行（短期）	数日	小时、班次或日	每日或每几小时一次	非常详细的

|第 2 节|　综合供应计划中的策略

1. 运营绩效的 5 个目标

　　组织想在市场上获得竞争优势，就要从根本上构筑差异化或低成本的竞争战略。质量、可靠性、速度、柔性、成本等运营绩效的目标可能是这些战略的重要组成部分。供应计划中的各种策略需要平衡这些运营绩效的目标，从而通过输出一个适宜的供应计划来支持竞争优势的实现，在这个过程中，精益起着重要作用。正如詹姆斯·P.沃玛克（James P.Womack）所言，精益就是投入的资源要少于大批量生产模式。日本丰田汽车在第二次世界大战后通过创建精益生产方式而获得竞争优势，在过去 70 年里通过更好的质量、更可靠的交付、更快的速度、更多的品种和更优的成本，赢得了全球的竞争优势和市场地位。下面分别介绍这 5 个目标。

1）质量

　　产品质量是组织参与任何竞争的前提，是组织的经营根基。质量的获得来自全流程的质量管理，包括产品设计过程、采购过程、制造过程和物流过程等。供应计划对质量的影响就是给利益相关方计划合理的时间从而使他们按照标准的流程开展相关的活动。有的组织在生产任务达到高峰时，紧急外包关键作业过程，但没有计划出合理的验证时间，外包质量堪忧；有的组织没有按生产计划中生产不同产品的要求推动员工进行多技能认证，造成未经认证的人员在不同产品线间流动而产生制造质量隐患；有的组织在制订生产计划时不愿意安排不同品种的平衡生产，而一味地追求大批量和高效率，使质量缺陷隐藏在库存之中，造成发货前的大量返工或发货后的顾客抱怨。

2）可靠性

　　可靠性指的是组织实现准时交付的可靠程度。例如，ETO 项目类组织或小批量多品种制造组织，他们面临的准时交付的挑战就比较大，因为此时的物料采购和生产一般是在收到顾客订单后进行的。交付可靠性低，可能是多种原因造成的，包括工程变更、供应商问题、内部制造问题等。比较常见的内部制造问题是生产计划的制订缺乏合理性。比如在对生产计划倒排或插单时，造成大量的工作内容被挤压在顾客要求的交付时间之内完成。交付可靠性对供应链计划是个重大考验，同时其凸显出了供应链计划职能的重要性。

3）速度

　　速度一般指向顾客交付提前期的长短，通常被理解为收到订单后多快才能交付。速度是组织内在能力的体现，如果实际需求超过了依靠计划需求而设计的产能，就可能带来成本的增加。因此，如果没有很好的供应计划，供应链能力的高低、速度的快慢就无从谈起。实际工作中，速度越慢，交付的周期越长，市场的不确定性可能就越高，因而预测和订单就可能发生变化。举个例子，在精益生产环境下，很多组织鼓励一级供应商在主机厂附近建分厂或选用距离更近的供应商，从而实现准时制（Just In Time，JIT）交付，这就要求供应商具有很快的反应速度和很强的质量保证能力。

4）柔性

柔性是指面对顾客需求品种和数量变化、内外部环境变化时，组织的应变能力。随着经营环境的变化，组织的成功越来越依赖于快速适应变化的能力，本章后面将详细讲解柔性的不同维度。

5）成本

成本是竞争战略的一个重要维度。基于成本竞争意味着以低于竞争对手的价格销售产品。低成本不等于低质量和低利润，这就要求在供应链的运作中融入精益思想，以供应链总成本优化为目标。供应链计划对成本的影响很大，例如大批量生产与快速换模的小批量生产就是传统生产与当代精益生产的两种解决方案。供应链计划的确定原则很大程度上就是在满足顾客服务水平的前提下，选择总成本最优的方案。本章后续在讲解制订综合生产计划时，会详细讨论总成本的构成、计算和分析。

2.3 种生产策略

组织一般有 3 种生产策略，包括平稳策略、追随策略和复合策略。这些策略用在生产上通常称为平衡生产、追随生产和复合生产。在制订生产计划时，选择生产策略很关键。

1）平衡生产

有的组织生产的产品是功能性产品，这时可以在低谷期建立库存，而在高峰期保持平衡生产并释放库存。很显然，平衡生产就会带来库存，高峰期与低谷期的需求量差异越大，平衡后的库存水平可能就越高，库存成本就越大。

2）追随生产

有的组织生产的产品本身不允许存放较长时间，比如一些食品等，可能要建立较少库存并主要采取追随生产的方式来满足顾客在淡旺季的不同数量需求。追随生产要求组织在不同的季节随着顾客需求数量的变化而增加或减少产量，这时可能会增加设备投资或造成设备闲置、增加人员或遣散人员，也可能临时外包等，因此组织可能受投资、雇佣员工、外包等影响而增加成本。

3）复合生产

有的组织由于产品自身特点和工艺过程的限制、预算资本的束缚，没有办法选择平衡生产或追随生产中的一个，而选择复合生产，这也是组织最常使用的生产策略之一。复合生产就是复合这两种生产策略，有可能带来实现生产计划总成本的变化。

因为不同策略对应的制造总成本是不同的，这就要求在制订生产计划前要对不同的生产策略做成本分析。举个农业机械的例子，农业机械有一个特点就是季节性特别强。在制订收割机生产计划时就必须考虑淡旺季的需求差异并进行适度的平衡，而不是做过大的平衡，这就是复合生产策略。以玉米收割机为例，由于产品尺寸很大（仓储费用高）、产品很贵（库存成本高）、顾客很看重车龄（折让风险高），可以想象如果这时的生产计划做了太多的平衡，那过了玉米收获季节，收割机就要等到下一年收割玉米时才能再卖，这样会产生较大的隐性成本，这些成本甚至会吞噬整个产品的利润。生产策略的选择非常重要，但生产策略的应用也需要结合其他策略，这里鼓励读者用市场营销的 4P 和精益等一系列策略作为生产策略的补充，确保顾客服务水平和总成本最优的双丰收。关于 3 种生产策略的详细内容，请参考本套丛书中的《供应链运作》。

3.4 种产能策略

俗话说巧妇难为无米之炊，如果发散一下思维，在组织中，无米的"米"可以是原材料、设备、设施、人力资源等。一般来说，产能策略有 4 种，分别是主动产能策略、被动产能策略、中性产能策略、外包策略。这里给读者举个例子来理解产能策略在实际工作中的应用。在工厂布局中有一类是基于产品的布局，比如一条拖拉机的装配线。假如战略业务计划显示 2023 年拖拉机的销售数量要比 2022 年增加 10%，2024 年的销量在 2023 年的基础上还要增加 10%。如果装配线增加一个班次就可以满足此要求，你就可以在 2023 年年初确实看到业务能力不够时，增添这一班次，这种情形就可以理解为采用了被动产能策略；如果 2022 年的装配线已经满了，无法靠增加一个班次实现产能的增加，你可能就要建议组织管理层实施更加主动的产能策略，如重新设计这条装配线或建立一条新的装配线，这时采用的就是主动产能策略。

这里要重点讲解一下产能策略对生产计划的影响，也就是不同产能策略对实现生产计划的风险及对完成生产计划的总成本的影响。比如上面的例子中采用了主动产能策略，提前配置产能使生产计划在未来一段时间不会面临产能瓶颈，因此不会有由于产能不足而丢失订单的风险，组织也会按照原定的服务水平向顾客提供产品和服务。但实施主动产能策略的负面影响是，提前配置的产能可能是根据预测或战略业务计划确定的，暂时可能没有足够的业务使用这些产能，也就意味着会因没有足够的业务吸收多余的成本（如设备折旧等）而造成现有业务成本的升高。本章第3节综合生产计划编制将分析产能策略中的外包策略对生产计划的总成本的影响。产能策略的选择与组织竞争战略相关，也与供应能力本身相关。有关供应能力计划的详细内容将在本书第6章供应能力计划与管理中做详细的介绍。

4. 经济批量策略

经济订货批量（Economic Order Quantity，EOQ）是指库存总成本最低时的采购批量，也就是寻找订货成本和库存持有成本构成的总成本最低时对应的每批采购数量，本书第5章主生产计划、物料需求计划及排程将会详细讲解 EOQ 的计算方法。现在把 EOQ 这个概念用在生产上，可以得到经济生产批量（Economic Production Quantity，EPQ）这个概念。

经济生产批量对生产计划的制订也有一定的影响。传统认为，批量生产因为缩短了换线时间，所以可以提高设备和人员的效率；然而批量生产会带来库存，因此评估传统批量生产时需要综合考虑不同成本叠加在一起的总成本。举个例子，如果某产品的月需求量为10,000箱，计划人员需要决定如何制订生产计划和批量，这时就需要计算 EPQ，EPQ 是基于目前的各种成本而做出的较为理想的批量推断之一。在实际工作中，可能很少有人真的会计算这个数值，大家都习惯了只要生产效率和库存都能接受就可以的做法。组织在迈向高质量发展的今天，更需要用数字说话，用数字拉动改善。计算 EPQ 时，需要收集订货成本，其中一项就是换模成本。换模成本很重要，因为这个成本的高低决定了组织是否愿意换模，这就引出了如何减少换模成本的问题，也就是如何快速换模。计划部门要与整个组织一道去推动快速换模。有关经济批量的详细内容将在本书第7章库存管理中详细介绍。

5. 柔性策略

我们在本书第2章已经学习了预测，无论是定性预测还是定量预测，都是在一定假设前提下对未来的需求做出的估计。预测总是不准的，这也就意味着需求计划存在一定的不确定性。一个计划系统如果不能适应一定程度的变化，这种僵硬的计划就丧失了竞争优势。这就使得组织在制订供应计划时，要考虑一定的柔性。下面介绍与计划相关的柔性策略，包括需求拉动、品种柔性、数量柔性、产品柔性、工程变更柔性、关键装备柔性、物料柔性、多技能工人。

1）需求拉动

个别组织的准时交付率能达到 100%，但顾客不满意；生产人员的计划完成率和效率都非常好，却没货可发；采购人员坐在家里给供应商打了无数个催货电话，却不知道供应商刚刚获得了一个大客户的业务。这些现象可能会反映出一个共同的问题，就是组织没有建立以需求拉动为导向的订单履行体系。因此顾客交付率以自己确定的提前期为标准；大批量制造时，顾客却要等很久才能拿到其需要的产品；采购员没有对供应商的履约能力进行交流和审核，尤其是产能。需求拉动就是要确保在战略业务计划阶段和综合生产计划阶段建立与需求计划相匹配的供应能力计划，同时要运用各种柔性策略来控制需求变化对计划的影响。

2）品种柔性

品种多逐渐成为很多行业的一个新常态。组织在制订计划时要考虑如何能够高效满足顾客需求，尤其是来自高价值顾客的需求。前面讲过的通过快速换模来缩短交付时间就可以使组织具备排小单的能力。实现品种柔性也要通过向供应商寻求支持小批量供货的各种方法（如快速换模、看板、供应商管理库存、牛奶作业等）来实现不同品种的小批量精益制造。在《供应链运作》中也介绍可以采用精益生产的方法，其中设置分离点和晚配置也可以增强品种的柔性。

品种柔性有一个维度，就是顾客需求的品种发生变化。在供应链计划中，最让人痛苦的变化可能是发出计划很久，但在临近交付的最后一刹那顾客需求发生了变化，很多插单就属于这种情况。个别组织管理插单非常有趣，他们选择两个极端中的一个：要么销售人员想怎么变就怎么变，要么供应链坚持不变。当选择了销售人员想怎么变就怎么变时，供应链总是士气低落；当强势的供应链不允许销售人员变动时，销售人员就怨声载道。这两种选择可能都不是最佳的，但相对是容易的。组织选择了最容易的解决方案，就可能就要承受持续的痛苦。供应链计划的强大协同功能在于帮助组织寻找一种位于中间的对组织来说最好的状态，这个状态也应该成为大部分组织的选择。组织可以运用平衡计分卡创造企业的合力（《组织协同》，罗伯特·S.卡普兰等著），以战略协同作为重要手段，结合组织的内外环境，建立生产计划不同区间对应的管理办法，最后根据变化发生在什么区间来做出不同的安排。有关计划的变更管理办法的内容，将在本书第 5 章主生产计划、物料需求计划及排程中做出详细讲解。

3）数量柔性

数量柔性与品种柔性一样，组织也要有能力给予数量变化的支持，这既需要组织内部的能力支持，也需要顾客、供应商，甚至整个外部供应链利益相关方的支持。组织内部可能要考虑关键零部件的快速反应、安全库存等策略；组织外部要考虑与用户的协同计划、预测和补货，或签订相关的协议，以协同物料和产能的准备。如果这种数量的变化发生在主生产计划的相关区间，组织同样需要参考不同区间对应的变更管理办法以做出不同的安排。

4）产品柔性

产品柔性是指从设计角度使不同新产品的上市速度更快。由数字技术支撑的模块化设计是增强产品柔性的重要手段。举个例子，建筑行业将要大力推广的模块化建筑，就将为顾客提供很强的产品柔性。总体上讲，产品设计越灵活，上市的周期越短，产品对市场变化的反应就越灵活。

5）工程变更柔性

工程变更对供应链计划的影响就是会打乱已经制订好的生产计划。一般组织都建立了工程变更管理委员会，其根据工程变更的发起原因的不同及变更对组织的影响程度，规划不同的实施时间以确保变更得到实施的同时能够减轻其对生产计划和成本的影响。组织应该建立工程变更的管理流程，做到工程变更与供应链计划的协同。

6）关键装备柔性

关键装备柔性将在不同层级的供应能力计划与需求端的负荷需求之间做好平衡。通用装备可能要比专用装备具有更强的柔性，柔性自动化装备会比常规装备更容易换型。柔性自动化是通过自动化提供更短的换模时间和从一个产品切换到另一个产品的能力。（见CPIM认证知识体系的Part 2，Module 4，Section D）除了装备自身，无论是需求变化还是制造过程出现装备问题都将影响已经释放的生产计划。组织必须建立预防维护计划并针对关键装备建立清晰的应急计划，确保实现内部协同，包括内部有替代或快速维修的资源，以及外部资源的快速响应等。

7）物料柔性

物料柔性有两个维度。一个维度是指供应商是否具备一定的柔性来响应采购组织采购计划的变化；另一个维度是指一旦来料出现问题，组织能够获得新物料并恢复生产的速度。全球化带来了更多的供应商选择机会，但也可能带来供应半径的加大，从而削弱物料的柔性。组织具有多强的物料柔性，取决于物料品类战略、寻源战略、供应商订单履行策略及柔性的协同等。

8）多技能工人

多技能工人是精益生产有别于大批量生产的核心要素之一。在大批量生产环境下，工人不需要在不同岗位工作，因此也就不需要具备不同的岗位技能。精益生产要求工人与岗位是灵活的，从而可以实现在计划安排和调整时能通过"柔性"实现较少工人在不同产品线、工作单元、站位间的流动。多技能工人需要经过培训和认证，认证后的多技能工人是生产计划柔性的重要支撑。

我们通过以上供应计划中的策略，学习了运营绩效的 5 个目标、3 种生产策略、4 种产能策略、经济批量策略和柔性策略。我们在实际工作中还会使用库存策略、人员效率管理策略、瓶颈理论等诸多方法，在确保供应计划与需求计划高度协同的同时，增强组织的竞争优势并使组织获得最佳收益。不同组织在制订不同层级的生产计划时使用这些策略的深度和广度不尽相同，综合生产计划在应用不同策略进行中长期资源计划并指引主生产计划制订中起着重大作用，综合生产计划的质量将严重影响组织的运营绩效。

| 第 3 节 | 综合生产计划编制

1. 综合生产计划的制订

本章第 1 节综合供应计划体系已经简要介绍了综合生产计划，这个计划承接战略业务计划并与主生产计划相连。综合生产计划的特征要素因组织产品和运营模式的不同而不同，常见的特征要素包括：12 个月及以上的计划时间跨度（Time Horizon）、月度的计划时间单位（Bucket Size）、每月更新的计划频率（Frequency）、产品大类 / 产品线 / 产品系列 / 产品族级别的产品详细程度。下面就从制订综合生产计划所需要的基本信息入手，讲解在按库存生产这一制造模式下如何制订综合生产计划。

1）制订综合生产计划需要的基本信息

制订综合生产计划需要输入需求、库存、未完成订单与逾期订单等信息。

（1）需求

需求是指能够支持制订综合生产计划的来自需求端的独立需求信息，包括需求预测或订单。如果一个组织在需求管理上缺乏技术、流程、系统和协同，组织各部门就可能没有统一的需求信息，因此就有可能各自为政。容易出现的一个现象是制造部门制订自己的生产计划，并期望这个生产计划能够与市场匹配，甚至试图用生产计划推动市场需求，这就是生产计划中的削足适履，势必会削弱组织的竞争优势；另一个现象是组织没有预测准确性的测量和改善，出现大量的插单现象等。

（2）库存

库存在这里指的是产成品库存，可以分布在供应链节点上或节点间；可以是正常的循环库存，也可以是安全库存等。在预算中，计划部门要根据组织的需要确定产成品库存数量。在预算执行过程中，由于各种变化，又产生了新的库存；有的库存有可能存在质量问题或缺少部分零件而不具备发货条件，需要尽快修复；有的库存随着库龄的增加，演变成了呆滞库存需要尽快处理。

（3）未完成订单与逾期订单

未完成订单是在手的顾客订单，但尚未超过承诺的交付时间或已经是逾期订单。

逾期订单是在手的顾客订单，尚未交货但已经超过承诺的交付时间。

2）综合生产计划制订

这里介绍按库存生产在平衡生产和追随生产两种生产策略下的综合生产计划的制订过程。为了帮助读者理解，此处以案例的方式讲解某公司制订 2022 年滚动 12 个月的综合生产计划的过程。

（1）假定条件

●该公司 2020 年刚刚量产一款新产品，战略业务计划显示未来 3 年中每年都有 10% 的需求量增加。

● 2022 年需求计划如表 3-2 所示，单位为台。

表 3-2　2022 年需求计划

月份	1月	2月	3月	4月	5月	6月	7月	8月	9月	10月	11月	12月	合计
销售数量/台	50	50	100	300	350	300	50	50	300	300	75	75	2,000

●每台产品平均标准工时为 86 小时。

●固定直接工人 100 名，假定工人是多技能工人，这些工人的工时全部投入在其生产岗位上。

●增加季节性工人的相关招聘费用为 5,000 元 / 人。工人留用要求：已招聘的工人，在下月仍然需要，就留用；留用后下月工人仍不足的，下月需额外招聘；下月不需要的，就在当月底转移到其他产品线而不纳入此综合生产计划成本考虑范围之内。每名工人的工资总额为 8,000 元 / 月，每台产品库存金额为 100,000 元，2021 年 12 月底的库存数量为 200 台，年度库存持有成本率为 20%。

●三坐标检验自备能力为 185 台 / 月；超过这个能力，公司采用外包且已经签署相关外包合同，产品三坐标检验相关的外包费用为 500 元 / 台。

●假定没有未完成订单和逾期订单等因素影响。

（2）制订平衡生产下的综合生产计划

●设立年底库存和年度生产量。考虑该产品处于上升阶段，可以设定 2022 年年底的库存与 2021 年相等，即 2022 年 12 月底的库存目标为 200 台。2022 年全年销售 2,000

台，因此全年生产目标为 2,000 台。

●设立月度生产数量。假设 2022 年全年工作日为 255 天，全年生产 2,000 台，可以计算出每天的产量约为 7.84 台，然后与每个月的工作天数相乘，就得出了月度生产数量，例如 1 月的生产数量是 157 台。有的书籍以每月生产的数量平衡作为制订生产计划的前提条件，感兴趣的读者可以按照这个方法进行计划，然后比较一下两种方法的优缺点。平衡生产策略下的综合生产计划如表 3-3 所示。

表 3-3　平衡生产策略下的综合生产计划

月份	1月	2月	3月	4月	5月	6月	7月	8月	9月	10月	11月	12月	合计
销售数量 / 台	50	50	100	300	350	300	50	50	300	300	75	75	2,000
工作天数 / 天	20	16	23	21	22	22	21	23	22	21	22	22	255
生产数量 / 台	157	126	181	165	173	173	165	181	173	165	173	168	2,000
库存 / 台（期初 200 台）	307	383	464	329	152	25	140	271	144	9	107	200	

注意：前 11 个月的生产数量数据向上取整，第 12 个月的生产数量数据为 2,000 减去前 11 个月的总和。

●计算直接工人效率。直接工人效率 = 产品总标准工时 ÷ 总输入工时。已经假设每台产品标准工时为 86 小时，有了 1 月的产量 157 台，就可以计算出 1 月的产品总标准工时为 13,502 小时，而在这个月 100 名工人的总输入工时为 16,000 小时，计算出直接工人效率约为 84%。在平衡生产下，每个月实现了 84% 的工作效率（这个工作效率是全年 12 个月的平均值），现有的 100 名工人就可以完成全年 2,000 台的生产目标，也就意味着不需要增加工人。

三坐标检验自备能力为 185 台 / 月，每月生产数量都小于 185 台，因此三坐标检验自备能力可以满足平衡生产策略下的能力需求，而不需要外包。

表 3-4 汇总了在这种生产策略下的生产数量、库存、总标准工时数和需要增加工人人数等信息。

表 3-4　平衡生产策略下的综合生产计划相关信息

月份	1月	2月	3月	4月	5月	6月	7月	8月	9月	10月	11月	12月	合计
销售数量 / 台	50	50	100	300	350	300	50	50	300	300	75	75	2,000
工作天数 / 天	20	16	23	21	22	22	21	23	22	21	22	22	255
生产数量 / 台	157	126	181	165	173	173	165	181	173	165	173	168	2,000

续表

月份	1月	2月	3月	4月	5月	6月	7月	8月	9月	10月	11月	12月	合计
库存/台（期初200台）	307	383	464	329	152	25	140	271	144	9	107	200	
产品总标准工时/小时	13,502	10,836	15,566	14,190	14,878	14,878	14,190	15,566	14,878	14,190	14,878	14,448	172,000
固定直接工人人数/人	100	100	100	100	100	100	100	100	100	100	100	100	100
直接工人总输入工时/小时	16,000	12,800	18,400	16,800	17,600	17,600	16,800	18,400	17,600	16,800	17,600	17,600	204,000
直接工人效率	84%	85%	85%	84%	85%	85%	84%	85%	85%	84%	85%	82%	
需要增加工人人数/人	0	0	0	0	0	0	0	0	0	0	0	0	0

（3）制订追随生产策略下的综合生产计划

●设立年底库存和年度生产量。考虑该产品生命周期处于上升阶段，设定2022年年底的库存与2021年相等，即2022年12月底的库存为200台。全年销售2,000台，因此全年生产2,000台。为了简便，每个月的生产量都追随与当月的销售数量一致的数量，如1月计划生产50台。以此类推，可以得出全年12个月每个月的生产数量。在这种生产策略下，库存一般保持不变，也就是每月都是200台库存。表3-5所示的是追随生产策略下的综合生产计划。

表3-5　追随生产策略下的综合生产计划

月份	1月	2月	3月	4月	5月	6月	7月	8月	9月	10月	11月	12月	合计
销售数量/台	50	50	100	300	350	300	50	50	300	300	75	75	2,000
工作天数/天	20	16	23	21	22	22	21	23	22	21	22	22	255
生产数量/台	50	50	100	300	350	300	50	50	300	300	75	75	2,000
库存/台（期初200台）	200	200	200	200	200	200	200	200	200	200	200	200	

●计算直接工人效率。直接工人效率 = 产品总标准工时 ÷ 总输入工时。固定直接工人100人的每月总输入工时为16,000小时，没有变，但在追随策略下，个别月份产量聚集，造成这100名工人的输入工时无法支持几个高产量月份的生产，这就需要增加工人。

假定增加的工人也要实现 84% 的生产效率。

●计算需要增加工人人数。需要增加工人人数 =（产品总标准工时 ÷ 直接工人效率 − 总输入工时）÷（8 × 每月工作天数）。举个例子，5 月的产品总标准工时为 30,100 小时，直接工人效率为 84%，总输入工时为 17,600 小时，5 月的工作天数为 22 天。将这些数据代入公式，计算出需要增加工人 104 人（计算结果需要向上取整）。以此类推，可以计算出各月需要增加的工人人数。

追随生产下，有多个月份的产量超过了三坐标检验自备能力的 185 台 / 月，超过的部分需要外包，因此会产生外包费用。

表 3-6 汇总了在这种生产策略下的生产数量、库存、总标准工时数和需要增加工人人数等信息。

表 3-6　追随生产策略下的综合生产计划相关信息

月份	1月	2月	3月	4月	5月	6月	7月	8月	9月	10月	11月	12月	合计
销售数量 / 台	50	50	100	300	350	300	50	50	300	300	75	75	2,000
工作天数 / 天	20	16	23	21	22	22	21	23	22	21	22	22	255
生产数量 / 台	50	50	100	300	350	300	50	50	300	300	75	75	2,000
库存 / 台（期初 200 台）	200	200	200	200	200	200	200	200	200	200	200	200	
产品总标准工时 / 小时	4,300	4,300	8,600	25,800	30,100	25,800	4,300	4,300	25,800	25,800	6,450	6,450	172,000
固定直接工人人数 / 人	100	100	100	100	100	100	100	100	100	100	100	100	100
总输入工时 / 小时	16,000	12,800	18,400	16,800	17,600	17,600	16,800	18,400	17,600	16,800	17,600	17,600	204,000
直接工人效率	27%	34%	47%	154%	171%	147%	26%	23%	147%	154%	37%	37%	
需要增加工人人数 / 人	0	0	0	83	104	75	0	0	75	83	0	0	0

2.综合生产计划的分析

1）综合生产计划中的基础分析

（1）生产效率

在综合生产计划中，平衡生产时每个月基本都可以实现84%的生产效率，因此100名工人的闲置时间很少；在追随生产时，生产低谷时工人的闲置时间很多，高峰时又不得不额外招聘工人，有的月份实现了84%的生产效率，有的闲置月份的生产效率并未达到这个值。

84%这个目标是否合理，取决于组织设定的2022年度目标。一个新产品进入量产第二年，会经历学习的过程，组织会识别出比较多的持续改善机会，以减少时间的浪费。如果组织保持生产效率为84%的目标，但实际的生产效率可能会高于84%，就意味着招聘的工人人数应当少于上文计算的人数。

（2）库存计划

在综合生产计划中，平衡生产时每个月会有不同的库存，但每天的生产数量是平衡的，全年月均库存数量约211台；在追随生产时，保持了同一水平的期初和期末库存，即每个月都是200台。库存可用天数 =365× 月均库存数量 ÷ 全年销售量，可以计算出平衡和追随两种生产策略下库存天数分别为38.5天和37.5天，虽然二者看似差别不大，但能反映出平衡生产的库存天数大于追随生产的库存天数。

在平衡和追随两种生产策略下设置相同的库存目标是否合理，取决于组织目标和产品性质。在上面的例子中，由于这个产品刚刚量产，可能库存水平相对高一些，但随着产品进入不同的生命周期状态，库存目标可能需要进行调整。当然，读者也可以挑战追随生产策略下的高年底库存水平，这个水平也应该持续地优化。

（3）产能分析

这个案例中假设了三坐标检验自备能力只有185台/月，超过的部分就要外包。一旦外包就会产生费用。在综合生产计划阶段，一定要核定各种关键资源的可得到性，确保这些资源能够支持综合生产计划的实现。在实际工作中，产能分析的复杂程度远远高于这个案例假设的检验能力约束。有关供应能力的计划，将在本书第6章供应能力计划与管理中详细讲述。

2）综合生产计划中的成本分析

（1）库存持有成本

上文已讲平衡生产时，全年月均库存数量是211台；追随生产时，全年月均库存数量为200台。我们可以用年度库存持有成本率20%来计算两种生产策略下的库存持有成本。

前面已经假设单台的库存金额是 100,000 元，单台库存金额乘以每月月底的库存数量就得出每月月底的库存金额，把每个月的库存金额取平均值再乘以年度库存持有成本率就能得出年度月均库存持有成本。

年度月均库存持有成本 = 年度库存持有成本率 × 年度月均库存金额

可以求得平衡和追随两种生产策略下的库存持有成本分别为 4,218,333 元和 4,000,000 元。

计算年度库存持有成本时可以先计算每个月的库存持有成本，然后将 12 个月的数值相加而得出全年的库存持有成本。表 3-7 给出了数据，但由于平衡生产下的平均库存 211 台是近似数，所以两种计算结果略有差异。

（2）总成本

总成本（Total Cost of Ownership，TCO）是用来表达采购一个物料的总拥有成本的术语，这里借用这个词来表达每种生产策略对应的总成本并进行比较，从而指导决策。这里仅计算两种策略对应的有差异的子成本所构成的总成本，这些子成本包括库存持有成本、工人招聘相关成本、工人工资成本、外包成本。

上面已经计算出年度库存持有成本分别是为 4,218,333 元和 4,000,000 元，根据"增加季节性工人的相关招聘费用为 5,000 元 / 人。工人留用要求：已招聘的工人，在下月仍然需要，就留用；留用后下月工人仍不足的，下月需额外招聘；下月不需要的，就在当月底转移到其他产品线而不纳入此综合生产计划成本考虑范围之内"，计算出每个月除上月留用下来的工人外仍需要额外招聘工人而发生的工人招聘相关费用。

根据"每名工人的工资总额为 8,000 元 / 月"，计算出工人工资。

根据"三坐标检验自备能力为 185 台 / 月；超过这个能力，公司采用外包且已经签署相关外包合同，三坐标检验相关的外包费用为 500 元 / 台"计算出三坐标检验外包成本。

根据上述信息，可以计算出平衡和追随两种生产策略下的总成本分别为 13,813,333 元和 18,207,500 元。表 3-7 所示为平衡生产策略下的总成本汇总表、表 3-8 所示为追随生产策略下的总成本汇总表。

表 3-7　平衡生产策略下的总成本汇总表

月份	1月	2月	3月	4月	5月	6月	7月	8月	9月	10月	11月	12月	合计
销售数量/台	50	50	100	300	350	300	50	50	300	300	75	75	2,000
工作天数/天	20	16	23	21	22	22	21	23	22	21	22	22	255
生产数量/台	157	126	181	165	173	173	165	181	173	165	173	168	2,000
库存/台（期初200台）	307	383	464	329	152	25	140	271	144	9	107	200	
产品总标准工时/小时	13,502	10,836	15,566	14,190	14,878	14,878	14,190	15,566	14,878	14,190	14,878	14,448	172,000
固定直接工人数/人	100	100	100	100	100	100	100	100	100	100	100	100	100
总输入工时/小时	16,000	12,800	18,400	16,800	17,600	17,600	16,800	18,400	17,600	16,800	17,600	17,600	204,000
直接工人效率	84%	85%	85%	84%	85%	85%	84%	85%	85%	84%	85%	82%	
需要增加工人数/人	0	0	0	0	0	0	0	0	0	0	0	0	0
工人招聘相关费用/元（费率5,000元/人）	0	0	0	0	0	0	0	0	0	0	0	0	0
工人工资/元	800,000	800,000	800,000	800,000	800,000	800,000	800,000	800,000	800,000	800,000	800,000	800,000	9,600,000
库存金额/元	30,700,000	38,300,000	46,400,000	32,900,000	15,200,000	2,500,000	14,000,000	27,100,000	14,400,000	900,000	10,700,000	20,000,000	
年度库存持有成本/元（年度20%）	511,667	638,333	773,333	548,333	253,333	41,667	233,333	451,667	240,000	15,000	178,333	333,333	4,218,333
三坐标检验产能不足数量/台	0	0	0	0	0	0	0	0	0	0	0	0	0
三坐标检验外包成本/元	0	0	0	0	0	0	0	0	0	0	0	0	0
总成本/元	1,311,667	1,438,333	1,573,333	1,348,333	1,053,333	841,667	1,033,333	1,251,667	1,040,000	815,000	978,333	1,133,333	13,813,333

表 3-8 追随生产策略下的总成本汇总表

月份	1月	2月	3月	4月	5月	6月	7月	8月	9月	10月	11月	12月	合计
销售数量/台	50	50	100	300	350	300	50	50	300	300	75	75	2,000
工作天数/天	20	16	23	21	22	22	21	23	22	21	22	22	255
生产数量/台	50	50	100	300	350	300	50	50	300	300	75	75	2,000
库存/台(期初200台)	200	200	200	200	200	200	200	200	200	200	200	200	
产品总标准工时/小时	4,300	4,300	8,600	25,800	30,100	25,800	4,300	4,300	25,800	25,800	6,450	6,450	172,000
固定直接工人数/人	100	100	100	100	100	100	100	100	100	100	100	100	100
总输入工时/小时	16,000	12,800	18,400	16,800	17,600	17,600	16,800	18,400	17,600	16,800	17,600	17,600	204,000
直接工人效率	27%	34%	47%	154%	171%	147%	26%	23%	147%	154%	37%	37%	
需要增加工人数/人	0	0	0	83	104	75	0	0	75	83	0	0	0
工人招聘相关费用/元(费率5,000元/人)	0	0	0	415,000	105,000	0	0	0	375,000	40,000	0	0	935,000
工人工资/元	800,000	800,000	800,000	1,464,000	1,632,000	1,400,000	800,000	800,000	1,400,000	1,464,000	800,000	800,000	12,960,000
库存金额/元	20,000,000	20,000,000	20,000,000	20,000,000	20,000,000	20,000,000	20,000,000	20,000,000	20,000,000	20,000,000	20,000,000	20,000,000	
库存持有成本/元(20%)	333,333.33	333,333.33	333,333.33	333,333.33	333,333.33	333,333.33	333,333.33	333,333.33	333,333.33	333,333.33	333,333.33	333,333.33	4000,000.00
三坐标检验产能不足数量/台	0	0	0	115	165	115	0	0	115	115	0	0	
三坐标检验外包费用/元	0	0	0	57,500	82,500	57,500	0	0	57,500	57,500	0	0	312,500
总成本/元	1,133,333	1,133,333	1,133,333	2,269,833	2,152,833	1,790,833	1,133,333	1,133,333	2,165,833	1,894,833	1,133,333	1,133,333	18,207,500

在这个案例中，从总成本的角度来看，平衡生产的总成本优于追随生产。也就是说从成本的角度来看，如果产品适宜、资金允许，以及在没有其他约束的前提下，建议2022年的综合生产计划采用平衡生产。留给读者一个思考问题：精益的原则之一是拉动式生产，按这个道理，追随生产是否优于平衡生产？

在上面的内容中，我们制订了MTS这一制造模式下平衡和追随两种生产策略的综合生产计划，并且针对效率、库存、外包和总成本做了分析。在实际工作中，我们往往也会制订MTS下复合生产的综合生产计划，掌握了两个基本生产策略的综合生产计划的制订过程，把两个过程叠加在一起就可以制订复合生产下的综合生产计划；除了MTS，我们在工作中也会遇到其他制造模式，如MTO、ETO等，由于本书篇幅有限，此处就不一一赘述了。

3.综合生产计划的批准

综合生产计划的使命是承接战略业务计划并引领主生产计划，这就需要平衡好供给和需求，并从综合生产计划的不同方案中进行优选。为了达成这个使命，这份计划不能止于计划部门。综合生产计划员制订综合生产计划并与其经理做出综合分析后，要进入S&OP流程，与跨部门团队的其他计划相融合，从而输出包括批准的综合生产计划在内的一揽子计划。有关S&OP的内容，将在下一章向读者做详细讲述。

本章前面的内容讲解了综合生产计划是供应链计划体系中不可或缺的一个层级，但在现实中，有些组织缺乏结构化的综合生产计划管理，接下来我们探讨一下综合生产计划管理所面临的主要挑战。

| 第4节 | 综合生产计划管理所面临的主要挑战

1. 缺乏对综合生产计划重要性的认知

组织只有理解综合生产计划的重要性或知道如果没有综合生产计划会有哪些后果，才会更加重视这个计划。实际工作中，一些组织宁愿把大量时间投放在近期的订单赶工、生产计划调整和物料跟催等方面，也不愿静下心来思考。除了眼前看到的几个订单和下个月的生产计划，我们对未来还了解多少？为应对未来顾客需求的变化，我们和供应链上下游需要做出哪些调整和转变？要想回答这些问题，就需要高度重视综合生产计划。

1）缺失综合生产计划，战略很难落地

（1）前瞻性的供需平衡

综合生产计划衔接着战略业务计划和主生产计划，没有综合生产计划就无法把战略业务计划和相关指标落实到组织的运营层面。伴随着组织高质量发展的要求，这种由战略到实施的过程，对前瞻性的供需平衡提出了新的挑战。因为没有前瞻性的供需平衡，组织将面临两种后果：一是因为产能大于需求，从而导致成本增加，进而造成盈利能力下降；二是需求大于产能，从而导致顾客订单无法完成，进而牺牲顾客服务水平。很显然，无论降低盈利能力还是牺牲顾客服务水平，都将会给组织带来巨大伤害，也都将导致无法实现组织的战略目标，而消除这两种后果的唯一途径就是通过综合生产计划来实现供需平衡。

（2）建立竞争优势

前面已经讲解了综合生产计划的制订不是简单地进行数字排列，而是要考虑生产策略、产能策略、经济批量策略、柔性策略等，从不同角度进行分析和对不同方案进行权衡和取舍的过程。综合生产计划的制订过程即是输出达成共识的综合生产计划的过程，也是供应链跨部门团队将组织获得订单的要素通过计划植入运营的过程，这无疑为组织增添了赢得市场的竞争优势。例如，一个靠交付速度取胜的组织，需要在产能方面做出合理的设计和规划，使产能能够支持其获得比竞争对手更快的交付速度。

2）顾客无法满意

（1）高价值顾客的沟通往往是从综合生产计划甚至是战略业务计划开始的

高价值顾客可以理解为对组织利润和发展具有重大影响的占顾客总数 20% 的那些顾客，这些顾客往往在速度和可靠性等维度有更高的要求。从组织的角度来看，越有价值的顾客，越值得投入更多的精力和资源，以交付更好的产品 / 服务，从而发展这些重要顾客为组织的毕生顾客。无论是实现顾客提出的更具挑战性的目标，还是从组织的角度出发，提供更有价值的产品 / 服务，都非常依赖中长期规划。中长期规划就是由综合生产计划和战略业务计划构成的。

（2）为资源计划提供牵引

综合生产计划很好地平衡了供给和需求，从而实现了关键资源的前瞻性计划，这才有了组织后续在运营层级的资源保障。前面谈到的需求拉动，就是要用动态的眼光审视市场，用顾客最新的需求来拉动自己及供应链上游的能力，并根据资源准备的不同提前期做好资源的计划和实施工作。没有综合生产计划的牵引，资源计划也就迷失了方向，无从下手。

3）缺乏资源计划

（1）建立内部资源

尽管有了综合生产计划，但如果组织不能很好地利用这个计划做好内部资源规划，就会给后续生产带来巨大风险，制订综合生产计划的各种努力和价值也就得不到体现。在实际工作中，这种问题并不少见，集中表现在制造部门拿不出一份需要的产能计划，可能是因为综合生产计划缺乏严肃性和可信度，也可能是组织缺乏产能意识等。无论出于何种原因，不能很好地利用综合生产计划，都将大大削弱组织的运营能力并减少经营绩效。

（2）综合生产计划也是组织获得外部瓶颈类采购资源的重要信息来源

综合生产计划为组织提供了滚动的12个月或更长时间范围的生产数量和时间的预期，因此可以为采购部门提供翔实的数据，用以解决对供应商资源的规划问题。2021年，全球芯片资源紧缺，有些世界颇有名望的公司凭借其强健的计划体系在第一季度就与供应商锁定了2022年全年的芯片采购订单。然而，有些组织还不知道当年应该采购什么，也就谈不上下一年的采购订货了。

4）无法协助预算

（1）输入信息

综合生产计划是中长期的生产计划，这恰恰是预算制定所依赖的重要的基础输入之一。没有综合生产计划，"人机料法环"就无法有的放矢，组织也就无法设定制定预算需要的各种成本目标和库存目标，包括设备折旧费用的分摊、标准工时需求、原材料需求、各种库存等。在一些组织中，预算制定者会向各个部门收集各种数据，而这些零散数据如果没有综合生产计划作为协同抓手，很难相互呼应，也就很难支持工厂和组织制定预算。即便使用这些数据完成了预算的制定，其也很可能是一份无法实现或缺乏挑战性的预算。

（2）成本分析

产品的获利能力需要逐年改善，其中一个重要手段就是清晰知晓成本产生在哪里和如何优化。要想解决成本产生在哪里的问题，就要做好固定成本和变动成本的分析，而固定成本与综合生产计划的安排紧密相关，缺乏综合生产计划的相关数据，我们就无法准确判断固定成本是能被很好地吸收，还是成了导致产品利润下降的关键因素。虽然变动成本看上去与综合生产计划没有直接关联，但综合生产计划会为工人招聘和供应商谈判提供重要的信息输入。采购成本分析和价格分析、制造费用分摊等需要每月的产量作为信息输入，以实现更好的计划和盈利能力分析。

2. 适宜的时间跨度

1）建立未来12个月或以上的综合生产计划的意义

（1）资源配置的时间保证

建立这个时间跨度的综合生产计划，可以为组织配置关键的资源提供时间保证。组织在运营过程中，经常会遇到产能和硬性瓶颈需要突破，往往这些资源需要较长时间的购置或准备，也就意味着需要足够长的提前期来提供可视性。例如，在物料采购时，采购部门经常会遇到在没有顾客订单的前提下，进行长交期采购物料的购买的问题。在有些组织中，这是个很难解决的问题，因为这时如果没有综合生产计划，采购部门就没有信息来源，采购部门发出订单可能违反了组织的规定；不发出订单或晚发出订单，可能就无法满足需求。

（2）预算信息保证

综合生产计划要实现为预算输入信息，就必须描绘至少 12 个月的时间跨度的业务全景。

2）综合生产计划的时间跨度过长面临的挑战

（1）缺乏与计划时间跨度相匹配的销售预测

在实际工作中，销售预测的时间跨度不足 12 个月，是无法搭建综合生产计划的原因之一。有的组织的销售部门很强势，片面强调营销的工作是销售而不是算术，有的营销部门甚至要求生产计划部门根据上一年的实际销售情况做下一年的销售预测，这无疑是预测职能的缺失。在这种情况下，组织高级管理层要营造重视预测的文化，同时把销售预测作为营销部门的重要职责之一，也要建立预测相关的 KPI，对预测工作的绩效进行考核。

（2）计划部门人员管理预测不确定性的能力

组织每天忙得"热火朝天"，到年底一看，不但营业额没增加，利润还下降了，为什么？因为忙得没有效率，忙得没有效果。做好综合生产计划是精益运营的第一步。希望本章不仅能为计划人员提供基础的制订综合生产计划的方法，也希望组织能够认真审视计划团队的人力资源状况，确保组织有足够的、专业化的资源制订综合生产计划等供应链计划。

3. 综合生产计划的准确性和变动性

1）综合生产计划的准确性和变动性对预算的实现有很大影响

如果预测不发生波动，在没有其他重大理由的情况下，计划部门就没有必要进行计划的修改。这时综合生产计划相对于预算就有很强的准确性，这对预算的实现及整个供应链的精益运营具有重要意义。

2）正视综合生产计划的变动性

世界上唯一不变的就是变化，综合生产计划也不例外。回到芯片的例子，假设进口 A 芯片的采购提前期是 8 个月，而你向顾客供应产成品的提前期只有 2 个月，这时你可能要根据综合生产计划采购芯片。如果综合生产计划波动太大，你的采购物料就无法跟上变化，这时你就要考虑调整库存策略并在库存成本和顾客服务水平之间做好平衡。

4.资源计划的全面性和严肃性

1）资源计划的全面性

综合生产计划对应的资源计划，既包括组织内部资源也包括组织外部资源。这些资源对于组织的高效运作都十分重要，缺一不可。

（1）组织内部资源

组织内部资源可以是关键设备、关键过程、关键人员，也可以是库房及其他与制造和运营紧密相关的内部资源。

（2）组织外部资源

组织外部资源可以是供应商能力、原材料的外部仓库，也可以是运输车辆等与产品物流相关的装备设施等。

2）资源计划的严肃性

（1）组织内部资源管理

识别组织内部资源偏差要经过正式的能力计算和核定，组织既要履行必要的批准流程，也要建立机制来定期回顾这些瓶颈资源的准备进展和到位情况。有的组织在运营过程中表现出长期的顾客订单交付满足率较低，很有可能是因为产能问题。这类组织一方面要根据批准的综合生产计划解决好长交货期资源的订货问题，另一方面要了解预测的波动性，优化关键资源的提前期，越晚配置越好，但前提是顾客服务水平不会变低。

（2）组织外部资源管理

识别组织外部资源的偏差要像内部制造过程一样，只不过这时的负责人是采购人员等与外部供应链伙伴进行合作的代表人员。有的组织的采购人员由于缺乏对供应商履约能力的结构化管理，再加上供应商的销售人员往往对其工厂的供应能力准备没有深入了解，都会造成供应商缺乏规划，交付绩效很差也就不足为奇了。

5.缺乏综合生产计划的批准

综合生产计划将对工厂资源和供应链伙伴的资源产生重要影响，因此这份计划必须具有严肃性。严肃性包括计划制订过程的严肃性，也包括计划实施过程的严肃性。本节已经详细介绍了综合生产计划的制订过程，包括使用适宜的生产策略和产能策略、生产效率达标等，计划部门的任务是结合组织的政策确保综合生产计划能够输出在满足质量、提前期要求下的最优的成本解决方案。为了确保综合生产计划制订过程和执行过程的严肃性，跨部门的协同和批准至关重要，并要确保其能够平衡来自不同部门利益相关者的要求，这也为后续的执行奠定了基础。

计划部门制订的综合生产计划由计划系统审核后，需要提交到 S&OP，在 S&OP 流程中与需求计划、财务计划、人力资源计划更好地协同。协同后的计划将得到批准并作为 S&OP 的输出，有关 S&OP 的详细内容，将在本书第 4 章进行详细讲解。

第 4 章

销售与运营计划（S&OP）

近年来，销售与运营计划（Sale & Operation Planning，S&OP），一直是与供应链相关的备受关注的一个话题。每当有人吐槽客户需求波动大、工厂交付不及时的时候，就会有人问：你们公司难道没实施 S&OP 吗？不少人认为，只要实施了 S&OP 就一定能实现部门协同、供需平衡。然而，不少企业在 S&OP 的实施与管理过程中，其理想与实际之间仍存在较大差距：有人认为 S&OP 就是开会沟通，部门之间分享信息；有人认为 S&OP 就是一套计划，让计划员去执行即可；甚至有人认为，S&OP 只要计划员和车间人员一起参与，做好出货协调就足够了。

根据中国物流与采购联合会定义的供应链术语，S&OP 是指，计划员与内部业务部门合作，根据销售预测、实际需求、产能预测和企业的业务目标，预测预期的需求、库存、供应和客户交货时间的跨职能流程。

本章将围绕 S&OP 的功能、流程、总体输出，S&OP 文化的建立，系统地介绍典型的 S&OP 运作体系。

本章目标

1. 理解供需平衡的意义、S&OP 的功能逻辑、S&OP 的目标和平衡场景。

2. 熟练掌握 S&OP 的流程设计和控制、典型 5 步骤的输入输出和会议机制。

3. 理解 S&OP 的总体输出内容和实施管控。

4. 理解 S&OP 文化的建立。

| 第 1 节 | S&OP 的功能

1. 供需平衡的意义

供应链管理作为企业三驾马车之一（产品、营销、供应链），目标就是帮助企业获取更多的利润。为了实现这个目标，管理者一是需要对库存、生产、物流等方面进行优化，尽可能以最低成本满足客户的需求，通过成本优势，获得更强的竞争力和更高的利润率；二是需要提高交付的灵活性和可靠性，最大限度地提高客户满意度，而实现两者的核心便是保持供需平衡。在这个过程中，供需的不确定性是保持整体平衡面临的最大挑战。

1）做好供需平衡的收益

做好供需平衡有利于增强企业的全球竞争力。现代国际市场中，企业之间的竞争变成了企业供应链之间的竞争。做好供需平衡，可以收获更高的客户满意度，获取更广泛的市场资源，与上下游合作伙伴进行资源的优势互补，实现强强联合，有利于加速企业增强竞争力。

做好供需平衡有利于企业实现经营效益。做好供需平衡，企业可以享有更快的成品库存周转速度、良好的现金流状态、稳健的生产节奏，以便促进物流和信息流的快速流动，从而提高企业的整体经营效益。

做好供需平衡有利于提高企业的市场响应速度。做好供需平衡，可以缩短客户的交付周期、提高供应商的供应效率、更快更高效地推出新产品，及时满足不断变化的市场需求。

2）供需失衡的代价

如果出现供需失衡，比如供给大于需求，最大的问题是成本压力的增加。

如果产能供给大于需求，说明产线利用率不高，会导致停工、裁员，乃至整体运营效率的降低等问题。

如果库存供给大于需求，那么库存持有成本（如仓储成本、人员管理成本、资金占用成本、折旧损耗成本等）便会增加，从而导致产品的成本增加。

库存存放时间长，可能会涉及成品返工、相关成品打折活动，无形中又会让企业的成本增加。

如果需求大于供应，企业不仅会错过商业机会，拱手把客户让给竞争对手，而且成本压力也会同时存在。

如果需求大于供应，企业不能及时满足客户要求，客户忠诚度会受到影响。

为了赶工，企业往往会安排车间加班、供应商紧急调配物资、通过更高昂的运输方式交付产品，还有可预见的质量隐患和员工持续加班带来的生产安全隐患，都会对企业的运营成本造成巨大压力。

供需失衡几乎是所有企业都会面临的问题，它不是简单的供大于需或者需大于供，它的本质是企业部门之间协同效率、共识管理水平的体现，而 S&OP 则是助力企业提高协同效率、达成共识、促进供需平衡的有效流程。

2. S&OP 总览和平衡逻辑

1）S&OP 总览

S&OP 站在企业视角上，力求在总体水平上达到供需平衡，尽可能地使财务计划和运营计划保持一致，提供战略业务计划与日常运营和销售活动之间的链接，并为企业内部明确战术路径。S&OP 是一个结构化、跨职能、发现—沟通—处理问题和达成决策共识的流程，它是管理层集体确认业务优先级的方法论，是一个围绕战略落地的执行过程，如图 4-1 所示。

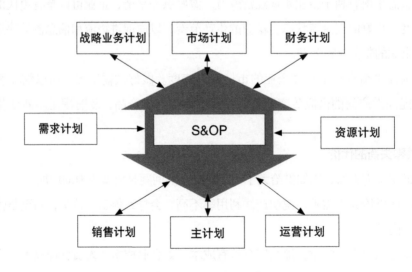

图 4-1　S&OP 总览

不难看出，S&OP 总体上具有两个重要特征。

●结构性。S&OP 所做的决策，都是为了解决实现销售收入目标、交付新产品、实现运营收入目标等供需平衡方面的问题，这势必需要管理者的沟通、决策的结构化。它创造了一种文化，使管理团队能够更好地了解企业与其他企业之间的差距和面临的机会。

●有效性。S&OP 的产出是具体的、可落地的、有效的，并且有资源计划的支持；此外，S&OP 对相关绩效有持续的监控，这可以帮助管理层及时识别风险，采取行动并做出改变，以不断满足客户期望并保持有效的计划。

2）平衡逻辑

如前所述，几乎所有行业的企业都会面临供需失衡，如何有效地平衡供应和需求？管理者应该优先满足客户的需求，还是先控制自身的成本呢？

如果企业自身运作良好，供需平衡出现的频次较高，真的需要在需求与供应两者之间抉择时，企业大概率会优先尝试增强供应能力，毕竟供应能力提升的内部沟通成本较低，成功概率较高，优于和客户协商需求方案。

这里需要提醒的是，S&OP 强调的是中长期的平衡与改善。那么企业有哪些方法可以提升自身的供应能力？

●利用约束理论（Theory of Constraints，TOC），或瓶颈理论，审视供给和需求平衡的方法。

●提升企业专业计划管理能力，储备供应链计划领域人才，强化企业需求计划基础。

●培养多技能工人，通过机器替代人工，提高设备的使用能力，降低异常的工时损失。

●增强采购寻源能力，夯实优质供应商资源池，加强供应商管理，提高供应效率。

除了着眼于提升供应能力，管理者同时需要学会确定需求的优先级，这也是 S&OP 的核心环节之一。只有供需同步提升管理效率，才能使供需最终再次回归平衡。调节供需平衡的过程中有 4 个变量——销售量、生产速度、库存、未完成订单，这些变量需要管理者重点关注。

3. 调节供需平衡的 4 个变量

虽然 S&OP 对于兼顾客户满意度和成本效益至关重要，但日常的各类计划仍然需要具备足够的灵活性，以适应一定程度的内外部变化。要知道，各个职能部门的绩效目标未必一致，由于供需优先级的不同，就容易导致失衡。S&OP 体现灵活性的方式之一，就是致力于调整目标，使一个部门的成功不会以牺牲另一个部门的计划或整体计划为代价。

此外，随着信息技术的不断发展，现阶段已经有软件可以将 S&OP 直接转化为综合生产计划。但无论怎样，调节供需平衡的 4 个变量（销售量、生产速度、库存、未完成订单），仍对整体计划的有效性起着决定性作用。

1）销售量

有个名词叫丰田平衡销售，是指丰田汽车的销售人员通过市场营销手段，来影响客户对产品的需求，以达到供需相对稳定的程度。企业影响客户需求的典型行为通常包括打广告、调整价格、开展促销活动或调整服务等级，甚至通过指令来规定客户下单的数量（如最多或最少的购买量）或时间（如购买时间段或截止时间）。除此之外，客户需求往往被不稳定的生产节奏或者人为的销售策略打乱。例如，每月或者每季度对销售人员的业绩目标考核和奖惩政策，会使他们在月末进行业绩冲刺，尽量争取新增订单，并操作新订单的不平衡。再如，一些汽车经销商提供了特殊维修服务，维修工人为了完成维修量而人为开展一些与客户实际需求无关的活动。

为了平衡中远期供需，在计划销售量时，管理者既应该考虑已确认的客户合同或销售订单，也要考虑预测的销售量。后者同样会影响未来的产能占用、物料库存消耗和物料采购。

2）生产速度

在进行供需平衡时，调节生产速度是较为普遍的调整产能的手段。生产速度通常可以以单位时间的产出量表示，大批量连续生产的行业就是如此；也可以按照单位产品所需的生产时长来表示，离散组装生产行业生产一列高铁列车或一台大型变压器就是如此。管理者可以通过加快或减慢生产速度，使得产能与需求在某些时段匹配。在选择生产速度的调节方案时，管理者还需理解、分析和比较不同方案对物料库存、在制品库存、采购订单和供应商供应能力的支持、生产成本、物料采购成本等的影响。

要灵活调节生产速度，使其作为调节供需平衡的手段，企业不仅需要在生产线设计和产能规划方面构建灵活的能力，还需要在工序调整、生产准备或换型等生产运作环节具备灵活的能力。

3）库存

库存的调节也是调节供需平衡的一个重要手段。管理者可借助提前设置的物料库存和在制品库存，为供需平衡起到缓冲作用。对于较长交货期或近期供应不稳定的物料，有计划地增加库存，虽然会付出库存持有成本增加的代价，但考虑到交付时间的缩短、生产物料齐套率的提高等收益，这样做还是值得的。甚至，管理者可能会通过分析发现，增加少数物料的库存，会由于齐套率提高而减少其他物料的等待时间，从而减少整体库存和设备闲置，可谓"以小博大"。在考虑在制品库存的设置时，瓶颈理论、排队论和流程分析等方法，能帮助管理者确定在制品库存中需要调整的品类、品种和工序位置。

然而，过量的库存，会导致不必要的搬运、堆积、放置、防护处理、找寻等浪费；会损失利息及管理费用；会使物品的价值减低，变成呆滞品；会占用厂房空间，造成多余的工厂、仓库建设等。过低的库存会导致供应能力不足，而影响交付绩效。更多的库存管理知识和方法可参见本书第 7 章的相关内容。

无论采购的原料，还是生产中的在制品，库存的构建都需要时间。这就要求 S&OP 预留充分的时间进行部署，并在安排生产计划时考虑淡季或闲暇的车间、产线或工序。

4）未完成订单

未完成订单（Backlog）既包括客户已下达的需要远期交付的订单，也包括因为供应问题无法按时交付的订单，后者也称逾期订单（Back Order）。企业出现未完成订单的典型原因有两个：一是各种因素造成的供应能力不能满足客户的当期需求，二是当期客户需求发生剧烈变化。

例如，一份来自某整车厂的文件显示，受新冠肺炎疫情影响，该企业某工厂原有 1 月和 2 月的客户订单推迟到 3 月和 4 月生产，导致原来 3 月和 4 月的客户订单无法按时生产，因此部分受影响的 3 月、4 月的客户订单需要延迟生产。企业之所以做出推迟生产计划的安排，主要是因为此前工厂因疫情停产，导致 1 月、2 月的客户订单未完成，需要转到 3 月、4 月进行生产。

除了这类不可控的供应因素导致的订单未完成以外，在一些销售旺季，也会出现连续爆单、备货靠抢的情况。在旺季，很多同行业的企业都处于赶工期，甚至有的企业有 5,000 多个未完成订单，为了改善此情况，只能将线上店铺调为假期模式，屏蔽客户需求。

管理者在进行供需平衡时，首先，要及时统计未完成订单的需求量，特别是逾期订单。其次，在平衡计划时，对逾期订单与当期新订单和远期订单进行统筹，考虑其对客户交付和满意度、产能利用、订单执行成本、库存的影响，并最终进行运作优先级排序。有些企业还需销售部门与客户对逾期订单进行确认，请客户决定是关闭或取消这些订单，还是要一直等待，然后把未完成的需求量计算为新预测量，或者体现在客户新订单中。

企业在 S&OP 流程中，要结合上述销售量、生产速度、库存、未完成订单等变量，调整综合生产计划及需求计划，使供需达到平衡。

4. S&OP 的目标和平衡场景

1）S&OP 的目标

S&OP 的目标是平衡产品大类 / 产品线 / 产品系列 / 产品族的需求与供给，并基于此输出一套各个部门达成共识的协同计划。它是一个计划集群，里面包含了综合生产计划、销售计划、库存计划、未完成订单、财务计划、约束项对策方案、资源需求计划、用工计划，以及会议记录和所有决定的汇总信息、行动计划、完成日期与相应责任人等内容。需要注意的是，未完成订单基于产品大类 / 产品线 / 产品系列 / 产品族，主生产计划基于成品料号，S&OP 输出的综合生产计划则是主生产计划的输入。

很多时候，员工无法完全站在企业的角度上去分析和解决问题，而是"自扫门前雪"，从而很容易形成谷仓效应（Silo Effect），亦称筒仓效应。该效应指的是，企业内部因缺少沟通，部门各自为政，企业内只有垂直的指挥系统，没有水平的协同机制，各个部门就像一个个谷仓，各自拥有独立的进出系统，但谷仓与谷仓之间缺少沟通和互动。在这种情况下，各部门之间未能达成共识，从而无法和谐运作。

2）平衡场景

S&OP 通过端到端的数据分析，尽可能地提前识别供需失衡、资源短缺及过剩，通过有效协调销售端与运营端的中期战术计划，让企业保持供应和需求的适度平衡。S&OP 基于企业战略，在销售、库存和运营计划方面建立一套企业范围内的规则，通过推动流程和业务规范，提高运营资金管理绩效、运营绩效，增强销售生产力和提升整体客户交付绩效，改善需求规划，以更好地管理企业资源，促使各部门达成共识。

管理层通过采用不同的生产策略、设置不同的内部优先级目标、导入新产品、调整库存、挤压订单和提升服务水平、控制销售量等权衡利弊，以确保企业中长期战略目标的达成。

●采用不同的生产策略。在供应链中，生产策略包括 3 类：追随策略、平衡策略和复合策略。例如钢铁行业由于设备投资较大，很难实施追随策略，所以一般都采用平衡策略，在淡旺季都平衡生产。

●设置不同的内部优先级目标。管理层希望可以满足任何时段、不同客户的任何需求，那么这意味着，企业的库存水平、未完成订单、服务水平等，也会受到相应的影响。

●导入新产品。企业决定开拓新的市场，为了扩张需求，需要加快新产品的开发、导入及生产，那么势必会影响其他产品的产量。

●通过调整库存、挤压订单和提升服务水平，也可以实现综合生产计划和需求计划的平衡。

●控制销售量。销售量增加、减少，销售提前、延后，都可以起到平衡作用。

无论采取何种策略，一旦企业选定了该策略，中短期的相关计划就会按照该策略执行。在可控的范围内，企业也可以随时调整相应的策略，以适应市场的变化，满足客户需求。

5. 世界级 S&OP 的 5 大收益

1）计划的一致性

根据时间维度划分，计划可以分为长期计划、中期计划、短期计划；按照实施主体划分，计划可以分为战略计划、战术计划、执行计划。S&OP 作为中期计划，可以有效地将企业战略计划与执行计划进行有机衔接，让战略计划与具体执行以 S&OP 为桥梁，形成有效循环。所有职能部门（销售、市场、计划、制造、产品管理等部门）都需要参与进来，每个职能部门都需要对 S&OP 的子过程负责，并致力于整个 S&OP 过程，使所有职能部门的计划同步；管理层则以适当的优先级或根据重点对问题采取行动。所有的职能部门在相同的优先事项上朝同一方向努力，所有部门的资源都在商定的优先事项上工作，以达成企业的战略目标，并且由于使用统一、一致的数据模型、计划管理体系、绩效定义，使得 S&OP 运作链条的上、下游合作伙伴拥有一致的数据，做出的分析和决策判断都基于一致的条件与目标，避免了信息不对称或者命令式决策机制的弊端。

2）供需的可视性

以往，各个部门的数据都是分散的、独立的，并且各个数据彼此间相互作用和影响，并不能进入管理层的视野。S&OP 可以让运营数据可视化，供财务部门及管理层审查，确保预算计划可以高质量完成。随着信息技术的发展，物联网、大数据技术将增强企业获取供应链实时数据的能力，其按照 S&OP 流程的要求，将供应链运作流程上的信息流按照一定的规则展现出来，从而使管理者能够快速响应和解决问题。

3）库存控制和促销规划

在销售额增长的时候，库存不是企业领导者首先要考虑的问题，抢订单才是。但是当销售额的增速放缓的时候，库存的压力就慢慢露出水面。在资产负债表中，库存属于流动资产，只有在出售后才可以转化为现金。被库存占用着的资金会妨碍企业进行一系列的投资活动。有效的 S&OP 可以合理管控库存，使得库存数据信息传达到各个部门，提高企业的资源利用率。与此同时，由于 S&OP 数据共享，企业在做促销规划的时候，也可以将真实信息准确传递到企业内、外部，实现促销规划的有效性和合理性、可满足性。

4）预算管理

在 S&OP 推进的过程中，管理者可以实时查看目前预算计划的达成情况。事实上，有相当多的一线销售人员，不清楚自己负责的产品的预算、预测、实际的偏差的情况，更谈不上追溯产品大类 / 产品线 / 产品系列 / 产品族层面和数量层面的分析，使得企业的战略无法触达具体管理行为，再加上生产计划团队与销售部门缺乏充分沟通，没有对预算、预测、实际的偏差进行对比分析，往往预算管理形同虚设。世界级 S&OP 可以为预算管理提供有效的数据资源支持和流程防呆支持。

5）产品管理

同预算管理类似，不少企业的产品管理缺乏数据分析和流程机制管理，与供应链管理在职能、信息各个层面形成割裂。在新品导入阶段，计划部门应同时参与到前期项目管理中。S&OP 流程的需求计划会议需要收集了解目前新增的需求。在供应会议上，多个部门需要对新品计划的供应风险进行识别。一个世界级 S&OP，会将供应链管理与产品管理有机结合，在满足产品管理需求的同时，兼顾供应成本，达到供需平衡。

| 第 2 节 | S&OP 流程

如上节所述，S&OP 是一套旨在解决供需平衡，基于科学的决策体系，整合财务计划与市场计划，通过高效的计划管理体系，使得部门之间达成共识，并将高层战略计划与日常运营联系起来的流程。

流程是战略目标的实现过程，包括 3 大核心要素。

- 一致性：不同部门在不同时间处理类似问题的标准。
- 协同性：部门之间衔接通畅、有效、及时。
- 预防性：在恰当的节点进行风险控制。

本节重点介绍月度 S&OP 流程的五大步骤，S&OP 中的不同会议及相关输入、输出，S&OP 成员清单及各自的职责，以及制造模型与 S&OP。

1. S&OP 流程概述

S&OP 不是开会，不是计划，是企业战略落地、部门之间达成共识的过程，是自上而下将企业战略经营目标转化为具体运营计划的层层分解过程；也是自下而上将实际执行情况层层上报、转化成绩效数据的过程。会议很重要，但我们更需要理解会议背后的管理逻辑。

月度 S&OP 流程的五大步骤如图 4-2 所示，其中每一个步骤都有自己的衡量指标、特定参会人员、输入和输出框架等。把这些指标结合起来，管理层就可以对企业的综合指标有一个全面的了解和管控。此处只简单描述流程步骤，具体的输入与输出会在本章后面的内容中详细介绍。

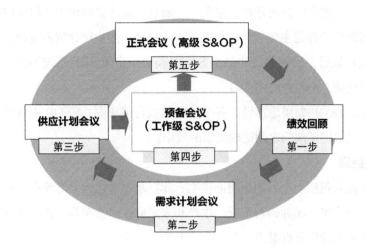

图 4-2 月度 S&OP 流程的五大步骤

第一步，绩效回顾，由供应链部门或者 IT 支持团队更新上个月的结果数据，为后续供需分析提供数据支持；第二步，需求计划会议，对需求预测进行分析；第三步，供应计划会议，输出限制性供应计划；第四步，预备会议，对供需平衡进行初步决策并达成共识；第五步，正式会议，由高层参与决策，根据会议结果调整后续整体计划。

这五大步骤实施下来，各个部门都能达成共识，通过同一个版本的计划数据驱动整个供应链。决策会议最大的受益方和输出方就是各个部门，各个部门的认知达成统一，计划也会达成统一。

2. S&OP 中的不同会议及输入和输出

如前所述，S&OP 对过去的情况进行定期回顾有五大步骤。然而这里需要说明一下，S&OP 会议的回顾，一般是回看前面一个月发生的具体事项，由于每个行业的业态、企业管理重心、产品生命周期、市场情况等各不相同，会议召开的频次也可能不同。比如某些快消企业，每天都会对变化最快的品类进行回顾和沟通，分析各个品类的需求、运营和财务计划的精准度，团队再进行后续 1~2 个月的风险评估，制订预警方案和应急计划。

而在有的企业，每周，甚至每天，销售和工厂都在沟通出货的事情，这更像是出货沟通协调会，是一种被动、救火式的协同会议。大家对 S&OP 的输入、输出有误解，首先是因为 S&OP 是从国外引入到国内的外企的，还有不少企业认为它只是把大家聚集在一起开个会，认为所谓的协同就是彼此沟通；其次是因为目前大多数企业构建的 ERP 系统一般都跳过 S&OP，从主生产计划开始。主生产计划直接从销售模块中读取客户订单和市场预测信息，编制最终产品的主生产计划和物料需求计划，使生产计划系统缺乏战略和总量控制的计划层次；最后，ERP 系统中缺少 S&OP 模块，将使 ERP 系统不能更好地体现和支持企业的战略决策，而沦为战术工具。

回归本源，S&OP 如果想落地，各个步骤的执行很重要，S&OP 中各种会议的输入、输出的质量，也决定了部门之间达成共识的效率。

1）绩效回顾

该步骤的输入包括上个月的预测准确率、库存水平（包含呆滞库存、原材料、半成品和成品）、服务水平、实际销售情况、生产和未完成订单情况等。该步骤的输出包括基于收集的信息生成的销售分析报告。

在绩效回顾步骤中，不少企业逐渐重视数字化管理，通过信息化平台管理流程，进行全链路端到端的数据沉淀，由供应链部门或 IT 支持团队来收集、整理、初步分析数据，然后将其提供给相应业务部门。不少企业已可以成熟运行 ERP 系统，其覆盖了销售、制造、物料管理等模块，这部分数据可以在两三天内顺利收集并形成报告。

2）需求计划会议

该步骤的输入包括之前的需求计划数据，客户需求、市场情报、历史数据、销售分析报告，之前的计划表现，新增需求，市场状况、新品市场推进情况等。该步骤的输出包括 12~18 个月滚动的、无约束限制的客户需求计划，可能会遇到的风险和假设评估。

在该步骤中，需要多维度收集需求的来源和不确定因素，不仅需要做客户需求预测，对企业内部的需求、市场端的促销折扣等需求、新品计划、价格调整等信息也要进行汇总，否则该需求数据存在片面性，会导致输入数据不完整，从而导致后面判断的失误和应急事件的增加。

需求预测主要就是对某项产品 / 服务历史需求量、变化趋势、未来走势、客户偏好、供求关系方面的数据进行分析盘点，然后对未来一段时间内的产品需求量进行预估。它一共包含五大步骤，第一步是进行预测的准备，第二步是对预测做决策，第三步是实施预测，第四步是验证预测，第五步是应用监控。

管理者做预测决策的时候，需要先明确预测的时间跨度（如是 6 个月还是 18 个月）、预测颗粒度（周、月或季度），还要选择相应的预测方法。需求预测的方法有很多，主要有定性和定量两种预测方法。

常用的定性预测方法主要有销售人员组合法、市场调研法、管理层集体评议法、专家意见法。

常用的定量预测方法包括时间序列预测法与回归分析预测法。时间序列预测法是以内生数据（也就是历史需求数据）等为分析对象的预测方法，而回归分析预测法则是以外生数据（或称解释性数据）等为分析对象的预测方法。时间序列预测法无法识别诸如价格、广告、促销、市场或经济波动等外部因素（外生数据）或因果因素（解释性因素）带来的需求变化，但是价格、广告、促销、市场或经济波动等外生数据在市场现实中几乎不可避免。为了解决这一问题，就有了回归分析预测法。回归分析是对两个及以上变量之间的关系进行定量研究的一种统计分析方法。回归分析预测法是在分析自变量和因变量之间关系的基础上，建立变量之间的回归方程，并将回归方程作为预测模型进行预测的一种方法。这种预测方法主要用于发现需求（因变量）和影响需求的因素（自变量）之间的关系，从而利用这些关系来帮助预测未来的需求。

无论使用哪种方法，都要全面了解对预测产生影响的因素有哪些。管理者在实施预测的过程当中，还需要通过各类工具去验证所选定的预测方法是否合适，预测准确率如何，是否需要重新选择相对准确的预测方法。

需求计划会议需要讨论的典型内容如下。

● 更新上次会议中的行动项目状况。

● 审查市场经济、行业趋势、市场份额和竞争状况。

● 审查、讨论和更新影响需求计划的假设。

● 对上次需求计划会议中预估的内容进行偏差分析，比如：获得业务的概率、价格调整的影响、竞争对手的活动等。

● 审查新产品的推出状况，并确定其对需求计划的影响。

● 审查为满足需求计划所需的新的营销方案。

● 审查每个产品系列，验证或更新需求计划。

● 制订执行需求计划所需的行动计划。

3）供应计划会议

该步骤的输入包括最终需求计划、之前的供应计划、之前运营计划的绩效数据、关键的制约因素（劳动力、材料、设备等）。该步骤的输出包括 12~18 个月滚动限制性供应计划、供应缺口文件和应对措施的汇总文件。

该步骤中，管理者需要根据产能的利用情况分析产能数据，识别关键的制约因素，并由生产部门提出产能调整的措施（如购买设备、招聘人员和外包等扩产的措施，或缩产措施等）。

供应计划会议需要讨论的典型内容如下。

● 更新上次会议中的行动项目状况。

- 审查关键绩效指标：评估指标趋势、对目标的表现，并确定改进行动。
- 审查、讨论和更新影响供应计划的各类场景、因素。
- 流程改进、调整人员配置计划、提升供应商表现等。
- 审查粗能力计划（Rough Cut Capacity Planning，RCCP）。
- 对照目标审查积压和库存状况，确定是否需要对供应计划进行修改，以确保其与这些目标相一致。
- 评估调整后的供应计划与需求计划，讨论二者间的差异并确定是否需要采取应对措施。

4）预备会议（工作级 S&OP）

该步骤的输入包括需求审查结果、供应审查结果、预测结果（财务、客户影响、库存）。该步骤的输出包括 12~18 个月的滚动共识计划（部分）、正式会议（高级 S&OP）需要讨论的典型内容。

该步骤中，针对需大于供的情况，首先应按照需求类型设定优先级，把不重要的需求后推，其次按照订单的重要程度分配资源，优先满足第一类客户、战略客户，最后站在产品规划的角度，优先满足高利润率产品和战略产品，将低利润率产品往后推。对于推迟的市场需求，管理者要与市场沟通，并给出可以解决的时间承诺。在增加资源的决议方面，要与采购、研发等部门协商，找出解决方案。

针对供大于需的情况，完全按无约束要货预测分配资源，并且应用管理指令中的最小量原则，即如果需求少于产品最小量，根据急单情况，将未来需求合并进来。

预备会议需要讨论的典型内容如下。

- 更新上次会议中的行动项目状况。
- 审查建议的需求计划。
- 告知任何需要调整的库存目标（安全库存）。
- 识别并讨论对以前计划的重大改变（向上或向下）。
- 讨论计划的潜在风险和机会。
- 审查建议的供应计划。
- 审查供需失衡对产品质量、人数、加班、供应商要求、库存、客户服务或新产品的影响。
- 讨论任何其他潜在的对策方案，在正式会议上提交文件供审查。
- 审查总体财务结果。
- 确定正式会议（高级 S&OP）的议程。

5）正式会议（高级 S&OP）

该步骤的输入包括需要解决的问题清单、S&OP 的总体财务分析报告。该步骤的输出包括整体计划集群（各部门达成共识的综合生产计划、销售计划、库存计划、未完成订单、财务计划、约束项对策方案、资源需求计划、用工计划，以及会议记录和所有决定的汇总信息及完成日期和责任人等）。

该步骤结束后，S&OP 专员（或经理）在企业范围内正式发布 S&OP 流程输出结果，并跟踪 S&OP 流程输出结果的执行情况，发现问题并及时与相关领导进行沟通，保证计划执行。

此外，S&OP 会议中的输入和输出，从前期的完成，到中期的完善，再到后期的标准体系建立，最好有固定模板和格式要求。

3. S&OP 成员清单及各自的职责

标准 S&OP 管理流程需要销售、市场、生产、采购、财务等部门共同收集数据、制订战术计划。由于不少企业之前对供应链管理不重视，供应链组织架构设置不健全，一些必要人员岗位缺失（如需求计划员、S&OP 分析员等），企业在推进 S&OP 流程时，就会遇到很大挑战。表 4-1 所示为不同会议环节需要参会的团队成员。

表 4-1　不同会议环节需要参会的团队成员

会议环节	需要参会的团队成员
绩效回顾	S&OP 负责人
需求计划会议	销售经理、市场经理、产品经理、需求计划员、S&OP 负责人等
供应计划会议	生产经理、采购经理、销售经理、产品经理、主计划 /S&OP 负责人等
预备会议（工作级 S&OP）	S&OP 负责人、需求计划 / 供应计划的参与者、财务经理等
正式会议（高级 S&OP）	总经理、销售总监、运营总监、产品开发部总监、财务总监、供应链总监、人力资源总监、S&OP 负责人等

同时，围绕 S&OP 的五大步骤，表 4-2 总结了 S&OP 重要角色 / 团队的职责和能力要求。

表 4-2　S&OP 重要角色 / 团队的职责和能力要求

成员	职责和能力要求
S&OP 负责人	整个 S&OP 流程的领导者，需要具备很强的沟通和领导能力，并需要具备分析问题、识别问题、解决问题的能力，需要引导整个团队达成共识，如同前面所述，可以由供应链经理兼任

成员	职责和能力要求
需求计划团队	负责审查销售预测报告，并可与销售、市场等团队紧密合作，需要对一系列的市场需求动态有敏锐的观察力和及时反馈的能力，并且需要熟练运用各类预测模型、具备产品生命周期管理的计划视角、多维度理解不同数据的能力
供应计划团队	需要制订满足需求的供应计划，能及时识别和预防全链路的供应风险，确保资源的可得性和可用性，并在审查初步主计划的时候，提出必要的建议
预备会议（工作级 S&OP）团队	需对供需平衡做出及时反应和决策，需要确定向上升级的问题与应对方案
正式会议（高级 S&OP）团队	由企业高层组成，但仍需要严格遵守 S&OP 流程制度，固化产品大类 / 产品线 / 产品系列 / 产品族的销售与运营计划，授权必要的资源，梳理有效的流程计划，以解决预备会议（工作级 S&OP）上提出的问题

此外，企业的最高管理者需要重视和认同 S&OP 流程，打造信息透明、结果导向的高绩效团队文化，认可各个职能的权威性和专业性；中层管理者在整体 S&OP 流程中也需要积极参与，努力参与整个流程的持续改善。

4. 制造模式与 S&OP

企业可以根据产品特性和所属市场的客户特性，选择采用不同的制造模式。从客户产生需求开始，到企业生产或服务运作，直至完成交付的过程中，不同的客户群体可能会有不同的容忍时间，所以需要用不同的制造模式来应对。而不同的制造模式对 S&OP 的输入有着不同的影响。本书第 1 章已详细介绍了制造模式，这里只讲述制造模式对 S&OP 的影响。

● 按库存生产（MTS）：针对这类制造模式，S&OP 需要有产品族的需求预测。

● 按订单装配（ATO）：针对这类制造模式，S&OP 不仅需要产品族的需求预测，还需要子件配置比例输入。

● 按订单生产（MTO）：针对这类制造模式，S&OP 需要产品族的需求预测，以及来自工程部门的设计 / 材料规格输入。

● 按订单设计（ETO）：针对这类制造模式，S&OP 需要来自客户的产品规格、工程能力、项目进度表等输入。

S&OP 的重要功能之一，就是对外界的变化实时做出反应，面对中长期的客户需求变化、供应风险的出现、企业策略调整等，在必要时调整制造模式，以应对不同时期的客户需求或者当下的环境。比如某汽车零部件企业所售卖的产品，前些年一直采用的是按库存生产（MTS）模式，后来随着行业环境发生变化，客户需求不如以往稳定。在正式会议（高级 S&OP 会议）上，通过高层决议，这家企业后来切换为按订单生产（MTO）模式。

| 第 3 节 | S&OP 的总体输出

S&OP 的总体输出即正式会议（高级 S&OP）批准的 S&OP 协同计划，它包含综合生产计划、销售计划、库存计划、未完成订单、财务计划、约束项对策方案、资源需求计划、用工计划，以及会议记录和所有决定的汇总、行动计划及完成日期和责任人等。供应链管理者需要了解这些内容，学会规避相应风险，以免造成无效的 S&OP 输出，同时必须意识到，S&OP 输出对于资源需求计划的重要作用，以及各个部门如何履行经批准的 S&OP 协同计划。

正式会议（高级 S&OP）结束并不代表此流程全部结束。在正式会议上达成共识决策的各类计划（比如综合生产计划），明确下一步的措施，以实现商定的计划，并对其进行持续跟踪，才是整个 S&OP 的管理重点。企业结合持续改善的理念文化，通过不断的优化，可以打造出世界级 S&OP。

1. S&OP 无效输出的常见原因

S&OP 实施成功，需要供应链、销售、运营、财务等部门紧密协作，实施过程中需要重新梳理供需平衡的业务模式，大概率会变更原有的流程。有的部门是排斥变化的，所以 S&OP 具有挑战性的地方在于变革管理（员工抵触变革、反抗变化）；再者，管理层不积极参与（缺少关键人物的参与），横向部门之间缺乏互信，S&OP 与财务计划脱节，不按期举行 S&OP 会议，缺乏适当的 S&OP 会议协议、战略和战术讨论及决策，产品生命周期管理与 S&OP 断层等，都会导致 S&OP 流程最终无法有效推进。

S&OP 的无效输出是影响 S&OP 流程推进的重要原因。常见的无效输出表现为高级领导层的犹豫不决、企业战略之间缺乏一致性等。作为管理者，要想避免犹豫不决，需要做好以下 3 件事。

●接受改变：回顾那些产生正面结果的变革，努力接受新观念，审视自己的假设，将注意力集中到已经变革的事情上并找出变革原因，询问同事和团队成员对变革的想法，对变革保持客观评价。

●调整绩效目标和衡量标准：列出变革的益处，包括对企业的和对个人的；主观地分辨事实，澄清变革将如何正向改变企业；将行动和能量重点放在当前能够控制的事情上；调整绩效目标和标准，把协同带来的收益分配到位；促使团队各个成员信任 S&OP 的逻辑和模式，及时享受到改变带来的收益。

●快速解决部门之间的权衡问题：保持积极主动，明确在新的流程中需要具备什么能力；找出更好的方式去达成既定目标，对做事的新的方式保持开放态度并做出回应；识别无效的工作流程，并提出改进的建议；帮助处于转型早期，还在挣扎、困惑的团队成员。

每个月的正式会议（高级 S&OP），可以让高管们了解外界市场动态、当前的业绩运营情况以及资源瓶颈。这样不仅可以让企业快速做出反应，而且通过多部门的横向计划沟通流程，各部门能围绕同一个目标努力，提升企业的凝聚力和战斗力。

作为员工，为了提高一致性，需要迎接改变，做好以下 3 件事。

●以始为终：关注任务、流程和确定性；对工作有计划，并且按计划实施；执行中态度严谨，遵守纪律；事后定期复盘，持续改善。

●真诚和透明：对于我方知道但对方不知道的信息，通过数据管理看板实时共享给对方；对于我方不知道但对方知道的信息，通过主动问询收集信息，尽可能地扩大部门之间的信息公开区。

●及时提供支持和回应：在 S&OP 的实施过程中，横向部门势必会遇到挑战和困扰，员工应及时提供回应和解决方案，关注共同目标。

员工以客户需求为导向，对供应端与需求端的数据、计划、流程进行结合，不仅能提升内部协同效率，还可以为客户传递更大的价值。供应端积极实施改善项目，譬如精益生产、优化库存、缩短交期、关注质量，强化供应链的交付速度、弹性，可以助力销售部门在市场上更好地服务客户，两者原先供需失衡的紧张感由此消除。企业应让所有关键的利益相关者参与进来，并为协同计划的每一步建立责任制度。长期来看，月度 S&OP 会议可以确保对当前绩效指标的持续审查，并对后续责任人的履约承诺进行追踪，提高企业战略实施的一致性。

2. 协同计划的重要意义

协同计划是 S&OP 流程中达成共识的重要手段之一，它与资源需求计划（Resource Planning，RP）有着非常强的关联性。

资源需求计划主要针对 S&OP 流程输出的综合生产计划进行长期产能资源需求计划。一般而言，综合生产计划以月、季或年为计划时间跨度。因此，相应的资源需求计划对象就是相同期间内所需的总产能，如总人工工时、总机器台时等，并可以转化成所需的人员数量、所需机器设备数量，或其他资源，以及这些资源的增减变化需求。通常，这些增减变化需要较长的时间来实现。若现有的人员、设备、设施等资源或这些资源的增减变化所需时间，能够满足综合生产计划的长期需求，则综合生产计划可行，否则，就需要对综合生产计划进行调整。资源需求计划是检查综合生产计划可行性的手段，并与综合生产计划形成一个闭环过程。表 4-3 所示为资源需求计划的具体实施过程。

表 4-3　资源需求计划的具体实施过程

步骤	具体实施过程
1. 梳理清单	参考综合生产计划中每个产品大类 / 产品线 / 产品系列 / 产品族的资源清单，确定生产所需的关键资源、需求信息，如机械和设备、工厂和设施、原材料和制造部件、劳动力等，都是重要的关键资源
2. 确定单位	确定关键资源的计量单位，如人工工时、机器台时等
3. 确定能力	评估关键资源的可用时间、利用率，以及关键资源的可得率和可靠性
4. 计算负荷	按时间段计算每种关键资源的负荷，将规划期内每个产品系列的生产计划中的单位数乘以资源清单中的关键资源使用系数，以确定每种资源的总负荷
5. 找出瓶颈	比较每种资源在每个时间段的负荷和可用容量，找出供需失衡的瓶颈关键资源
6. 调整计划	基于正式会议（高级 S&OP）的决定，修改综合生产计划或者调整关键资源，以实现共识下的供需平衡

如果没有协同计划，企业将无法推进资源需求计划的完成，势必会导致无法达成供需平衡。比如，客户希望尽可能地缩短成品交付周期，随时随地满足他们的需求，多快好省（可供客户选择的产品类型多、交付快、质量好、价格优）；生产部门希望尽可能平衡化排程、来料质量不出任何问题、减少换型次数、提高产能利用率；采购部门希望供应商可以高周转快交付，并且供应商的产品成本更低，然而事实上供应商需要更长的交付周期以降低其运营成本。通过使用精益管理、TOC 等方法或工具，企业可以减少这类冲突。在资源需求计划实施过程中，企业通过协同计划，尽量兼顾客户、制造商、供应商的各类诉求，不同部门不再掌握不同版本的数据，从内部的协同延展到外部的协同，将计划的更新和调整及时同步到各端，就可以减少和解决上述冲突。

3. 批准后的 S&OP 协同计划的管理

客户对产成品有需求（销售目标），从而产生了组件生产需求（主生产计划），然后延伸出物料需求（物料需求计划）和车间作业需求（车间计划）。各个环节的人都希望知道下游要什么、要多少、什么时候要，如何安排给他们，会用到哪些设备等。企业中成千上万的人都在寻求上述问题的答案，而这个答案将直接影响企业的客户服务水平。问题是，如果企业自上而下的计划功能很弱，在各个部门的实际运营过程中，得到的一定是很糟糕的执行效果；而在自下而上的执行过程中，各个部门执行不到位，也会不利于整体计划的运转。

正式会议（高级 S&OP）的目的是固化计划，强化执行。其对与未来计划相关的风险和假设进行了解，基于未来计划使各部门之间达成共识，适当时考虑替代计划、授权相关部门所需资源，最终确定一套综合计划。会议结束后，协同计划得到批准，各个相关部门需要履行承诺，共同落实计划。

比如，根据目前的客户需求，企业识别出 3 个月之后某原材料会出现供应缺口。正式会议（高级 S&OP）决议，必须满足客户需求、保供。围绕这一目标，协同计划得以批准，每个部门要严格执行如下内容。

●运营部门：围绕销售计划，进行统筹准备和行动计划的实施监控。

●销售部门：与客户保持必要沟通，确保客户订单如约下达。

●采购部门：经过综合评估，一个月之后，备选供应商可以开始交付物料，采购部门需要确保供应商交付计划的可靠性；此外，除了确保备选供应商的交付达成，同时还需监控现有供应商的交付表现。

●生产部门：面对 3 个月后即将来临的销售旺季，生产部门反馈产能不足以应对需求的上涨，需要尽快扩充产线员工人数，同时承诺稳住蓝领员工的流失率，提高产线生产效率和设备利用率。

●设备部门：提高设备运行可靠性，通过不同的班组减少缺陷，努力实现零缺陷、零故障、零事故。

●人力资源部门：根据生产部门要求的招聘人数目标进行初步评估，承诺两个月后可以达成产线员工人数扩充目标。

在承诺履行过程中，一旦出现任何较大的偏差或者风险，需要及时进行信息共享，由各部门综合评估后，再决定是否更新和调整综合生产计划。

| 第 4 节 | S&OP 文化的建立

良好的 S&OP 推进需要相应的文化。管理者必须构建 S&OP 文化，让大家认同它，从而激发大家的热情，使大家一起参与其中。

1. 认同 S&OP 的协同功能

本章第 1 节提到了均衡销售的概念，丰田公司认为，客户需求是相对稳定的，只是由于各部门存在不同的绩效诉求，从而导致一些人为创造的需求。事实上，几乎所有人都喜欢根据自己的偏好制订自己的计划、控制自己的信息、开展自己的活动。

1) 制订自己的计划

某企业从事的是典型的多品种小批量业务，生产计划员一直抱怨车间经常严重超产，导致产出计划与出货计划不符，不仅影响客户订单的交付，而且还持续产生积压库存，其背后的原因就在于，车间为了减少换型次数，按照自己的排程计划和习惯进行生产，每当生产计划员投诉的时候，车间也很委屈，觉得换型一次只生产几件产品太浪费了。

2) 控制自己的信息

某企业销售部门近期了解到客户有个大订单，因为还没有正式签约，所以没有把该信息告诉采购部门。后来项目进展顺利，企业与该客户签了合同，结果采购部门反馈，某原材料的交付周期过长，该客户的订单交期要比正常情况延长两周。结果两方吵得不可开交。如果这两个部门可以及时共享潜在的客户需求信息，并进行供应能力的充分评估，是可以避免这类问题发生的。

3) 开展自己的活动

某企业采购部门为了达到自己的年度降本目标，开展了不少降本活动。不少供应商为了迎合采购部门的降本目标，更换了二级供应商，造成了一系列的质量和交付问题。显然，采购部门开展自己的活动与整体供应链的目标是存在冲突的。

除了以上情况，表 4-4 所列出的信息源及背后的原因也有助于管理者多维度理解供应链协同的重要性。

表 4-4　信息源及背后的原因

信息源	背后的原因
夸大的预测	对市场形势的估计过于乐观，业绩压力大，薄弱的预测问责制，密集的新品上市计划
低报的预测	已完成销售目标，预测责任心不强，为了推新品而不推老的产品
不完整的计划	遗漏，有新产品，有内部需求（如测试、备品备件）
多版本预测	信息来源不统一，缺乏共识流程
紧急需求	没有冻结期与交付周期的概念

如果企业只有一个客户、一个产品和一个工厂，企业对协同计划的需求可能没那么强烈，但是大多数情况下，企业面对的是更多的产品，需要更多人参与，需要一个流程来确保每一个部门搞清楚上、下游到底要什么。通过 S&OP 流程，管理层以适当的优先级对供需失衡问题采取行动，使所有职能部门在相同的优先事项上朝同一方向努力，所有部门的资源都在商定的优先事项上使用，支持企业战略目标达成。当然，除了需要对 S&OP 的协同功能产生认同以外，企业也需要强调每个成员对 S&OP 的贡献。

2. 强调每个成员对 S&OP 的贡献

S&OP 不是一个人的战斗，营销、财务、运营以及其他部门对 S&OP 都有着自己独特的贡献。

例如，销售部门作为需求方的代表，需要分析市场动态、客户最新需求信息、竞争对手相关信息等；运营部门需要做好供应能力的分析；财务部门需要关注财务目标和财务计划；其他部门，如需求计划团队，需要制订科学的计划体系，给企业提供专业的需求预测分析；甚至 IT 部门在 S&OP 中也会越来越重要，它需要提供全链路数据可视化、数据可靠性等方面的支持。只有各部门协同和努力，才能让总体的供需达成平衡，实现业务和财务目标。

每个成员对于 S&OP 具体的贡献如下。

1）营销团队

●市场分析：对市场供需变化的各种因素及其动态、趋势进行分析，并从中判明客户需求的不同场景（平衡、供大于需、需大于供），发现新的市场机会，扩大企业的市场占有率，并将该信息输入 S&OP 流程。

●客户预测：有的企业由销售主管或者计划员直接向客户企业的采购部门或者物流部

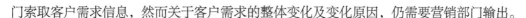

门索取客户需求信息，然而关于客户需求的整体变化及变化原因，仍需要营销部门输出。

●需求计划承诺：营销部门制订和实施销售目标与计划，确保完成年度、季度乃至月度的销售目标，如果前端需求波动较大，出现异常，对于 S&OP 的影响会非常显著。

●需求计划数量稳定：如果说上面是围绕市场端的销售目标（新品、销售区域、客户类型等）承诺，那么最后一点就是在客户需求数量上尽量保持稳定。

2）财务团队

●审查综合生产计划的财务可行性：可行性分析是通过对 S&OP 输出的协同计划的主要内容，如需求计划、供应计划、资源需求计划等进行调查研究和分析比较，并对计划执行后可能取得的财务、经济效益进行预测分析。

●审查计划是否符合财务目标：如果通过分析发现该协同计划超出企业既定的财务目标，需要及时向管理层汇报。

3）运营团队

●提供合适的制造模式：如前文讲到的，不同的产能系列有着不同量级的客户需求和批次，切不可用同一种制造模式来满足所有类型的客户产品需求，不同制造模式的特点如表 4-5 所示。

表 4-5　不同制造模式的特点

制造模式	特点
MTS 按库存生产	持有成品库存，根据预测推动成品生产，接到订单用现有成品库存进行交付。如果需求超过预测，出现积压；如果没有库存，出现断货
ATO 按订单装配	持有半成品库存，根据预测推动半成品备库，接到订单进行成品组装。兼顾成本与交付的灵活性，有助于减少浪费，但如果预测准确率较低，企业会积压半成品库存，并且成品装配压力巨大
MTO 按订单生产	持有原材料库存，接到客户订单再进行生产。如果制造订单所需的原材料（上游）延迟交付，客户的等待时间就会延长
ETO 按订单设计	需要进行特别的订购和计划。客户需求易出现变更，会导致零件 / 组件的积压，或因设计变更而造成生产 / 供应中断

●运营绩效数据：运营部门具有每个产品大类 / 产品线 / 产品系列 / 产品族在实际生产过程中的相关数据和历史数据，比如产能限制、库存指标、供应商来料质量、客户紧急插单等数据；通过数据记录沉淀，运营部门可以客观了解与运营相关的部门的绩效情况。

●选择生产策略：在不同时期，可以根据实际情况选择不同的生产策略。

图 4-3 所示为生产策略的对比，左边是追随策略，右边是平衡策略。

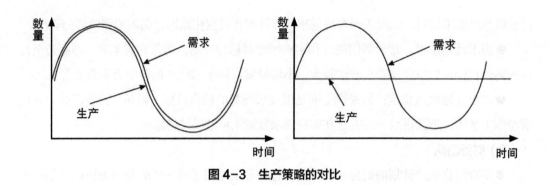

图4-3　生产策略的对比

●确定产品系列：S&OP 的重点在于达成共识和协同，虽然各个部门可以根据自己的需求与计划创建自己的产品系列，但是 S&OP 要求各个部门使用相同的产品系列信息，该事项由运营部门负责。

●明确产出和资源：运营部门在计划期内，为每个产品系列明确产出目标（生产速度、订单未完成水平、库存水平），并提供相应的设备、劳动力、材料等。

●瓶颈处理：在基于综合生产计划进行资源需求计划的时候，运营部门需要计算各个周期所需的资源情况，若发现瓶颈，一方面在内部处理和解决瓶颈问题，另一方面在 S&OP 的协同沟通中反映问题。

如前文说到的，成功的 S&OP 需要各部门共同努力，因此激发员工对 S&OP 的热情就显得尤为重要。

3. 激发员工对 S&OP 的热情

S&OP 的重点是突破职能障碍，解决整个企业协同的问题。正如某位老师所说：不同的利益诉求会驱动局部优化的行为，而局部优化往往以牺牲全局优化为代价，最后又会反向影响到局部优化的结果。与供应链协同的困局相关的最根本的两个问题在于人和事。如果想激发员工对于 S&OP 的激情，企业需要先管理人，再管理事。

理顺供应链各个环节部门与部门、人与人之间的关系，让他们愿意协作，这属于管理人；通过一系列软硬件的建设，对接企业与企业、部门与部门，让企业与企业、部门与部门、人与人之间的协作更容易，增强整体协同能力，这属于管理事。管理人也好，管理事也罢，决定企业协同最重要的因素是环境，是企业文化。

激发员工对 S&OP 的热情，需要改变环境，而环境的改变，需要应用变革管理的典型手段，具体可参考本套丛书中《供应链领导力》的相关内容。管理者可以通过 3 个关键动作来构造协同力：目标凝聚伙伴、伙伴共创方法、方法服务目标。协同力的公式如下：

$$协同力 =(伙伴 \times 方法） \div 目标$$

只要协同力足够，就能激发员工对 S&OP 的热情。

1）目标凝聚伙伴

目标是分母，分母越小越好，最小的正整数是 1，所以目标（分母）要聚焦；企业制定一个科学的目标，再让员工明确目标，可以让员工有驱动力、有共鸣。

目前各个部门存在绩效冲突。比如，销售部门希望库存越多越好，这样可以随时满足客户的不同需求；工厂希望库存越少越好，这样运营成本较低。销售部门的指标是客户交付满意度，工厂的指标是库存周转率，这势必存在冲突。然而，站在企业的角度，目标只有一个：盈利。S&OP 可以让员工感受前后协同带来的工作目标的一致性，让大家真正意识到 S&OP 对个人和团队的好处。一旦大家对目标产生了共鸣，就有了共同的利益，可以凝聚越来越多的伙伴。

2）伙伴共创方法

伙伴对共同的目标会产生强烈的责任感，这会使每个团队成员更有创新的意识，从而建立新的工作方法和流程；在进行 S&OP 文化推进的过程中，一旦彼此成为真正的伙伴，他们就愿意把资源带进来，群策群力，去解决共同的问题，达成统一的目标。

3）方法服务目标

有了统一的目标、协同的伙伴、共创的方法，最后一定会实现企业的目标。

企业不仅要量化 S&OP 的收益，激发员工参与 S&OP 的热情，更重要的是企业上下要真正重视 S&OP，而高管的参与和推动则是关键。只有认知统一、行为统一，管理手段才能统一。

4. S&OP 最佳实践

S&OP 流程的完善并不是一蹴而就的，需要企业上下共同努力，持续改善，图 4-4 所示的最佳实践框架，在国内某些企业已经践行多时，这些企业不仅在运营成本上得到了巨大的收益，而且销售预测准确率得到了明显的提高，物料齐套率得到了提高，呆滞库存得到了减少。由于部门沟通顺畅，营销部门与运营部门积极推动产品组合优化，既保证了企业的客户服务水平，又兼顾了交付成本。

比较层面	初级	中级	最佳实践
信息	不同部门各自知道各自的信息；没有跨部门的信息共享	各部门之间有一定程度的信息共享，但仍有一些内部障碍需要克服，如缺乏企业文化和跨职能部门的关注	各方都能及时获得信息，并具有跨职能部门的关注
技术应用	使用电子表格来实现S&OP流程，并非集成技术工具	单独的供应和需求计划模块没有整合	有高层例行的情景分析，集成的供应和需求计划模块，能够优化财务指标
衡量标准	只有基本的衡量标准，比如预测准确率	有更先进的测量方法和数据沉淀，如预测质量MAPE、交付周期等，并与企业共享该信息	作为S&OP流程的一部分，测量和监测跨职能指标，如订单完成率、供应/需求匹配、毛利率等

图4-4　最佳实践框架

国内某企业为了提高各个会议的效率，设定了如下问题清单（Check List），以确保大部分信息都可以在会议前被抓取到，并在会议中呈现和讨论。

需求计划会议上，参会者会讨论以下问题。

●哪些产品大类/产品线/产品系列/产品族对预测误差的影响最大？

●下一次价格调整是什么时候，预期的影响是什么？

●市场上是否有任何变化？是否会影响产品结构？

●根据新品计划（New Product Introduction，NPI）时间表或产品过渡时间表，当前的计划是否有任何风险？

●之前的促销活动是否按计划执行？造成计划差异的原因是什么？

供应计划会议上，参会者会讨论以下问题。

●是否有机器长时间或反复停机？

●哪些是提高准时交付率的最大机会？

●哪些工厂/工位的工作人员、产品大类/产品线/产品系列/产品族的工作人员在超时工作？

●目前是否有任何供应商出现物料紧急短缺？

●是否考虑到了供应商的假期和停工时间表？

预备会议上，参会者会讨论以下问题。

●在审查指标和趋势时，是否有任何可能表明潜在风险的问题？

●如果对策计划失败，会有什么影响（成本、客户服务等）？

●哪个产品大类/产品线/产品系列/产品族的需求和供应能力之间的差距最大？企业是否有计划来实现平衡？

● 计划的改变是否会导致对供应链成本或客户服务水平的影响？

● 日常运营中，企业有多高的灵活性来适应需求的突然变化（增加或减少）？

正式会议上，参会者会讨论以下问题。

● 这些行动计划有没有记录在对策计划中？

● 该计划如何与部门和企业的创新和增长目标保持一致？

● 企业是否为价格而牺牲数量，或为数量而牺牲利润？

● 围绕预测质量，表现最差的产品大类 / 产品线 / 产品系列 / 产品族是什么？企业正在采取什么行动来改善绩效？

● 未来的资源需求计划是否可以支持 S&OP 的长期要求？

绩效回顾方面，参会者会讨论以下问题。

● 我们上个月的预测准确率是多少？

● 上个月的库存水平（包含呆滞库存、原材料、半成品和成品）如何？

● 实际销售情况、生产和未完成订单情况如何？

5. S&OP 在其他行业 / 项目上应用的建议

S&OP 的核心在于信息透明共享（信息的可获取性高）与供需平衡，以保证企业整体利益最大化。行业、企业重视程度、执行力等存在差异，每个企业在推行 S&OP 的时候，可能会遇到一些类似的困扰。此外，S&OP 流程并不是制造业独有的机制，在快消品、电商、物流等行业，其都有不错的实践案例。

如果部门人员没有精力学习和了解 S&OP 的相关知识体系，显然是无法对现有流程进行优化的。因此，管理者应该加强对供应链计划人员和相关职能管理者的专业培训，没有投入就没有产出。

S&OP 流程从 0 到 1 搭建和实施的过程，如果没有充分执行，只停留在开会沟通这个层面，最终各个部门大概率还是会处于"救火"状态。

最后，有几个关键点需要读者关注。

● 企业高层的重视与支持很重要。其表现形式包括准时参会，推进并监督 S&OP 输出后的行动计划进程，给予 S&OP 所需资源（专业计划人才储备、组织架构设置、模拟算法和信息技术的投资）的支持，并且高度认同 S&OP，鼓励各部门成员共同参与。

● 建立正式 S&OP 流程（会议时间、参会人员清单、输入、输出、衡量标准、行动计划文件格式、绩效跟踪模板）。

● S&OP 是个流程，它需要持续地优化和改善。

第 5 章

主生产计划、物料需求计划及排程

前面我们学习了 S&OP，了解到 S&OP 的输出是整体计划集群。简而言之，它是各部门计划的共同依据，S&OP 批准综合生产计划，然后推进主排程流程，进行主排程，最终产出主生产计划（Master Production Schedule，MPS）。MPS 是 MRP 的输入，MRP 输出采购计划与排产计划。在本章中，我们将重点介绍 MPS、MRP、排产计划和采购计划及控制。

本 章 目 标

1. 理解不同制造模式下的主生产计划对象、主排程目的和影响因素。

2. 了解编制主排程的方法、逻辑与流程，以及必备的关键要素。

3. 掌握物料需求计划的输入与输出逻辑、不同物料清单的定义、相关计划参数的设定。

4. 了解准时制和约束理论计划思路，及其与物料需求计划的关系和应用场景。

5. 掌握各种排产系统的概念、方法和应用。

｜第 1 节｜ 主排程流程的功能

1. 主生产计划与主排程

主排程流程（Master Scheduling）是一个由主计划员（Master Scheduler）执行决策的过程，其进行主排程（Master Schedule），产出主生产计划（Master Production Schedule，MPS）。其中，客户订单、销售预测、工厂内部零部件测试、安全库存等，都属于需求的范畴；在库库存、设备、人力物力、车间仓库等，都属于供应的范畴。主排程流程根据总体需求（销售预测、客户订单）、初始库存、投产批量大小（Lot Size）等信息，进行主排程，最终产出产品级的生产计划——主生产计划。所谓产品级是指拥有特定物料清单（Bill of Material，BOM）的产品或模块等。通常主生产计划的时间跨度要覆盖最长的制造和采购提前期，也就是主生产计划的计划区间。

主排程流程的功能与 S&OP 不同，后者（S&OP）的功能是确保产能与资源在实际生产时提前到位，前者（主排程流程）的功能在于确保产品级总体水平的供需一致。

在不同的制造模式下，主排程流程也有很大的区别：在 MTS 策略下，MPS 显示了终端项目的具体数量将在何时可用，其控制点在于预测；在 ATO 策略下，MPS 由部件和子装配组成，其控制点在于总装排程；在 MTO 策略下，MPS 由客户订单构成，其控制点在于订单的积压。本节后面的内容也会详细介绍制造模式对主排程的影响。

2. 主排程的目的

主排程有五大目的。

●输出产品级的生产计划：让主生产计划以一定的时间间隔将产品需求分解到产品级层面，形成具体的生产计划，指导工厂进行日常生产。

●确定具体产品的可交付时间：使销售和客户服务部门可以快速回复客户订单交期，具体到成品料号、交付时间、地点，而非像 S&OP 的中长期计划那样范围较广（产品族）、信息较模糊（只有大致的时间段和数量）。

●提供一个订单交付较为灵活的基础计划：在订单无法满足的情况下，可以提供权衡依据，增强订单交付的灵活性。

●协同产品级的销售和运营：主排程是产品级工厂运营与外部销售进行信息共享的窗口和平台，旨在收集实时销售数据与运营情况，达成供需平衡；而S&OP是对产品大类/产品线/产品系列/产品族的销售与运营的协同。

●支持综合生产计划和预算：主排程可以提供有关应对需求的资源的必要信息，作为总体规划的输入支持，确保综合生产计划和预算的有效达成。

3.影响主排程的要素

影响排程的要素有3点。

1）制造模式

为了让主生产计划简明高效，其计划对象的数量应该尽可能少，而制造模式的不同对主生产计划的对象有着直接的影响。

在MTS环境下，大量零部件组装成标准化产品，此时，MPS的对象是最终标准化产品；在MTO环境下，通常是少数几种材料被加工成许多不同的最终定制化产品，此时，MPS的对象是少数的几种材料。至于最终定制化产品，则是通过总装计划（Final Assembly Schedule, FAS）完成的。

ATO在本质上和MTO一样，都是在接到客户订单后才安排最终产品的生产。在ATO环境下，通常是较多种类的材料被加工成种类不多的标准化中间产品，如模块组件或部件，再由这些模块组件或部件组配出种类繁多的最终产品，因此，MPS的对象多为标准化程度较高的中间产品。MPS的最终产品的组配和MTO一样，是在接到确定的客户订单后，通过FAS完成的。严格来说，ETO也是MTO的一种变体。只是在ETO环境下，企业在接到客户订单后，首先需要根据客户特别而具体的要求，对产品进行全新设计或进行一定程度的设计变更，完成设计后，再组织生产。而设计与生产都需要计划，计划多采用项目计划形式，即更多地用到甘特图与PERT计划方法。图5-1展示的是不同制造模式下MPS和FAS的计划对象。

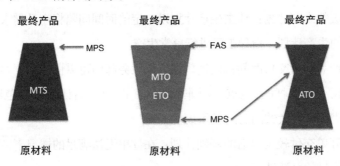

图 5-1　不同制造模式下 MPS 和 FAS 的计划对象

2）产品结构

产品结构越复杂，其背后的供应链管理也更加复杂。产品结构对主排程有较大的影响。说到产品结构，就不得不提客户订单分离（或解耦）点（Customer Order Decoupling Point），它一般指的是为了在平衡生产和快速满足客户不断变化的需求之间设置缓冲而建立的战略库存所在地，图 5-2 所示为不同制造模式下的分离点。

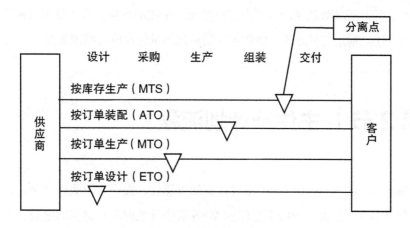

图 5-2　不同制造模式下的分离点

关于把分离点设立在供应链的什么位置的讨论要结合另一个重要的供应链概念——延迟法进行。使用延迟法的目的是通过使最终产品差异化的工序（即分离点位置）向客户端尽量靠近，提高整个供应链的效率。使分离点尽量向供应链后端靠近有利于供应商降低缺货的风险和避免持有过多暂时没有需求的库存。一些著名的时装业企业对于分离点和延迟法的应用最为典型。这些企业通常会将面料的染色延迟，同时把从这个阶段（染色）开始直到最终完成时装成品的过程作为使时装产生差异化的过程。延迟法也适用于其他产品生命周期较短的供应链。

3）计划物料清单

计划物料清单（Planning BOM）是基于历史需求规律，列出构建成品所必需的组件清单。它归纳和标注专用件的需求概率；没有工艺路线和加工顺序，不能用于制造环节，不能用于排程，也无法形成排程；主要用于协助主计划的编排。在按订单装配（ATO）的制造模式中，计划物料清单也被称为模块清单（Modular Bill）。

如今，客户对产品的要求越来越多样化，也要求交付周期越来越短。为了满足客户不同的需求，企业会根据客户的具体需求和偏好提供个性化产品。按照物料需求计划，企业需要为每一种成品制作一个独立的物料清单，但这样会使得数据重复量较大（因为有不少组件是通用的，只是在颜色、尺寸等方面会不一样），从而导致数据库体量庞大，查询速度慢，存储和维护费用高，并且供应链管理者也无法预测客户的具体需求和偏好。这个时候，我们就可以利用计划物料清单来解决这个问题。

比如某整车厂根据历史销售数据得知，70%的客户会选择自动挡，30%的客户会选择手动挡；60%的客户会选择自动座椅，40%的客户会选择手动座椅。计划物料清单可把整车产品类作为父项，把自动挡、手动挡、自动座椅、手动座椅等特征件作为其子项构造物料清单，并对子项数量字段设置上述百分比，子项的预测量等于总预测量乘以计划物料清单的百分比。通过这种方式，企业可以把总预测量转换成明细预测量。

第2节 主生产计划流程

一份编制合理的 MPS 可以增强交付计划的可靠性，提高客户服务水平，以及使产线车间活动有条不紊。相反，一份不合理的 MPS 则会导致时间和材料的浪费、产生不必要的成本、降低客户服务水平。MPS 的编制流程如图 5-3 所示。

图 5-3　MPS 的编制流程

1. 主生产计划流程的相关职责

1）主计划员的职责

在本书第 1 章计划概述中，我们已经简单了解了主计划员的工作职责，下面进行内容延展。

● 沟通产品需求计划或信息、收集产品级关键能力信息。

● 完成不同情景下 MPS 的成本分析、交付分析、资源匹配等。

● 组织生产会议并与其他部门就 MPS 达成共识。

● 与 MPS 制订、变更的利益相关者进行信息、计划的沟通。

在实际工作中，如果主计划员不能打造一个结构化的 MPS 系统，任凭综合生产计划变更、客户插单，生产车间、供应商生产现场大概率会出现低效忙乱的场景。由于主计划员对客户服务水平、物料计划、能力计划、速度等都有着重大的影响，因此其需要具备更多计划以外的知识，包括市场营销、项目管理、产品、过程控制、供应链协同、精益等方面的知识。

2）管理层的职责

管理层有以下五大职责。

●管理层需要有意识地为企业提供一定的人力资源支持，配备必要的供应链专业人才。如果管理层都不重视供应链，不重视主生产计划，主生产计划的管理不可能是健康的。

●生产或者其他资源短缺时，管理层需要保证客户的产品分配是公平的。

●确保销售和工厂平衡好现有客户服务水平和新的业务伙伴的关系，保证新老客户群体服务水平的一致性。

●尊重需求预测的严肃性，持续改善需求预测和订单优先级管控流程。

●根据企业发展状况，匹配必要的信息系统。很多企业，尤其是中小企业，"靠 Excel 走天下"。同时，IT 部门对供应链业务部门的信息体系和业务需求痛点理解的欠缺，也是阻碍企业数字化转型的一大挑战。在整体计划管理过程中，管理层的影响至关重要，前一章也提到了管理层对于 S&OP 机制落地的重要性。大多数计划管理机制的失效正是因为无流程、无工具、无协同。管理层对计划科学性的敬畏、认可、支持非常重要。

2. 主生产计划的输入、编制及不切实际的后果

1）MPS 的输入

MPS 主要输入 5 项内容。

● S&OP 生成的产品线或产品系列生产计划。

● MPS 产品的需求预测信息。

● MPS 时间范围内的客户订单信息。

●库存水平和库存目标。

●包括资源清单在内的计划数据。

MPS 与综合生产计划的关系如下。

经 S&OP 得到的综合生产计划被分解后，每条产品线的计划需求量被细分为产品线里每个具体成品的计划需求量。一般而言，综合生产计划以月为单位，但在 MPS 中，会转换成以周为单位，甚至以天为单位。表 5-1 显示了综合生产计划中产品线 x 原本 4 个月的计划量如何被分解成 MPS 中产品 A、B、C 在 4 周里的计划量。

表 5-1　综合生产计划中产品线 x 在 4 周里的计划量

时间 / 周	1	2	3	4
工作时长 / 天	21	19	21	20
计划量 / 片	24,000	20,000	24,000	22,000
主生产计划：				
时间 / 周	1	2	3	4
工作时长 / 天	5	5	5	5
产品 A 单日计划量 / 片	1,300	3,000	2,500	1,000
产品 B 单日计划量 / 片	2,200	1,200	1,500	2,500
产品 C 单日计划量 / 片	2,000	1,300	1,500	2,000
小计	5,500	5,500	5,500	5,500

2）MPS 的编制

（1）编制初始 MPS

MPS 的表格形式多样，可以使用 Excel 制作，也可以使用不同的 ERP 系统里的规范格式。此处我们使用一种典型的 MPS 表格，主要目的在于揭示 MPS 的运算逻辑与编制修订过程。

如前所述，MPS 的计划时间跨度取决于计划对象，即产品或部件的累计提前期。为了方便制表与阐述，在表 5-2 的示例中，我们假定产品的累计提前期为 6~8 周，而计划时间单位也相应地为周。通过示例，我们将学习结余数（PAB）和可承诺销售量（ATP）等的概念及计算方法。

表 5-2　MPS 表（待计划）

单位：片

产品编号		73-12345-01		计划冻结时间跨度		3 周	生产批量		100
产品描述		PCBA		计划时间跨度		8 周	安全库存		10
期间		1	2	3	4	5	6	7	8
预测需求		50	50	50	50	50	150	120	120
客户订单		44	42	58	43	36	39	20	18
结余数	0								
可承诺销售量									
计划量									

表 5-2 上半部分显示的是一些常用的计划主数据。其中计划冻结时间跨度，反映的是正常情况下，非经高层管理者批准，已经制订的计划不能随意变更的期间，而"周"就是计划时间单位。

表 5-2 下半部分显示的是 MPS 演算的主体部分。其中，预测需求来自 S&OP 的输出——综合生产计划；而客户订单则是企业从客户那里收到的已确认订单。结余数也叫在手结余（On-Hand Balance），反映了在 MPS 被正常执行时，每个期间结束时得到的产品结余数量。结余数等于上期的结余数加上 MPS 计划量，再减去客户订单量或预测需求量。可承诺销售量反映的是上期的结余数加上 MPS 计划量，再减去客户订单量，也就是可以用来向客户承诺的销售量。

MPS 计划量就是每个期间计划收到的产品数量，可能是生产的产出量，也可能是外购的进货量。MPS 计划量被默认为在每个期间开始就已经收到了。而 MPS 计划量本身就是 MPS 的结果，即当某个期间的结余数为负时，企业就会相应地做出计划，以保证在此期间开始时，就能够有一批产品生产完成或采购到位。

对于 MPS 中的时界概念，后面讲 MPS 的稳定性时会详细介绍。

下面我们继续以表 5-2 为例来学习 MPS 的计划逻辑与过程。

首先，根据预设的计划主数据及从 S&OP 输出的需求计划数据，我们可以计算出每个期间的结余数，当期间结余数小于安全库存数量时，就需要在此期间增加 MPS 计划量。

结余数的计算方法因时界（Time Fence）的不同而有所不同。

在需求时界以内，结余数 = 上期结余数 + MPS 计划量 − 客户订单数量。

在需求时界以外，结余数 = 上期结余数 +MPS 计划量 −max（客户订单数量，预测需求量）。

以表 5-2 中的期间 1 为例，结余数 =0+0−44=−44。结余数显然小于安全库存数量 10，因此需要增加 MPS 计划量。由于生产批量要求是 100，所以期间 1 需要增加 100 个 MPS 计划量。重新计算结余数，得到结余数 =0+100−44=56，大于 10，继续期间 2 的计算。

期间 2 的结余数 =56+0−42=14，大于 10，继续期间 3 的计算。

期间 3 的结余数 =14+0−58=−44，远小于 10，加入一个批次的 MPS 计划量，重新计算期间 3 的结余数 =14+100−58=56，大于 10，继续期间 4 的计算。（注意：期间 4 已经处于需求时界以外，公式有变。）

期间 4 的结余数 =56+0−max（50,43）=6，小于 10，增加 MPS 计划量，重新计算结余数 =56+100−max（50, 43）= 106。

参照上面的方法，依此类推，可以得到初始 MPS。

接下来则计算尚未被客户订单占据、可承诺销售量（ATP）。

第一个计划期间的 ATP 等于期初结余数加当期 MPS 计划量，再减去下一次出现 MPS 计划量之前所有期间的客户订单数量，如表 5-3 所示。

期间 1 的可承诺销量 =0+100-44-42=14。

这里计算得到的 14 个可承诺销量实际上是期间 1 和期间 2 一共可以向客户承诺的销售量，而下一个结余数的计算应该发生在下一次增加 MPS 计划量的期间，即期间 3。并且，除了期间 1 要加上期初结余数之外，之后的所有计划时间跨度内各个期间的结余数的计算中，用 MPS 计划量减去下一次 MPS 计划量之前所有期间的客户订单数量即可。

表 5-3　MPS 表（计划初稿）

单位：片

产品编号		73 – 12345 –01		计划冻结时间跨度		3 周	生产批量		100
产品描述		PCBA		计划时间跨度		8 周	安全库存		10
期间		1	2	3	4	5	6	7	8
预测需求		50	50	50	50	50	150	120	120
客户订单		44	42	58	43	36	39	20	18
结余数	0	56	14	56	106	56	106	86	66
可承若销售量		14		42	21		161	80	82
计划量		100		100	100		200	100	100

（2）检查初始 MPS 的可行性

这一步首先计算出完成 MPS 对瓶颈工序、工位或产线的产能需求，然后与相应工序、工位或产线的可用产能进行比较，以识别和验证达成初始 MPS 的可行性。另外，这种比较既需要在整个计划时间跨度里进行总体检查，也需要在每个期间里进行单独检查。

假设示例中所对应的产线每周的最高产能是 100 件 PCBA，则整个计划时间跨度共 8 周的总产能为 800 件，而 MPS 需要的产能是 700 件，因此总体检查的结果是可行的。

但是，当我们继续进行每个期间的单独检查时，就会发现期间 6 产能不足，需要予以解决。解决方法可以是调整 MPS，顺从可用产能；也可以通过安排加班等方法来增加产能，解决产能不足问题，从而维持 MPS。

（3）解决产能问题，更新 MPS

如在本例中，可以将期间 6 的计划量的一半，即 100 件的 PCBA 提前到期间 5，以解决产能问题，并得到更新后的 MPS 表（见表 5-4）。

表5-4 更新后的 MPS 表（计划修正稿）

单位：片

产品编号	73 – 12345 –01		计划冻结时间跨度		3 周	生产批量		100
产品描述	PCBA		计划时间跨度		8 周	安全库存		10
期间	1	2	3	4	5	6	7	8
预测需求	50	50	50	50	50	150	120	120
客户订单	44	42	58	43	36	39	20	18
结余数 0	56	14	56	106	156	106	86	66
ATP	14		42	57	64	61	80	82
MPS 计划量	100		100	100	100	100	100	100

当然，在本例中，假设没有任何期间有多余产能来平衡期间6的产能不足问题，也可以通过库存调节法，即允许期间6的结余数低于安全库存，或者考虑加班加点、外协分包的方式弥补产能的不足。

（4）MPS 审批与发布

将可行的 MPS 提交批准并颁布实施。对于 ATO、MTO 等制造模式而言，MPS 经批准发布后，还会有一个总装过程，即在接到客户订单之后，按照承诺的产品交付日期来排定加工好的模块组件、零部件、半成品，并将其组装成最终客户所需产品的过程。总装计划对计划期内所要总装的产品给出了更为确切的时间和数量等信息。

（5）MPS 过程中的输出

编制 MPS 过程中的输出主要包括以下内容。

● 针对每个最终独立产品的 MPS。

● 确保完成 MPS 所需的产能计划，这里特指粗能力计划（RCCP）。

● 对客户订单的交付承诺。

● 解决供应与需求不匹配问题的计划。

3）不切实际的 MPS 的后果

大家都知道，制订计划需要符合 SMART 原则，计划必须是具体的（Specific）、可以衡量的（Measurable）、可以达到的（Attainable）、具有相关性的（Relevant）、有明确的截止期限的（Time-Based），常见的不切实际的 MPS 的后果如下。

超负荷的 MPS 导致客户服务水平下降。比如计划员在排产的时候，根据客户需求、产能负荷等因素，没有做好供需平衡，导致 MPS 实施时，出现超负荷的局面，继而导致客户交付出现问题。

过大或者过小的时间跨度，有可能导致插单和物料订货提前。比如 MPS 的时间跨度太大引起的需求的波动导致生产可能受到插单等因素的影响；如果 MPS 的时间跨度过小，会导致采购订单要求的交付时间短于正常的供应商准备时间，从而倒逼采购部门提前订货。

3. 主生产计划的稳定性

1）MPS 变更的 3 个关键要素

第一，企业要遵从结构化计划流程的纪律性。如果没有执行严格的计划流程，计划势必会受到内外部不确定因素的影响，从而导致计划频繁变更。

第二，企业实现交付承诺的目标。MPS 源自主排程，主排程源自 S&OP，S&OP 服务需求管理。稳健的客户服务水平是企业的首要目标。

第三，MPS 中产品需要的时间和数量的变化。一个成熟的 MPS 势必会在变化太多和太少之间找到平衡，如果变化太多，会导致整体运营系统过于紊乱，对于上、下游协同的挑战较大，从而影响整体产出；如果变化太少，比如一个月更新一次，对于新增需求则会缺少足够的反应，从而导致较低的客户服务水平，增加库存负担。稳定的 MPS 产出稳定的装配计划，利于提高运营效率，降低协同成本，供应商交付速度也会显著提升。保持MPS 的稳定，则需要有时界（Time Fence）和时区（Time Zone）的概念。

2）MPS 的 3 个区间

在 MPS 中，设定时界是管理层要做出的决策。其目的在于增强计划的稳定性，并为计划变更创建规则。MPS 通常有两个时界：需求时界（Demand Time Fence，DTF）和计划时界（Planned Time Fence，PTF）。由近及远，计划可以划分为 3 个时间区间：冻结区、灵活区、自由区。时间区间之间的分割点就是时界，处在不同时间区间的客户需求，其修改和管理的政策是不同的。离当前时间越近的时间区间，其订单的更改就要求更高级别的领导进行审批。

这里请注意，灵活区的订单对应的材料和资源没有像冻结区那样完全锁定，可能可以更新。下面用一个案例帮助大家更好地理解时界和时区的概念。

我有一批产品需要找工厂加工，我需要知道这批产品什么时候可以开始加工，什么时候完工，工厂老板回复我：本周不能帮我安排，因为车间已经做好安排，在加工别的客户的产品；下周还有富余产能，如果今天给他付全款，他就帮我买原材料，看能不能在下周帮我紧急生产；如果我今天付不了全款，只付定金的话，两周后才能开工，如图5-4 所示。

注：本案例中，我们假设采购提前期可忽略不计，生产周期是 1 周。

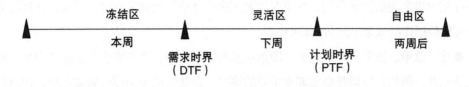

图 5-4　MPS 的 3 个区间

本周为冻结区，下周为灵活区，两周后为自由区，这些区间被 DTF 和 PTF 拆分。DTF 常常与产品的总装提前期一致，也可以大于总装提前期。PTF 常常与产品的累计提前期一致。由于 DTF 和 PTF 都与具体产品的提前期相关联，因此，DTF 和 PTF 都是动态的数据，随着产品的变化而变化。在当前时段，如果某个产品的计划加工和装配时间小于 DTF，则表明该产品已经处于加工和总装阶段，原材料已经投料。因此，一般情况下，该产品的 MPS 是不能轻易调整的。

在当前时段，如果某个产品的计划加工和装配时间大于 DTF 且小于 PTF，则表明该产品还没有处于加工和总装阶段，但是该产品所需的原材料、毛坯件已经开始采购了。这时，该产品的 MPS 不能由 ERP 系统自动调整；如果需要调整，应该由 MPS 计划员来手动调整。同时，如果某个产品的计划累计提前期大于 PTF，那么表明该产品处于没有开始采购和加工的阶段。这时，该产品的 MPS 可以由 ERP 系统根据变化自动调整。

3）3 个区间变更的管理方法

冻结区：别的客户的产品在加工了，不能插单。冻结期内，需求基于客户订单，产能和物料已经提交给特定订单。改变特定订单将产生连锁反应，并导致其他订单交付时间延迟。冻结区变更需要高级管理层的批准，重新安排和执行额外的计划将会产生额外的成本。

灵活区：灵活区的变更大家可以协商，这个时间范围内，有确定的需求订单，也有富余产能，如果来了优先级更高的订单（今天付全款），就可协商安排生产。

自由区：自由区内安排的任务都是待定的订单，其变更完全可以根据市场的需求来安排。在计划时间范围之外，只要与 S&OP 一致，对于制造或购买部件的 MPS 进行变更是很容易的。此时的需求通常主要由预测而非实际订单构成。

4）MPS 流程优化

MPS 流程优化主要方式如下。

●在不同的制造模式中使用时界。比如在冻结区范围内，插单或者其他变化都会扰乱生产。通常，在 MPS 的早期，大部分的需求由客户订单构成，因此，变更 MPS 时，往往会导致现有订单向后推延，计划变更成本高昂；计划变更灵活区所对应的区域就是需求时界与计划时界之间的计划期间，变更时需要在客户订单与预测之间做出权衡，并且要考虑变更可能给运作绩效带来的负面影响。

●建立急单、插单的批准标准，即企业根据客户价值、潜在增长机会建立急单、插单的批准标准。例如，如果是企业非常重要的客户，企业应该考虑接受紧急订单，但是接单条件应该纳入标准，进行标准化管理。

●在 MTS 环境中，灵活调整库存水平优化 MPS。较低的库存水平，在客户需求不稳定的情况下，给 MPS 带来的挑战非常大，这时可以根据客户的重要性及供应链的不确定性程度，考虑调整库存水平，比如，在一个需求波动较大的环境下，我们应该根据波动的水平计算安全库存。

●在 MTO/ATO 环境中，平衡积压订单与产能成本是关键。具体地说，应考虑企业期望积压订单、客户愿意等待交付的时间、是否投资新设备或外包的平衡关系。

●主动应对变化。借助精益供应链和敏捷供应链的管理手段来应对，例如通过加快 MPS 批准时间来对市场变化做出快速反应。

●工程变更通知书（Engineering Change Notice，ECN）管理。它是很多企业在主计划流程方面备受影响的一个环节，一个 ECN 会涉及生产、研发、工艺、质量、采购、仓库和计划等多个部门，ECN 必须与 MPS 进行协同。

| 第3节 | 物料需求计划功能

MPS 是 MRP 的输入，MRP 是基于 MPS、BOM、库存、计划参数等一系列内容而制订的一个短期计划。MRP 的结束标志是计划员在 MRP 系统中释放采购和生产订单，这些释放的订单作为采购和排产计划的输入；采购和排产计划是生产和采购订单发出之前制订计划的最后阶段，在所有物料和产能方面的短缺问题都得以解决后，企业才可以下达订单、批准生产。企业通过这两个短期计划来确保对物料和产能的需求得以满足，同时增强计划执行的经济性。

1.需求类型与计划流程

1）独立需求和相关需求

在供应链管理的情境中，需求至少有两个层面的含义。其一，需求可以是在未来的某个时期内，在某种价格水平和质量要求下，企业的客户购买某种特定产品或服务的意愿与能力，通常称为独立需求（Independent Demand）；其二，需求是企业为了满足客户的需求而提出的需求，即企业为了提供客户所需要的特定产品或服务而产生的、对其他产品或服务的需求，通常称为相关需求（Dependent Demand）。

2）需求与计划的关联

对于独立需求，企业可以通过客户的询盘或客户订单等方式来获取相关信息，也可以通过预测的方式提前判断，进而形成相应的需求计划和供应计划，以便最大限度地做到按照客户所期望的交付数量、时间、地点完成交付。

对于相关需求，企业则是按照一定的逻辑，展开或拆解独立需求，从而形成一系列的对下层多级原材料、部件、组件或服务的需求，及相应的需求计划，再由内部或外部供应商按照该需求计划中所要求的时间、数量和地点，制订在既定的资源约束条件下、尽可能满足需求计划的供应计划，并完成供应。

3）服务零件计划

对于一个生产投影仪的企业，客户会出于维护维修等需要对镜头或电源线等服务零件 / 维修配件（Service Part）产生直接的需求。企业在进行预测和制订需求计划时，要对服务零件的需求加以预测和考虑。在这种情况下，这些物料可能存在同时具有相关需求和独立需求的情况。

这时会出现一个问题，那就是当采购人员下单，供应商将该零部件送货上门时，如何对用于成品组件的生产物料需求与服务零件的需求进行拆分。在一些企业中，服务零件售后部门本身就是一个独立的成本中心，并且会把服务零件的需求预测维护纳入 ERP 系统。企业为了把生产物料和服务零件区分开，一般会在该零件的生产物料料号后面，添加"-01"这个后缀表示服务零件料号。比如，某成品组件的生产物料料号是 PN001，那么它的服务零件料号就是 PN001-01。销售团队提出服务零件需求，服务零件团队会在系统里用服务零件料号下单、跟踪原料到货并安排后续发运。

2. 物料需求计划的目标

MRP 的主要目标是，最终产品的需求量和需求时间通过 BOM、在手库存、在途库存、计划参数转变为原材料采购的需求量和需求时间。

我们需要通过 MRP 确保正确的物料在正确的时间有正确的数量可用，这样才能满足企业的生产需求。MRP 的作用是确定需要用什么部件来满足 MRP，并且根据交付周期计算部件必须到手的时间。通过 MRP 企业可以知道，为了满足客户需求，需要买多少材料，什么时候下单给供应商，什么时候安排发运。此外，因为原材料的供应和需求是动态的，所以 MRP 还需要具备更新订单的功能，比如删减订单、增加订单、前移订单或者延期订单、取消订单等，设置订单的优先级，以确保结果符合公司的规划预期。

3. 物料需求计划对数据可靠性的依赖

MRP 运行有四大要素：BOM、库存、计划参数及 MPS 的输入。不少企业在实际运营时，MRP 并不能顺利运行，主要原因是前面提到的四大要素的质量不高。

● BOM 的准确性。BOM 是所有 MRP 系统的基础，如果 BOM 有误，则所有物料需求都会不准确。BOM 不准确，一般是因为缺乏 BOM 的业务管理流程、规范出现缺失，比如产品定义和生效时间不准确，或尽管有业务流程和规范，但是缺乏专业的数据维护人员。通过收集和沉淀 BOM 的错误信息，成立 BOM 数据问题工作组，部门之间协同处理，可以有效增强 BOM 的准确性。

● 库存准确性。库存准确性指的是 ERP 系统的库存账和实物盘点账一致。非正常领用、记账差异、异常损耗、BOM 不准确等都会影响库存准确性。目前比较成熟的 WMS可以解决账实不符的问题。

● 计划参数准确性。再订货点、批量大小、报废率、采购类型（物料是自制还是外购）、交付周期、安全库存等参数如果没有维护，或者维护错误，MRP 运行后的结果将没有太大的参考价值，所以企业需要设置管理计划参数准确性的机制或指标，从执行层面重视数据的可靠性。例如，笔者之前所在的企业是有物料主数据精准度（Item Parameter Accuracy）这个绩效指标的。

● MPS 的输入。运行 MRP 的第一步是确定成品的 MPS，即确定在未来的一段期间内，何时生产何种成品。对于绝大部分企业来说，MPS 都是非常关键的一步。根据综合生产计划，我们需要对 MPS 的结果进行评估，如果评估后，发现产能不足或存在其他情况，则需要调整计划，对 MPS 再次进行评估，调整得到确定的 MPS 后，根据 MPS 运行MRP，得到原材料的采购计划、半成品的生产计划。

| 第 4 节 | 物料需求计划流程

1. 物料需求计划与物料清单的相关内容

1）MRP 的输入

一个好的 MRP 系统至少需要具备两大能力：一是确定需求的能力，即准确地计算出需要什么、何时需要、何时订购、何时完成或交付的能力；二是灵活应变的能力，即在出现急单、订单变更、材料短缺、供货延期、设备故障等状况时，能够给出生产 / 采购订单增加、取消、推迟或变更的建议或提示。

从上面的描述可以知道，MRP 的正常运行主要需要以下 4 个方面的数据和信息（输入）。

● MPS，提供最终产品的需求量和需求时间。

● BOM，描述完成一个单位最终产品所需的材料及数量。

● 库存记录，提供可用库存的相关数据，包括在手的库存和在途的库存。

● 计划参数，包括经济生产量 / 订购量，生产 / 采购提前期，报废率、产出率、安全库存等信息。

2）MRP 的逻辑与输出信息

MRP 是基于 MPS、BOM、库存记录及预设的计划参数计算完成的有关 MPS 需要哪些半成品、零部件、原材料，需要多少数量，以及需要多长时间等的计划。这些完成 MPS 所需的半成品、零部件、原材料既可以内部生产，也可以外部采购。

MRP 的逻辑主要就是 BOM 展开和交期反推：将 BOM 层层展开，根据最上层成品的需求，由上往下或由下往上（逆向 BOM，后续会有介绍）算出每一层的物料需求，最终汇总；然后根据每个物料的交货周期反推下单时间，如图 5-5 所示。

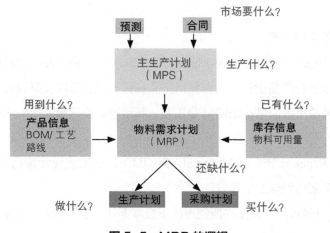

图 5-5 MRP 的逻辑

MRP 的输出信息：对于内部生产的材料，MRP 会给出建议的生产开始时间、加工工艺路线和生产结束时间；对于外部采购的材料，MRP 会给出建议的采购订单下达时间和所需到货时间；另外，对于计划开始时间或结束时间明显不可行的未完成订单，MRP 也会对其开始时间或结束时间给出新的建议。

3）物料清单

一份 BOM 上会列出完成一个单位的最终产品所需要的所有模块组件、零部件、原材料，以及所需的数量等信息。在实践中，每个最终产品、模块组件、零部件和原材料通常都会被赋予唯一的识别号，其因企业不同，而被称为产品编号、零件号、部品番号、材料号等。

对于一份只列出构成一个单位的最终产品下面一层材料的 BOM，称为单层 BOM；而把构成最终产品所需材料的构成结构顺序列出的 BOM，称为多层 BOM。图 5-6 是一份多层（两层）BOM 的示例，这种 BOM 的表现形式也被称为产品树。

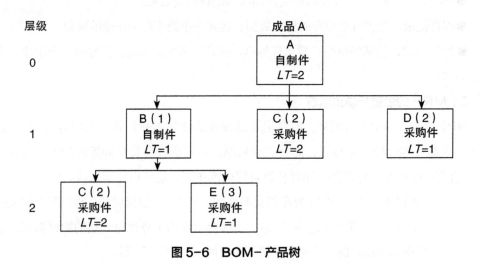

图 5-6　BOM - 产品树

（1）BOM 的不同分类

工程 BOM（Engineering Bill of Material，EBOM）：由产品设计部门根据客户订单或者客户设计要求进行产品设计，内容包括产品名称、产品结构、明细表、汇总表、产品使用说明书、装箱清单等信息；EBOM 是工艺、制造等其他后续部门的应用系统所需的产品数据的输入。

工艺 BOM（Process Bill of Material，PBOM）：是工艺设计部门基于 EBOM 的数据确定的，包括工艺计划与工序等信息。

单层 BOM：只显示某一装配件所使用的下级零部件，该 BOM 只包含一个父级和它的直接子级或组件。

多层 BOM：显示某一装配件所使用的全部下级零部件，显示直接或间接用于父件的所有部件，以及每个部件的所需数量，能完整地表示产品的多级结构。

正向 BOM 和逆向 BOM：正向 BOM 是指 BOM 从成品到原材料逐级创建，如拖拉机装配的 BOM；逆向 BOM 是指 BOM 从原材料到成品逐级创建，如石油炼化 BOM。

基本 BOM 和客户化 BOM：基本 BOM 为标准产品清单，不包含客户额外选配的零部件；客户化 BOM 有两个含义，一是指从所有产品中筛选出客户订购的产品目录，二是指客户订购的具体规格产品的明细表。

BOM 虚拟件与 BOM 实件：BOM 虚拟件简言之，就是实际不存在的物品，在图纸与生产加工中都没有实际对应的物品；BOM 实件即实际存在的物品，在生产加工中有实际对应的物品。

虚拟件存在的意义在于：减少编制 BOM 的工作量，很多组件有共同的零件，把这些共同零件用一个虚拟件作为它们的父件，这样不需要对每一个组件分别管理零部件，而只需要管理一个虚拟件；节省数据库资源和空间，避免了大量数据重复；结构清晰，管理方便。

产品配送 BOM（Kitting BOM）：Kit 原意为工具包，采用 Kit 的这种理念，将物料配成工具包，就是根据工作站的物料需求打包配送物料，目的是使该工作站物料齐全配套、利于识别和使用，降低供应链成本，同时防止生产线装错物料。

标准件 BOM：指完全由标准件组成的 BOM。

计划 BOM（Planning BOM）：由普通物料清单组成，仅用于某些模块的预测，尤其用于预测由不同的产品组合形成的新产品 / 产品系列，是为了简化 MPS 流程而设置的。

（2）BOM 的 6 个用途

BOM 是制造型企业应用得最广的一种文件，其用途十分广泛，包括以下 6 个方面。

● BOM 里明确了生产某种产品所需的模块组件、零部件和原材料。

● BOM 对工程变更起控制作用。产品设计发生变更时，所用到的模块组件、零部件和原材料也会发生变化，这些变动需要加以记录与控制，BOM 就是对此进行记录与控制的一种工具。

●用于最终产品维修、维护的服务零件 / 维修配件，也需要 BOM 来进行记录和识别。

●用于进行生产与物料计划。

●在可选项很多的配置型产品进行订单录入和生成时，BOM 可以用来构建客户所需的定制产品。

● BOM 还可以用来做成本核算。产品销售成本通常由直接材料、直接人工、间接制造费用三大部分组成。BOM 不仅是明确产品构成的直接材料的一种方式，而且可以用来记录所需的直接人工及分摊的间接制造费用等信息。

4）BOM 的追踪

有两个与 BOM 关系密切的术语——何处使用与需求溯源。

何处使用（Where-Used）：与 BOM 内容相反的一张表，BOM 列出的是某个上层产品需要的所有下层材料的清单，而何处使用列出的是所有会使用到某个材料的上层产品（不仅包括直接的上层产品，还包括上层的上层，直到顶层，即 0 层）。

需求溯源（Pegging）：也是一张表，与何处使用很近似，不同的地方在于，这张表里罗列出来的，是所有对某个材料有真实的或计划的需求的上层产品，以及每种上层产品对每种材料的需求量和需求时间。

5）库存量

现有库存：一般是指所有仓库中可用的良品实物的库存数量。

已分配库存：该部分库存已分配给特定订单，只是尚未从仓库发往产线。例如，某物料在 ERP 系统中显示有 100 件的库存，车间接到一张工单，需要用到 60 件该物料，然而这几天仓库暂时没有把这 60 件物料发往产线，这些物料都还在仓库里，尽管 ERP 系统显示该物料的库存为 100 件，然而其中有 60 件已经被分配，无法使用。

在途库存：指的是在特定时间内预计将要收货的物料数量。

6）计划参数

批量大小（Lot Size）：用来确定在物料需求计划中使用哪个批量形式来采购物料。

提前期（Lead Time）：指产品或零件在各工艺阶段投入的总时长，是生成采购订单和生产工单的重要数据。

成品率（Yield Factors）：是指生产企业在生产产品的过程中，根据产出的合格成品情况与核定的产品材料总投入量所确定的一定比率关系，简单点说就是，投入 100 套原材料能产出多少套成品。

报废率（Scrap Factors）：一个子件在被用来制造父件的过程中，变成不良品的概率。同一子件用来生产不同父件时可能有不同的报废率，所以报废率需要定义在相应的 BOM 中，并且它被 MRP 用于计算子件的总需求。

安全库存水平（Safety Stock Level）：是指为了防止不确定因素（如突发性大量订货或供应商延期交货）影响订货需求而准备的额外库存。

7）BOM 的订货、订单类型

MRP 中的 7 种典型订购策略如下：

●批对批。就是需要多少就下多少数量的生产或采购订单。该策略一般用于高价值、高复杂度、通用性低的材料。作为订购策略而言，准时制是批对批的一种极致形式。

●批量订货。就是根据最小订购量（Minimum Order Quantity，MOQ）、经济订购量（Economic Order Quantity，EOQ）或经济生产量（Economic Production Quantity，EPQ）等，下达一定数量的固定批量订单。该策略一般适用于低价值、通用性强、需求总量较稳定的材料。

●周期订货。就是根据计划期内的需求及经济订购量/生产量计算得到一个间隔周期，或者按照人为设定的间隔周期来下达采购或生产订单。该策略适用于高价值、需求变动具有可识别的周期性、交付提前期较长的材料。

●再订购点。就是基于采购或生产所需的提前期，以及提前期内的平均需求，计算得到一个最低库存保有量点。再订购点可能包括安全库存数量。这个策略通常与批量订货结合使用，适用于需求变化大、断货成本高昂的材料。对于高价值材料，需要同时控制断货与库存成本时，可以考虑设置最大库存水平。

●安全库存。即长期保持的、应对因需求或交付不确定而产生断货风险的库存。一般用于价值不高、通用性强的材料。

●最大库存水平。就是为了管控过多库存产生的成本及风险而设定的某种材料的最高库存数量。这个策略通常与周期订货策略结合使用。适用于价值高、提前期长的材料。

●批量增量。订购量大于最小订购数量时的最小订购增量。一般来自最小包装单位，从精益的角度来看，理想的批量增量是 1。

8）MRP 中的订单类型

MRP 输出的订单主要有 3 种类型，即计划订单、下达订单和锁定计划订单。

●计划订单。该订单由系统自动生成和控制，通过上述 MRP 运算产生，含有数量和计划下达时间等信息。

●下达订单。该订单由计划员手动控制，可以将计划订单的下达日期提前、推后，甚至取消计划订单。计划订单手动下达后就该变为未完成订单（Open），并在 MRP 中显示为已计划的下达（Scheduled Release）。

●锁定计划订单。系统自动生成的计划订单会随着外部需求的改变而在订购数量和时间上自动发生改变。计划员可以根据需要和判断选择一些计划订单，将其锁定，即不让计划订单的数量和时间被系统自动改变，此时，计划订单就成为锁定计划订单。

9）如何锁定订单在管理上的价值

锁定订单意味着该订单的数量和时间都已锁定，系统不会自动改变它。锁定订单的价值在于能有效降低由于紧急订单等外界因素所导致的生产需求波动。

根据 MRP 的运算逻辑，一般是系统自动生成计划订单，然后计划订单形成下一个级别的需求，当相关条件发生变化时（比如客户延迟或者取消订单等），该计划订单可能会被系统修改或取消；而锁定订单如前面的定义所述，系统不能修改它，只能让负责该计划项目的计划员来修改。锁定订单的好处在于，无论 MRP 的参数、订购策略等设置得如何缜密、科学（事实上，很多企业在这方面做得并不完善），我们在日常生产运营中，还是会遇到很多意想不到的情况，这时就需要计划员对计划订单进行人工干预。比如计划员收到总部通知，某原材料近期会出现较大的供应风险，根据正常的交付周期和现有库存，将无法规避这个风险，所以需要立即提前下达采购订单；再如客户订单需求一直在变，为了降低这种需求变化导致的波动，计划员也可以采取锁定订单的方式。

2. 产能核定

与 MPS 一样，MRP 也需要进行可行性检查，这个过程中使用的检查工具为产能需求计划（Capacity Requirements Planning，CRP）。如果现有产能可以满足计划所需的产能，则表示 MRP 是可行的；否则，需要进行 MRP 调整或者找出增加产能的方法，比如加班加点、外协分包等，或者修改优先权计划。CRP 在本书第 6 章中会详细讲述。

3. 实施物料需求计划的流程

物料需求计划的实施包括以下几个步骤。

●需求导入。需求来源包括客户订单、客户需求预测、内部使用、内部调拨、促销展品需求、工程样品需求等。通常这些需求都由 MPS 输出。

●计算毛需求数量。即通过 BOM 展开的方式，将所有外部需求转化成对下层材料的毛需求，并按照计划期间进行汇总。

●计算净需求数量。净需求 = 毛需求 ÷（1- 废损率）- 现有库存 + 安全库存 - 预期收货库量 + 已分配量。

●计算计划订单数量。即根据不同的订购策略，将净需求数量转换成订单数量。有 MOQ/EOQ/EPQ 和批量增量的要求时，计划订单数量的计算方法如下：计划订单数量 =MOQ/EOQ/EPQ +max［（净需求 - MOQ/EOQ/EPQ）/ 批量增量］× 批量增量。

●确定计划订单下达。即根据提前期，通过时间位移（Offsetting）的方法，获得计划订单下达期间。

●再次生成。MRP 的再次生成大致有两种方式：第一种方式是对库存信息进行重新计算，同时覆盖原来的数据，生成的是全新的 MRP；第二种方式则只是在制订、生成

MRP 的条件发生变化时（比如库存水平降低、来新订单），才相应地更新 MRP 有关部分的内容。

|第 5 节|　排产系统

1. 排产方法

排产的方法有很多，但都是基于以下 6 种基本的排产方法演变出来的。

1）顺推排产法

顺推排产法（Forward Scheduling），就是以接收到需求订单的日期为起点，订单执行与交付日都基于这个起点向未来展开，计算出满足需求所需要的总时长。利用这个方法，企业可以明确对客户承诺的交货时间，或者用来识别可能落后于需求日期的订单，并找出对策。

2）倒推排产法

倒推排产法（Backward Scheduling）与 MRP 的运算逻辑一样，就是将客户要求的交付日期作为计划起点，再参照加工流程，从完成最后一个工序所需要的加工时间往后推，得到最后一道工序的开始时间，接着按工序顺序，得到第一道工序最晚的开始时间，直至推出所有材料的最晚订购时间。应用倒推排产法可以降低库存水平。

3）无限产能排产法

无限产能（Infinite Loading）排产法就是排产时，首先不考虑每道工序或作业中心的可用产能，而按照计划逻辑将生产任务分配到每道必需的工序中，然后再用作业中心的可用产能来检验排产的可行性，并进行必要的调整。

4）有限产能排产法

有限产能（Finite Loading）排产法是指制订排产计划时，只在每道工序里排入不超过可用产能上限的生产任务。为了达到完成订单总耗时最短的目标，在排产时，可以利用重叠法和分割法来缩短订单的生产周期。

5）重叠法

重叠法就是尽可能不用等待前道工序完成，就能将部分产品转移到下一道工序进行加工的排产方法。这样可以缩短工序时间，包括排队时间、等待时间等在内的不增值时间，以及减少工序间的在制品库存，从而缩短整个订单的生产周期。

6）分割法

分割法则是在可能的情况下，尽量将一个订单分割成几部分，分别利用功能相同的多台设备或在多个工位进行加工，以提高设备的利用率和缩短整个订单的生产周期。

排产时，需要了解一个订单所经过的各个作业中心或工序中可用产能最少的瓶颈所在，并最大化地使用瓶颈工序的可用产能。其他工序的工作量安排要以瓶颈工序的生产能力为依据，避免过度生产而导致产品库存堆积带来的浪费和混乱。为了促成瓶颈工序可用产能的开工率最大化，企业通常需要在瓶颈工序之前的工序中储备一定的在制品库存，即所谓的时间缓冲库存。

2. 单工序排产法

在进行排产时，需要对出货时间、订单大小、客户重要性等因素进行综合考虑，并做出优先顺序。一般来说，排产以客户满意度最大化、设备/人员闲置时间最小化、完成所有订单总耗时最少、加工总成本最低等为目标。因此，在排产时，企业会遵循重要客户订单优先上线、需求先到先上线、到期日最早的先上线、工期最短先上线等原则进行安排。表 5-5 所示为常用排产原则及含义。

表 5-5 常用排产原则及含义

排产原则	含义
最短加工时间	选择加工时间最短的工序
最长加工时间	选择加工时间最长的工序
最早到期日	选择具有最早交货期的工序
先到先服务	选择工件队列中最先到达的工序
最少松弛时间	选择具有最少松弛时间的工序（松弛时间指距到期日的剩余时间与剩余加工时间的时间差）
最少剩余工作量	选择剩余加工时间最短的工件的工序
最多剩余工作量	选择剩余加工时间最长的工件的工序
最多剩余工序	选择剩余工序数最多的工件的任务
最少剩余工序	选择剩余工序数最少的工件的任务
最小关键比	选择关键比最小的任务（关键比是指交付剩余时间和加工剩余时间的比值）

3. 多工序排产法

典型的多工序排产法有约翰逊（Johnson）规则、关键工作法、Palmer、Gupta、CDS、NEH 和杰克逊（Jackson）算法等各种启发性排产算法，以及规划求解等高级算法，以达到最优排产目的。

约翰逊规则：多个产品以相同的顺序在两台设备上或经过两道工序加工完成，被称为流水作业（Flow）排产问题。约翰逊规则的具体用法如下。

首先，为需要进行排产的多个产品建立一张加工时间表，如表 5-6 所示。

表 5-6　加工时间表

单位：分钟

工序	产品				
	A	B	C	D	E
第一道工序（#1）	8	10	7	3	7
第二道工序（#2）	5	9	9	6	4

接着，从该表中找出最短加工时间所对应的产品及工序。在此例中，最短加工时间为 3 分钟，对应的产品是 D，对应的工序是第一道工序（#1）。出现这种情况时，就将产品 D 作为第一个上线加工的产品。假设最短加工时间发生在第二道工序上，就把对应的产品作为最后一个上线加工的产品。比如，在此例中，除了 3 分钟以外，最短加工时间是 4 分钟，对应的产品是 E，对应的工序是第二道工序（#2），因此，产品 E 就应该放在最后加工。

如上，确定 D 产品第一个进行加工，E 产品最后进行加工后，再在剩下 3 个产品中找出加工时间最短的及其所对应的产品与工序，并按照上面的方法排序，逐个类推，直到将所有产品排序完成。在此例中，5 个产品的排序为：D-C-B-A-E。

应用约翰逊规则排序完成的产品总加工时间最短，即设备 / 工序的利用率最高。需要注意的是，应用这个规则得出的最佳排序只是一个充分条件，而非必要条件，也就是说，可能存在用其他的排序方法得出的总加工时间与应用约翰逊规则是一样的情况。比如，应用 Palmer、Gupta、关键工作法等排序法得出的总加工时间可能也是最短的。

当多个产品要经过 3 台设备或 3 道工序以上才能完成加工时，可以基于约翰逊规则，利用坎贝尔（Campbell）、杜德克（Dudek）和史密斯（Smith）3 人合作提出的启发性排产算法，即 CDS 进行解决。具体方法这里不赘述，有兴趣的读者可以通过相关生产计划类教材进行了解或详细学习。

另外，假如多个产品经过多台设备或多个工序进行加工，但加工的顺序并不相同时，被称为车间间断式（Job Shop）排产问题。这种情况下的排产问题无疑是非常复杂的。在实践中，同样是以约翰逊规则为基础，采用杰克逊算法，就能够对此类排产问题进行有效解决。此外，理论界还有整数规划求解法、分支界定法等多种可行的算法。

4. 流水线排产法

流水线的排产相对比较简单，只需根据计划日产量或班产量、流水线每天的轮班数、流水线的工序数和作业中心数量、产品在每道工序的额定工时、工序间的流转批量、流水线上的可用生产员工人数、每条流水线在轮班内的休息次数和工作时间等信息，保证在整个工作时间内，流水线按照预定节拍进行重复性生产，具体步骤如下。

● 根据产量需求和可用工作时间确定生产节拍。
● 确定合理的生产循环周期及每个生产循环周期内的产量。
● 确定每个生产循环周期中各个作业中心的产量和负荷。
● 计算生产循环周期内各个作业中心所需的人工数量。
● 确定每个作业中心的工作起止时间和人工负荷。

图 5-7 所示为 1U 交换机组装线排产计划。

流水线名称			日产量		每日轮班数量		每班工作时间		生产节拍		流转批量		生产循环周期		生产循环产量	
1U交换机组装线			120	件	1	班	8	小时	4	分钟	单件流		120	分钟	30	件
工序号	标准工时	作业中心	工作时间										生产循环周期内的生产量		员工编号	人工负荷
#	(分钟)	#	10	20	30	40	50	60	70	80	90	100	110	120	#	%
1	3	01	90分钟											30	001	100.0%
2	4	02	120分钟											30	002	100.0%
3	9	03	117分钟											13	003	97.5%
		04	117分钟											13	004	97.5%
		05	36分钟											4	005	95.0%
4	6.5	06	117分钟											18	006	97.5%
		07	78分钟											12	005	95.0%
5	4	08	120分钟											30	007	97.5%
6	5	09	120分钟											24	008	100.0%
		10	30分钟											6	001	100.0%

图 5-7　1U 交换机组装线排产计划

5. JIT、TOC 及混合计划

1）准时制计划

准时制（Just In Time, JIT）强调的是用客户订单、下道工序的需求来拉动生产，以达到消除浪费、降低成本和持续改善的生产管理目标。

JIT 计划的基本思路是，采用无限产能排产法和看板管理法，从最后一道工序反向地传递需求信息，即下发生产中的领料指令和生产指令，各上道工序再根据生产看板指令组织生产，为下道工序进行物料补充。

JIT 计划是基于零库存精益思想的拉动式生产计划，要求各上道工序只生产下道工序所需的物料，从而避免了不必要的生产和库存带来的成本和浪费，并有利于现场的改善。

作为与 MRP 相互补充的计划，JIT 计划的前瞻性不强，属于一种被动式的响应型计划，通常适用于需求较稳定、可视度高的市场环境，并多用于各工序加工时间较为确定的、重复的流水线式的生产组织方式。对于产品设计变更频繁而显著、需求波动性强的产品，JIT 计划并非是一种奏效的计划。

MRP 作为一种前瞻性较强的计划，更加适用于变动性和不确定性强、产品设计变更频繁而显著的需求环境。但是，MRP 高度依赖于各种数据，不仅所需的数据量极大，其有效性还受制于数据的准确性与时效性，且计划成本高昂。

2）约束理论计划

约束理论（Theory of Constraints, TOC）源于优化生产技术概念（Optimized Production Technology，OPT），最早由以色列的高德拉特（Goldratt）博士提出。

TOC 的关注点在于生产过程中的各种瓶颈约束及其持续改善。TOC 允许合理库存的存在，其基本思路是，充分考虑到计划期间内的系统资源的约束，首先利用有限产能排产法来制订瓶颈工序的排产进度计划，再以瓶颈工序为基准（鼓点，Drum），把瓶颈工序之前、之后的工序分别按拉动和推动的方式排产，并通过设置缓冲（Buffer）、绳子（Rope）等，使非瓶颈的作业计划与瓶颈上的计划保持同步。

与 JIT 计划相似，TOC 计划也多用于需求稳定、产品品种有限的环境。在产品品种数量庞杂、每种产品所经过的工序顺序不一、所需工时差异很大的情况下，很难确定一个对各种产品都通用的瓶颈工序，因而也就很难让 TOC 计划有效运行。

3）混合计划

鉴于 MRP、JIT 计划和 TOC 计划等计划体系有利有弊，在实践中可以将它们结合应用，以扬长避短。

如今在很多企业里，JIT 计划和 MRP 相结合的计划体系已经很常见。MRP 被用于采购／生产提前期很长的材料（厂房设备等资源）、产品变更、新品上市等进行早期和远期计划，而 JIT 计划则被更多地应用在车间运作层面，制订处于成熟期的产品的排产计划。

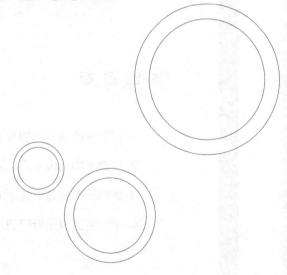

第6章

供应能力计划与管理

第 1 章和第 3 章已经提及或简要介绍了供应能力计划，供应能力计划与管理直接影响战略业务计划能否落地、供给与需求能否平衡、客户订单能否完美履约等，其重要性毋庸置疑。本章将详细介绍与供应能力相关的内容，以帮助读者更具前瞻性地做好供应能力计划与管理，确保组织能以最精益的方式实现客户价值。供应能力计划与管理的核心内容分为两个部分：第一部分是供应能力计划，包括不同层级的能力计划；第二部分是供应能力控制，包括内部产能控制、供应商产能控制与绩效管理等。

本章目标

1. 理解供应能力计划与管理的相关概念。

2. 掌握不同层级生产计划对应的产能计划。

3. 掌握不同制造模式下的产能控制方法。

4. 学习全员设备维护的方法和绩效管理。

| 第 1 节 | 供应能力计划与管理概述

1. 供应能力与供应能力计划

1）供应能力

供应能力是指在一段特定时期内，一个人、一道工序、一个车间、一台机器、一家工厂或一个供应商能够生产或交付多少产品 / 服务的能力。在制订供应计划时，需要同时考虑可用能力与所需能力，并通过对两者的合理调整使它们趋于平衡。可用能力是指现有系统或资源在一定期间内能够提供的供应能力。所需能力是指为了满足一定的供应要求而必需的能力或资源。在供应计划中，负荷（Load）与所需能力紧密相关。负荷是指一段特定时期内完成计划订单和下达订单所需要的供应能力的总和，通常以所需工时来表述。

需要指出的是，这里的供应能力是指工厂作为供应链的上游组织，实现客户订单的完美履约所需具备的能力，因此它除了包括自己工厂的能力以外，也应该包括上游供应商的能力。这与传统上把供应理解为采购，以及把供应能力局限在自己工厂范围内是有所不同的，这也反映出供应计划中供应链思维的重要性。

2）供应能力计划

供应能力计划是指确定完成包括战略业务计划、综合生产计划、主生产计划（MPS）、物料需求计划（MRP）、排产计划在内的各个层级供应计划所需能力和资源的计划，包括确定所需供应能力的种类、数量、规模和时间，以及在可用能力与所需能力存在差异时，对可用能力和所需能力如何做出调整以达成二者之间的平衡的建议。

3）供应能力计划在供应链计划体系模型中的位置

在图 6-1 中，供应能力计划位于供应链计划体系模型的右侧小方框内，由资源需求计划、粗能力计划和能力需求计划 3 部分构成，其与位于中央的各级生产和物料的相关计划构成了综合供应计划，以支持需求计划的实现。

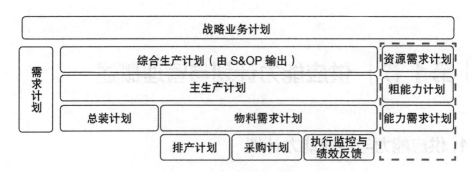

图 6-1　供应链计划体系模型

4）供应能力计划与其他计划的关系

供应能力计划的 3 个组成部分分别与战略业务计划及各级生产计划相匹配：第 1 个层级是资源需求计划，它与战略业务计划和综合生产计划相匹配；第 2 个层级是粗能力计划，它与主生产计划相匹配；第 3 个层级是能力需求计划，它与物料需求计划相匹配。3 个层级的供应能力计划的总目标是确保在计划由远及近、产品由粗放到细腻的过程中，供应能力总是在有条不紊地得到及时的和层级相匹配的评估和计划。在图 6-1 所示的供应链计划体系模型中，位于物料需求计划左侧的是总装计划，这个计划是主生产计划中对于有总装需求的产品的一个延伸计划，其产能已在主生产计划制订阶段做了分析和规划。

2. 产能计划

1）产能计划的制订

作为供应能力计划与管理的核心内容，产能计划是最首要的和最直接的供应能力计划。制订产能计划是指计算完成计划订单与下达订单所需的生产能力（通常以所需工时来表述）及识别可用产能的途径与方法的过程。当可用产能无法满足所需产能时，各级供应能力计划必须做出相应的调整。因此，产能计划的制订过程一般包括下面 3 个步骤。

●确定特定计划期间内每个人、每道工序、每个车间、每台机器、每家工厂或每个供应商的可用产能。内部自制时，可用产能多用可用工时来表述；外部采购时，可用产能多用某种产品在特定计划期间内的可供货量来表述。但从供应商的角度来看，其可供货量通常由内部的可用工时计算得到。因此，本书主要从可用工时的角度来阐述产能计划。

●以人、工序、车间、机器、工厂或供应商为对象，计算特定计划期间内计划生产所有产品所需的工时并进行汇总，得到负荷。例如，所需总人工工时、总机器台时等。

●识别可用产能与所需产能之间的差异，并对可用产能或供应计划进行调整，实现二者之间的平衡与匹配。

2）产能计划的层级

不同层级的生产计划都存在与之相应的产能计划，不同层级之间的差别主要反映在产能计划分析的详细程度和时间跨度上。具体来说，产能计划可以按供应能力计划分成以下几个层级。

●资源需求计划层级。资源需求计划主要针对 S&OP 输出的综合生产计划，是对中长期产能资源需求做出的计划。一般来说，综合生产计划以月为计划时间单位，以至少 12 个月作为计划时间跨度。因此，相应资源需求计划的对象就是相同时期内所需的总产能，如总人工工时、总机器台时、所需人员数量、所需机器数量或其他资源，以及这些资源的增减变化等。通常，这些增减变化需要较长时间才能实现。若现有的人员、设备、设施等资源或这些资源的增减变化能够满足综合生产计划的需求，则综合生产计划可行；否则，就需要对综合生产计划进行调整。因此，资源需求计划是综合生产计划可行性的检查手段，并与综合生产计划形成一个闭环。

●粗能力计划层级。粗产能计划是与主生产计划相对应的一个产能计划，其关注点在于某具体产品的制造加工过程中瓶颈工序的可用产能及所需产能，并作为主生产计划可行性的检查手段。

●能力需求计划层级。产能需求计划是与物料需求计划相对应的一个产能计划，其关注点在于每个产品或部件在每道工序上制造加工的可用产能和所需产能。能力需求计划比粗能力计划要详细得多。

3）产能控制

产能控制是执行监控与绩效反馈的重要内容。完成生产计划及相应的供应能力计划之后，则进入供应执行阶段，即通过生产工单或采购订单的形式驱动生产活动或采购活动。在这个阶段，产能依然是一个重要的考虑因素，具体的表现形式是产能控制，即持续监控生产或采购结果，将之与产能计划进行比较，以确定产能是否被充分、有效地利用，或对实际产能不足的情况采取有效措施加以纠偏。

3. 产能计划的重要性

1）实现供应链绩效

第 1 章介绍了计划是如何支持 SCOR 模型中的可靠性、响应性、敏捷性、成本和资产管理效率这五大指标的实现的。计划中非常重要的一个构成要素是产能计划，它决定了组织能否精益地向客户交付产品。丰田汽车公司引领了全球生产方式由传统大批量生产向精益生产的变革，他们用 3 个单词 MURA、MURI、MUDA 表示不平衡、过载和浪费，这意味着，组织如果不能很好地计划产能，不平衡或过载都可能导致大量的浪费，进而影响供应链绩效的实现。

下面重点介绍一下产能与响应性之间的关系。因为提前期代表着响应性，所以这里有必要分析一下产能如何影响提前期。第 1 章已经介绍了提前期的相关概念，这里详细介绍一下制造提前期。制造提前期是指订单准备、生产及后续过程所需要的时间总和，覆盖了排队、设置、运行、等待、移动等一系列活动。在这一系列活动中，排队、设置、运行 3 项与直接工人和生产设备紧密相关，而等待和移动可能与间接工人和物流装备紧密相关。无论直接工人还是间接工人，无论生产设备还是物流装备，无论物流能力被视为产能还是其他供应能力，他们都影响提前期。产能尤其是输出客户可接受的提前期的重要保证。

2）其他影响

任何产能不足都可能造成员工和设备超负荷运转，这必然会影响员工安全、产品质量和员工士气。第 1 章和第 3 章已经介绍了多个证明产能计划重要性的案例。

4. 产能计划的核心

1）平衡的重要性

平衡是产能计划的核心。这里的平衡有几层含义，一是需求和供给的平衡，二是平衡生产，三是各工作站位或工序间的能力平衡。平衡生产是实现需求和供给平衡的一种方法；工作站位或工序间的能力平衡可以通过以客户需求为导向的节拍设计生产线等方式来实现。由于本套丛书的其他模块中会介绍这些内容，此处就不赘述了。

2）产能提升的方法

（1）传统产能提升思维

先来思考一下，在图 6-2 中，一个由 A、B、C 这 3 台设备构成的工作单元可以完成某个产品的生产，目前 3 台设备每天的产能是 10 台，但根据客户需求，需要把每天的产能提高到 15 台，该如何提高呢？传统思想认为，提升任何一台设备的产能都会对总产出有帮助。

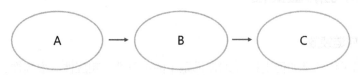

图 6-2 A、B、C 这 3 台设备构成的工作单元

（2）约束理论及应用

以色列物理学家高德拉特认为，即使再复杂的系统，在一个特定的时间点，通常也只有很少的变量甚至只有一个变量决定着整个系统的最大产出。这个变量就是约束，约束决定着系统的产出目标，这就是约束理论。

为了帮助读者更深入地理解约束理论，中物联《供应链术语》中给出了约束的定义：任何系统都存在一种限制产出的约束，系统中的每个实体都是一种约束，但只有一个实体可以被定义为关键约束资源（Critial Constrained Resource，CCR）。所有其他实体都是非关键约束资源（Noncritically Constrained Resource，NCR）。

当需要把由A、B、C这3台设备构成的工作单元的整体产出由每天10台提升到15台时，根据约束理论，首先要了解这3台设备的产能分别是多少，然后分析哪台设备是约束，再对症下药实施改善，这样的解决方案才是精益的。下面看看约束理论是如何指导产能提升的。

（3）约束改善5步法

要提高整个系统的输出，可以遵循以下5个步骤。

●识别约束，就是在整个系统中找出哪台设备或哪个流程是约束。例如，从由A、B、C这3台设备构成的工作单元中找出实现15台这个新产出目标的约束。

●最大限度地挖掘约束，就是缩短设备不能产出的工作时间，方法包括全员设备维护、快速换模、有效地解决质量问题等。

●协同一切资源面向约束，就是确保约束资源的有效利用，也就是由约束工序确定的鼓点必须能够拉动所有上道工序的物料供应，不能由于缺料而造成约束设备的停产。方法包括在约束工序前建立原材料和在制品库存，抑或预留相当于库存量的缓冲时间。

●提高约束工序的产能，包括增加人员和班次、负荷转移、投资新固定资产等。

●识别新的约束，需要继续识别系统中新的约束。

约束改善5步法是精益思想在资源管理上的体现，后续产能计划的制订会应用这些知识，以确保提升产能计划的效率和效果。

5. 不同生产布局的制造模式与产能计划

一般有4种生产布局，分别是定位布局、工艺原则布局、成组技术布局和产品原则布局。这4种生产布局与制造模式有着密切的关系，接下来通过分析不同的生产布局来研究产能计划的特点。

1）定位布局的制造模式与产能计划

（1）定位布局的概念

定位布局需要把产品（或项目）置于一个区域内，工人、设备或材料位于产品周围。项目或小批量的生产适合采用这种布局方法。典型的例子是给病人做手术或造船等。

（2）制造模式

此时的制造模式倾向于采用按订单设计（ETO）。

（3）产能计划

场地、设备、工人等产能需求与客户产品的设计和项目进度密切相关，这时需要根据项目的具体配置来计算资源和能力的需求，并根据项目计划来合理匹配和调度所需资源和能力。

2）工艺原则布局的制造模式与产能计划

（1）工艺原则布局的概念

工艺原则布局就是把相同的或相近的设备或职能集中放在一起，基于工艺的布局条件下，由于生产设备是按照功能分布在各个工作车间的，因此产品要根据工艺路线的要求穿行于各个工作车间。

（2）制造模式

每个产品的工艺路线可能都不同，而且客户需要的数量很少，这时制造模式倾向于采用按订单设计（ETO）和按订单生产（MTO）。

（3）产能计划

每个产品都有不同的设计要求，这时可能要根据对产品大类的预测和订单数量并结合对历史数据的分析，预估各工作车间对产能的总体需求，从而制订产能计划。在工艺原则布局的情况下，个别工作车间可能储备了冗余的产能。如果此时业务增加，需要重新审核设备产能，尤其是需要较长的采购周期的设备，则要根据综合生产计划进行关键资源的计划；如果是短交期的常见的设备或外协，也可以在主生产计划阶段实施采购或外包计划。

3）成组技术布局的制造模式与产能计划

（1）成组技术布局的概念

成组技术布局是指在生产形状相似或工艺相似的产品时，把不同的设备设置成制造单元。这种布局兼顾了产品加工工艺过程和设备的可得性，因此可以视为介于工艺原则布局和产品原则布局之间的布局方法。

（2）制造模式

使用成组技术布局的产品有一定数量，但不是很多，因此此时的制造模式倾向于采用按订单生产（MTO）。

（3）产能计划

此时产能计划的制订思路与按工艺原则布局时的制订思路接近，可能要根据对产品大类的预测和订单数量并结合对历史数据的分析，预估一个成组技术布局下各设备的产能的总体需求，从而制订产能计划，综合生产计划对于此时的产能计划而言同样是非常重要的输入。成组技术布局下，有时可能需要统筹和综合不同的组内资源。

4）产品原则布局的制造模式与产能计划

（1）产品原则布局的概念

产品原则布局是指按照相对固定的工艺路线行进。在这种布局条件下，产品的工艺路线是标准和重复的，此时的设备可能是专门的生产线或装配线。

（2）制造模式

此时的制造模式可能会倾向于采用按订单装配（ATO）和按库存生产（MTS）。

（3）产能计划

首先要确定节拍或产出率。节拍和产出率是用在装配线和连续生产线的两个表达产出速度的指标。节拍可以用来平衡这条生产线各个站位间的能力，确保产品在生产线上不间断地以设定的速度流动。为了实现设定好的生产线产出步调，可能要考虑保护型产能，比如当生产线遇到突发的小问题时，就可以用这些保护型产能来补偿而不至于影响产出。从精益的角度来看，这部分产能的储备是浪费，所以要持续开展改善活动。除了保护型产能，也可能在投资固定资产时需要考虑市场的发展，预留部分产能，这称为冗余产能。

其次要动态计划。如果市场需求持续上涨，根据前面学到的 TOC 的相关知识，组织需要通过挖掘瓶颈、面向瓶颈，甚至增加投资等手段来提高产能。反之，当市场持续低迷时，组织就要降低能力以减少产能的浪费。在实施精益生产的组织中，员工经过培训和认证已经成为拥有多项技能的"流动资产"；也有的组织建立了柔性策略，这些都极大地提升了产能计划的灵活性。

6. 生产策略和产能策略

1）生产策略

第3章介绍了3种生产策略，包括追随策略、平衡策略和复合策略。追随策略就是使生产随着需求的变化而变化，很显然，要达成此目标，可能需要具有很大的产能或很强的运作能力；平衡策略不需要构建很大的产能，而是在淡季提前生产，做到淡旺季平衡；复合策略是对追随策略和平衡策略的兼顾。不同的生产策略将指导组织制订不同的产能策略。

2）产能策略

常见的产能策略有 4 种，包括主动产能策略、被动产能策略、中性产能策略、外包策略。主动产能策略和中性产能策略可能会带来产能的冗余，这些闲置的产能会带来制造成本的增加；被动产能策略可能会带来客户服务水平的降低和订单提前期的延长，甚至订单的流失。外包能使组织更好聚焦其核心过程并充分利用其供应商优势。由于不同的产能策略可能不同程度地影响组织的客户服务水平和总成本，所以产能计划人员要对不同的产能策略予以分析和选择。由于第 3 章已经讲解了如何理解和应用产能策略，此处不再赘述。

| 第 2 节 | 供应能力计划

1. 资源需求计划

1）资源清单法

制订资源需求计划常用的方法是资源清单法。资源清单上会列出制造加工某产品大类 / 产品线所需的关键资源和瓶颈工序，如材料、人工工时、工位等。

表 6-1 展示了两个产品大类在特定期间对设备、场地、人工和材料等关键资源的需求和负荷水平。从这个资源清单可以看出，人工不足是这两个产品的瓶颈所在，意味着组织需要通过招聘员工或增加工时等方法来增加可用人力资源；如果不能在规定的时间内增加人力资源供给，则需要对综合生产计划做出调整。

表 6-1 资源清单

关键资源		车削加工台时	工作场地	人工工时	#45 碳钢
单位		小时	平方米	小时	千克
产品类	综合生产计划	资源耗用量			
A	100	100	15	300	400
B	300	600	20	600	600
所需资源（合计）		700	35	900	1,000
可用资源		1,000	100	600	1,000
负荷		70%	35%	150%	100%

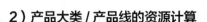

2）产品大类 / 产品线的资源计算

需要注意的是，一个产品大类 / 产品线可能包含很多同类产品，这些产品在各种资源的耗用量上或多或少存在差异，因此需要选择一个合适的、典型的产品来计算所有产品的所需资源，常用的方法主要有以下两种。

（1）代表产品法

代表产品法就是从一个产品大类中选出产量与资源消耗量乘积最大的那个产品，将其作为整个产品大类的代表产品。资源耗用量通常表现为制造加工一个产品的总计额定工时，也可以用某核心材料的耗用量、工作场地占用面积等来表示。

如某产品大类由 A、B、C、D 这 4 款产品组成，每款产品的期间预测需求量或计划产量分别是 500、1,000、200、600，单位产品的总计额定工时分别为 10 小时、20 小时、20 小时、5 小时，可用总工时为 30,000 小时，则代表产品及以代表产品表示的产能可参见表 6-2，从表中可以看出代表产品为 B。其中，单位产品的总计额定工时是生产一件该产品的额定工时，用 $T_{额定}$ 表示；代表产品的额定工时用 $T_{额定代}$ 表示；总劳动量是指所有产品对应计划产量的总计额定工时之和，用 $TT_{额定}$ 表示；K 是指把不同产品换算成代表产品时需要使用的工时换算系数；代表产品数量 $N_{代}$ 是将每款产品利用工时换算系数转换为代表产品后对应的数量；代表产品的总劳动量 $T_{代}$ 是指把所有产品的总劳动量 $TT_{额定}$ 折算为代表产品后的工作量。

表 6-2　代表产品法

产品	计划产量 N/ 件	单位产品的总计额定工时 $T_{额定}$ / 小时	总劳动量 $TT_{额定}$ / 小时	工时换算系数 K	代表产品数量 $N_{代}$ / 件	代表产品的总劳动量 $T_{代}$ / 小时	负荷水平 L
来自组织的产品线信息	来自组织的计划信息	来自组织的工艺信息	$TT_{额定} = N \times T_{额定}$	$K = T_{额定} \div T_{额定代}$	$N_{代} = N \times K$	$T_{代} = T_{额定代} \times \Sigma N_{代}$	$L = T_{代} \div$ 可用总工时
A	500	10	5,000	0.5	250	32,000	106.7%
B	1,000	20	20,000	1	1,000		
C	200	20	4,000	1	200		
D	600	5	3,000	0.25	150		
合计	2,300		32,000		1,600		

（2）假定产品法

代表产品法适用于一个产品大类中各款产品的结构、复杂度、加工工艺路线相似度较高的情况。由相似度较低的产品组成的产品大类，可以采用假定产品法来获得假定产品额定工时。假定产品是指用各个产品的总劳动量按其占总劳动量合计的比重构成的一种假定产品。假定已知条件不变，表6-3中给出了假定产品法的计算逻辑。其中，劳动量占比W是指每款产品总劳动量与所有产品总劳动量$TT_{额定}$之和的比值；$T_{额定假定}$是指假定产品的额定时间，它是由每款产品额定工时与劳动量占比W相乘然后累加计算出来的；其他各个参数的来源和含义与代表产品法相同。

表6-3　假定产品法

产品	计划产量 N/ 件	单位产品的总计额定工时 $T_{额定}$/ 小时	总劳动量 $TT_{额定}$/ 小时	劳动量占比 W	$T_{额定假定}$/ 小时	负荷水平 L
来自组织的产品线信息	来自组织的计划信息	来自组织的工艺信息	$TT_{额定} = N \times T_{额定}$	$W = TT_{额定} \div \Sigma TT_{额定}$	$T_{额定假定} = \Sigma (T_{额定} \times W)$	$L = \Sigma TT_{额定} \div$ 可用总工时
A	500	10	5,000	0.156	1.56	
B	1,000	20	20,000	0.625	12.5	
C	200	20	4,000	0.125	2.5	106.7%
D	600	5	3,000	0.094	0.47	
合计	2,300		32,000	1	17.03	

2. 粗产能计划

粗产能计划与资源需求计划非常相似，都是针对关键资源和瓶颈工序进行分析，识别可用产能与所需产能之间可能存在的差异，并进行调整匹配。二者的不同点在于，资源需求计划的对象是产品大类 / 产品线，而粗产能计划的对象则是拥有唯一可识别料号 / 部品番号（Part Number）或库存进出计量的基本单元（SKU）的具体产品。

之所以称之为粗产能计划，不仅仅是因为其分析的对象是关键资源或瓶颈工序，还因为粗产能计划没有考虑现有库存、在线未完成订单、提前期等因素对产能的影响，而这些因素在产能需求计划和排产计划中是必须考虑的。

用于资源需求计划的资源清单法同样适用于粗产能计划，区别在于粗产能计划的分析对象需要从产品大类变成特定产品，并且加上期间要素，即对应主生产计划的每一个计划期间，进行可用资源和产能的分析和计划。

除了资源清单法，常用的粗产能计划方法还有生产率法。所谓生产率法，是指用计划期间内能够产出某种产品的数量来计算可用产能，同样，所需产能也用产品数量来表示。这种方法简便易行，适用于产品单一或产品相似度很高、大批量生产的情况。比如一条产线就可以将每小时或每天能生产多少块板子作为可用产能。前面提到的代表产品法和假定产品法都可以用来估算粗产能计划中的可用产能、所需产能和负荷。

在产能与负荷的平衡过程中，设备的综合效率、标准工时和人员的生产效率是计算的基础。这部分知识将在本章后面和其他章节中介绍。

3. 产能需求计划

产能需求计划是确定完成生产所需的人工工时及机器设备资源的详细和精确计划。产能需求计划中需要考虑在线未完成订单、提前期等因素对产能的影响，因此需要更多的数据和计算。具体来说，产能需求计划所需的输入信息包括未完成订单信息、物料需求计划信息、工艺途程文件、作业中心档案、工作日历文件等。具体介绍如下。

● 未完成订单信息。未完成订单信息在物料需求计划里表现为预计收货数量，来自一个已经下达的订单，包含具体的生产数量、完成时间和加工工序步骤等信息。

● 物料需求计划信息。这主要是指基于物料需求计划的运算逻辑，系统自动生成的计划订单信息。

● 工艺途程文件。工艺途程是指一个产品或部件从一个作业中心流向下一个作业中心的路径与顺序。工艺途程文件包括加工作业步骤、加工作业顺序、需要经过的作业中心、可替代的备选作业中心、每步加工作业所需的工装治具、作业准备时间、加工时间等。

● 作业中心档案。一个作业中心通常由若干机器设备和若干操作人员组成，机器设备和操作人员从事着相同的工作。比如，一个由 3 台铣床和 1 名操作工构成的专门进行零件洗削加工的作业中心，由于设备、工作内容相同或相似，每台设备的加工能力、产能也通常相同或相似。作业中心档案中存储了设备的加工能力、产能信息，以及移动时间、排队时间、等待时间等。移动时间是指将产品、工件、材料等从一个作业中心传递到下一个作业中心所需的时间；排队时间是指加工处理产品、工件、材料之前的等候时间；等待时间是指加工好的产品、工件和材料等候被传递到下一个作业中心的时间。这几个时间加上工艺途程文件中记录的设置和加工时间，一起构成了产品加工的提前期。

● 工作日历文件。该文件中记录了一个期间，如周、月、季、年，甚至若干年的可利用工作时间、天数等信息。由于日常使用的日历中存在节假日、双休日等，在进行提前期计算时，需要扣除这些非工作日。因此，为了计算的准确与方便，组织通常基于计算机计划系统预先设置好工作周、工作日等信息。

4. 可用产能的估算方法

可用产能通常要在以下 3 个不同的层次进行计算与衡量。

● 在单个设备或作业人员层次。

● 在单个作业中心层次。

● 在一个由若干作业中心组成的生产车间或工厂层次。

可用产能通常可以用可用工时来描述。可用工时一般有两种确定方式，一种是通过公式计算获得的估算产能，另一种是根据历史数据统计获得的验证产能。

组织通过对可利用工作时间（毛可用工时）、时间利用率（Utilization）和效率（Efficiency）的综合考虑，即可估算可用产能：可用产能 = 毛可用工时 × 时间利用率 × 效率。

在产品单一或产品相似度很高、大批量生产的情况下，通常可用生产率法来表述可用产能，也就是用计划期间内能够产出某种产品的数量来代表可用产能。利用生产率法计算可用产能时，需要考虑的影响可用产能的主要因素包括以下 4 个方面。

● 产品规格。产品规格发生改变，意味着加工每件产品的额定工时也可能随之改变，一定时间内能够产出的产品数量也会不同。

● 产品组合。每件产品的额定工时取决于其加工量、复杂度等因素，一个产品大类中不同产品的加工量和复杂度有所不同，因此构成产品大类的产品组合发生改变时，必然会影响整个产品大类的加工时间和生产率。

● 工厂和设备。工厂规模、自动化程度和设备运行综合效率对生产率有很大的影响，并反映在可用产能的变化上。

● 努力程度与学习曲线。操作人员的努力程度和生产加工进程中的学习率，对生产率及可用产能也会产生影响。

其中，产品规格与产品组合取决于研发和设计，如果设计变更过大、产品差异性过高，就不适合使用生产率法来衡量可用产能了。

5. 产能负荷图表

在产能需求计划阶段，确定所需产能一般分两步进行。首先，确定每个作业中心在计划期间生产每个订单所需的时间；其次，将所需时间汇总，得到合计后的负荷，如表6-4 所示。

表6-4　产能需求计划

周：20			订单数量				所需产能（小时/作业中心）					可用产能/小时	负荷水平
日期	利用率	产出效率	SWB	RBN	4 Bar	P/C	裁切	加工	装配	包装	合计		
5月14日	96%	94%				880	4	21	78	24	127	469	27.08%
5月15日	96%	94%	1,620		768	880	21	89	269	64	443	469	94.46%
5月16日	96%	94%		864	576		11	52	115	24	202	469	43.07%
5月17日	96%	94%	720	4,320		1,208	29	203	511	118	861	469	183.58%
5月18日	96%	94%					0	0	0	0	0	469	0

　　表6-4给出的是一个产能需求计划实例。在第20周的5个工作日里，将所有未完成订单的剩余数量、新下达的订单和计划订单数量汇总并考虑提前期后，分配到每一个相应的工作日里，如5月14日—5月17日；再以"裁切""加工""装配""包装"4个作业中心为对象，将"SWB""RBN""4 Bar""P/C"4个产品在每个作业中心进行加工时的额定人工工时（小时/件）与订单数量相乘并汇总，得到每个作业中心的所需产能及合计产能需求（均以工时计）；最后将合计产能需求与可用产能相比较，得到产能负荷，如图6-3所示。

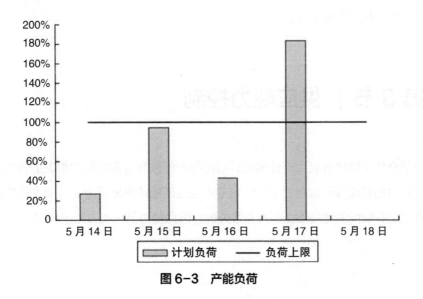

图6-3　产能负荷

在此实例中，5月17日的计划负荷过高，此时就需要计划员沟通协调，在材料没有问题的情况下，可以考虑将5月17日的部分生产提前到5月14日和5月16日进行；如果客户能够接受的话，还可以推迟到5月18日生产，以实现产能的平衡。

6. 供应商能力及其他能力计划

前文详细讲解了制订基于工厂内部产能的供应能力计划的方法。在实际工作中，供应商能力、试验检验能力、物流能力等也需要同步规划，以使各级生产计划得以实现。尽管SCMP知识体系把采购和物流的内容分别用两本书进行了更加专业的呈现，但在供应商能力和物流能力计划上，采购和物流都应该聚焦于生产计划这条主线，做好"一个"能力计划，这也彰显了供应链思维的魅力。

这里重点谈一下供应商能力计划。供应商能力计划包括新产品项目爬坡阶段的能力计划、批量生产阶段能力的匹配，以及部分工序外协，甚至临时外协的产能计划。供应商能力计划与组织内部的产能计划基本一致，都是在不同的计划层级做不同的产能计划，只是这时需要跨组织的沟通，难度更大，可视性更弱，这也对采购组织规范和精益地进行采购运作提出了更高的要求。第2章谈到的协同计划、预测和补货（CPFR）可以作为一个很好的理念或实践指导来帮助采购员实施差异化的供应商产能计划。有一些供应管理工作做得比较优秀的组织，会把供应商能力列入采购组织的订单履行策略或风险管控体系中进行系统化管理。正如乔纳森·奥布赖恩（Jonathan O'Brien）所言：基本上讲，是否拥有关键供应商似乎并不重要，重要的是我们能够与他们紧密合作并且供应商对我们的忠诚度和反应速度要好于他对其他顾客。

|第3节| 供应能力控制

上一节介绍了围绕各级生产计划而开展的与产能和其他供应能力相关的各级资源和能力计划，其目的是使每一层级的生产计划都有与之匹配的供应能力，从而支持生产计划的实施。规划的各级能力计划能否实现非常关键，因此要对供应能力给予控制。

1. 影响计划能力发挥的因素

计划能力发挥就是指将计划的能力在实际工作中呈现出来。影响计划能力发挥的因素比较多，下面基于产能，从客户需求变化、供应商交付绩效、开机时间和运行速度、设备意外停机、产品质量5个角度予以介绍。

1）客户需求变化

上一节已经介绍了针对每级生产计划都要做相应的产能计划，目的是使所需产能与可用产能相平衡，从而实现既定的交付提前期和较高的客户服务水平。在实际工作中，生产计划会随客户需求的变化做出调整，客户需求变化包括产品、需求数量、需求时间的变化等。生产计划的变化可能会造成在某些时间段分配到某些工作中心、产线的负荷出现变化，这就会造成设备能力发挥的不平衡，例如有时设备利用率不高而处于闲置状态，有时设备又不够用而需要加班加点。举一个极端的例子，当由于客户发起的工程变更而推迟某个订单的生产，但排产计划中对应的下一个节拍的工单由于物料尚未齐套而不能前移时，就会造成设备在某个时间段的闲置。因此，减少客户端或需求计划的变化是一项长期、艰巨的工作。

2）供应商交付绩效

供应商交付绩效，无论是其质量符合性还是交付准时性，都会影响使用点物料的可得到性。没有物料，计划的产能无法释放。在实际工作中还会出现的另外一种现象就是，采购组织倒逼供应商按项目时间要求交付，这时供应商很可能紧赶慢赶还是没能按要求时间交付或在要求时间交付了质量不合格的物料。从供应链思维的角度看，采购组织要想一劳永逸，找出减少倒逼的解决方案是很值得研究的。

3）开机时间和运行速度

产能计划很好，但由于开机时间不足或运行速度不够，也会影响产能发挥。在实际工作中，有个别组织由于开早会，将近9点才启动设备，这给关键设备的产能发挥带来的影响是非常大的；也有组织的车间中有两台激光切割机，由于钢板平整度不佳导致激光切割的运行速度变慢，后来供应商的来料质量问题解决了，但车间员工因为习惯了变慢的运行速度能更好地保证质量，而不敢或不愿意加快运行速度，这也会造成产能的浪费。

4）设备意外停机

很多组织的生产管理者缺乏设备预防维护的理念，往往在设备坏了的时候才停机。被动的反应式修理可能要花更长的时间才可以将设备修复，这将严重影响设备能力的发挥。除了设备自身的问题，与设备配套的水、电、气、人力等资源的保障不足，也会影响计划产能的发挥。设备预防维护是能力控制的重要内容，将会在本章第4节做详细介绍。

5）产品质量

前面介绍了供应商来料质量问题会造成生产线停线，制造过程中出现质量问题也是如此。传统的大批量生产，更多地追求效率，缺少对制造过程的失效模式分析、工人自检及对质量的控制。一旦检验员发现质量问题，大量的生产活动可能已经结束，这时轻则占用人力、物力去返工，重则整批产品报废而需要重新生产。更为严重的是，一些质量问题偶尔发生在瓶颈工序或瓶颈工序的上游，这就会使瓶颈工序雪上加霜。

上面详细介绍了影响计划产能发挥的因素，这些因素同样适用于供应商产能影响的分析；其他供应能力，如试验检验能力、物流能力等也可以参考这些因素进行分析。

2. 内部产能控制

在介绍产能计划时，已经介绍了每种制造模式对应的产能计划的特征，下面从工艺原则布局和产品原则布局两种生产布局方式来介绍内部产能控制。

1）工艺原则布局下的产能控制

工艺原则布局以功能划分车间，需要产品通过不同车间后实现从原材料到产成品的转换。在这个过程中，产能控制需要聚焦于各工序作业中心的输入和输出。在实际工作中，产能控制有可能会通过提高设备综合效率或人员的效率来实现，也可能比较直观地通过管理某台设备的输入和输入来控制这台设备的产能。那么，如何通过管理设备的输入（订单和物料）和输出（产出）来实现对其产能的控制呢？

（1）控制原理

在图 6-2 中，A、B、C 这 3 台设备构成了一个工作单元，假设现在要研究 B 设备在某天的产能使用情况。物料计划员在制订物料需求计划时已经对产能需求计划进行了核定，并核准了使用该设备在某天生产的多个订单的工作量，即计划输入；伴随着计划输入，也计划了使用该设备完成一个或几个订单的工作量，即计划输出。某天生产完毕后，物料计划员发现 A 设备有个别订单无法按期完成并输入给 B 设备，造成了 B 设备的实际输入下降。如果实际输入严重不足，将影响 B 设备的实际输出；除了 A 设备的物料输入，B 设备可能也会出现停机故障问题等，造成实际输出无法达到计划输出。通过对计划输入与实际输入、计划输出与实际输出这两组数据进行对比，计划协调员就可以找出 B 设备的产能在某日存在的问题并采取行动，这就是通过输入和输出对制造过程进行产能控制的原理。

（2）量化绩效

没有测量，就没有改善。因为每天有大量的、繁杂的事情在车间现场发生，车间现场的产能控制很容易被忽视，因此真正的量化绩效就显得尤为重要，这是我们工作改进的第一步。详细步骤如下。

● 列出 B 设备的计划输入与实际输入、计划输出与实际输出并进行分析。

● 列出 B 设备的累计计划输入与累计实际输入、累计计划输出与累计实际输出并进行分析。

● 对输入和输出可能造成的波动给 B 设备带来的积压订单进行统计分析。

举个例子，如果今天 B 设备的输入是 100 小时的任务，包括已经积压超过一天的 80 小时的任务和今天新增加的 20 小时的任务。如果每天 B 设备的产能只能输出 20 小时的任务，也就是 80 小时的任务仍然需要继续积压。

（3）绩效分析和产能控制

对 B 设备输入和输出的绩效量化，为我们进一步分析和改善 B 设备的产能发挥提供了信息的输入保证。

● 如果累计输入落后于累计输入计划，表明输入落后。

● 如果累计输出落后于累计输出计划，表明加工中心输出效率低。

● 实际积压订单数量减少，表明产品交付时间缩短，库存水平降低。

● 实际积压订单数量增加，表明产品交付时间延长，库存水平提高。

计划协调员可以通过调整输入和输出对应的产能，改善实际输入、实际输出，调整积压数量，进而提高交付绩效，降低库存水平。正如今井正明所言：改善就像一片沃土，培育微小而持续的改变。计划协调员救火固然重要，但更重要的是参与到供应链部门牵头的消除火灾隐患的排查和改善中来，通过流程再造，实现可持续的供应链绩效。

2）产品原则布局下的产能控制

产品原则布局与工艺原则布局相比就简单得多，因为已经建立了专门的装配线、生产线。专门的装配线、生产线用节拍或产出率保持组织与客户、组织内部各站位间能力的平衡。此时产能控制的任务就是保持节拍和产出率，因此任何影响节拍或产出率实现的问题都要在生产计划的实施过程中予以解决。

3. 供应商产能控制

在组织中，采购团队可以通过参加到销售与运营计划、主生产计划等关键计划过程中实现供应商产能控制。在保证内部充分协同的同时，采购团队与供应商合作编制不同级别的供应商产能计划，能更好地保证供应链上下游同步形成整体的供应链计划来满足客户需求。随着制造商转向准时化（JIT）的、精益的生产和服务环境，供应短缺的可能性正在增加，必须对此进行有效的管理（引自 CPSM 认证知识体系）。下面介绍几种常见的供应商产能控制的方法。

1）建立供应商的订单履约流程

优秀的组织会鼓励供应商建立客户订单履约流程，并开展对供应商订单履约流程的审核，确保订单管理过程是结构化的，否则供应商即便有产能，也会被混乱的计划体系或客户需求波动所影响。

2）供应商绩效监控

供应商绩效包括准时性交付率、质量合格率、提前期长度等。如果供应商的绩效持续下滑，表明供应商的产能可能由于种种原因出现了问题，这些问题有出自其客户的，也有出自供应商内部的，也可能是因为供应商增加了新的客户。通过监控供应商的绩效，尤其是发现供应商在较长时间内存在较大的绩效偏差时，这会提示采购组织有必要从风险管理角度去审视供应商的能力。

3）走访供应商

根据对供应商绩效的监控，采购组织有时有必要对重要的、关键的供应商进行走访，了解供应商面临的产能挑战，给出建议和支持。如定期走访采购组织的客户指定的供应商，必要时可以请客户提供支持。

4. 产能计划与管理的绩效

产能计划与管理的终极目标是帮助组织用最精益的方式实现客户订单的完美交付。如果不使用精益的方式，势必会造成组织财务价值的减少，这也是组织缺乏竞争力的表现。下面从客户服务水平、客户交付提前期、成本、库存几个指标来介绍产能计划与管理的绩效。

1）客户服务水平

不同层级的产能计划总是要与不同层级的生产计划相匹配，有计划就要有产能，有产能就要有计划。如果没有产能计划和管理，组织即使向客户承诺了交付时间，也可能因为没有能力支持而最终无法兑现。在实际工作中，当遇到客户服务水平持续下滑的问题时，组织就很有必要去审视产能。

2）客户交付提前期

客户交付提前期是需求和供给两种力量综合作用于组织的结果。客户交付提前期延长会使客户产生极大的抱怨，尤其是项目类业务的客户。

3）成本

如果产能计划制订得过高，就会有较高的固定成本需要吸收；如果把产能计划制订得过低，就可能需要加班、外协去完成客户订单，这些成本都可能会高于标准成本。举个与工人相关的产能例子，某公司缺少计划和能力的协同，各部门都有自己的计划，生产部门和人事部门都有可能根据自己的计划而招聘工人，组织需要为这些招聘来的工人支付大量的培训费用和工资及福利，而如果招聘人数和时间不能与综合生产计划和主生产计划协同，就有可能造成资源浪费，最终造成成本增加。

4）库存

有了物料需求计划，却没有产能去将物料转变成客户需要的产品，就会造成原材料和在制品库存水平的提高；也可能是因为供应商的生产能力计划不够好，需要建立预期库存和安全库存等，从而导致库存水平的提高。

5. 产能计划与管理的持续改善

产能计划与管理在供应链计划中占据重要地位，但在现实中并没有起到应有的作用。组织需要用供应链和精益思维去审视生产计划与产能计划、产能计划与产能控制、内部产能与外部产能、直接产能与其他供应能力，只有这样才能持续改善产能计划和管理。

1）供应链和精益思维

马丁·克里斯托弗就供应链的重要性有个重要论断："21 世纪的竞争不是组织和组织之间的竞争，而是供应链之间的竞争。"这充分说明供应链各层级之间只有协作才能获得成功。

精益就是减少浪费，从而使组织运作得更加富有效率和效果。精益思维可以应用于组织内部，也可以应用于供应链上的组织之间。宁愿"救火"也不愿意前瞻性地规划产能和供应商能力，并通过预防来减少"火灾"的发生，是当下一部分组织中常见的现象。在这种现象下，组织每天都在"救火"，但组织和供应链伙伴间的根本问题并没有解决，每到生产任务来临，只会为设备没能力、供应商产能不给力而补救，这种持续的"救火"就是浪费，就是低效率；而由于生产任务无法按时完成，使得组织和供应链整体的绩效不高，就是效果不好。

2）生产计划与产能计划

生产计划与产能计划之间的平衡很重要。生产计划对能力的需求量大于产能计划，将造成生产计划无法按原计划完工而影响顾客服务水平；生产计划对能力的需求量小于产能计划，将会造成产能冗余而影响产品的成本。供应链计划的过程，是不断在需求和供给之间平衡的过程，其核心是解决生产计划与产能计划的持续平衡问题。优秀的企业建立以顾客需求拉动的供应计划，也就是以顾客需求为导向，持续提升供应链能力。

3）产能计划与产能控制

实际工作中，设备能力和人员能力等产能的计划已经按照生产与物料的相关计划做出了充分的构建，但由于在实施的过程中缺乏控制，已经构建的能力不能很好地发挥出来，因此会出现有能力却不能满足生产要求的现象，并往往表现为设备综合效率比较低或人员生产效率较低。因此，产能计划与产能控制这两项工作同等重要。本章第 4 节讲的就是如何提升设备产能效率。

4）内部产能与外部产能

组织内部的产能往往能够更加直接地显现在运营管理中，然而，作为外部产能的供应商产能，长期以来处于管理较为薄弱的状态。供应链伙伴间就像一个由 A、B、C 这 3 台设备组成的工作单元，必须要做到产能平衡。

5）直接产能与其他供应能力

总体供应能力不仅包括直接参与生产的设备、人员等直接产能，也包括检验装备、检验人员、库房装备、库房本身等其他供应能力，这些产能都要纳入总体能力计划与管理的范畴。

｜第4节｜ 维修、维护和保养

1. 实施维修、维护和保养

正如前面所提到的，产能管理的工作要求，一是要合理地计划并构建所需产能，包括制订产能计划、确定产能构建策略和实施产能计划；二是控制产能，包括通过生产计划合理规划作业活动及产能的利用，以及管理车间的作业动作而不增加额外的消耗，也包括对设备的维修、维护和保养，从而确保设备能力按计划发挥。下面将介绍与设备维修、维护和保养相关的内容。

1）维修、维护和保养所涉及的内容

维修、维护和保养主要涉及以下几个方面的内容。

- 受到良好训练的人员。
- 充足的资源。
- 有能力构建维修计划和确定优先级。
- 有能力和权限实施保养计划。

●有能力识别宕机的原因。

●有能力设计延长平均故障间隔时间的方法。

2）供应链思维下的维修、维护和保养的管理

维修、维护和保养的管理，也应该站在整个运作管理，甚至供应链管理的角度去看待。维修的策略、外包供应商的选择、备件的采购与库存管理都应该沿着供应链管理的主线进行。组织中经常出现的本位主义，可能就会造成在前期采购设备时忽视日后的维修、维护和保养需求，从而增加后续备件的采购管理难度。有时，生产部门由于繁忙的生产任务而忽视了对设备的维修、维护和保养，从而对设备透支使用，缩短了设备的寿命。领先的运作管理者往往会在组织运行 S&OP 的过程中，考虑制订维修、维护和保养的计划。

2. 维修、维护和保养实践的发展

1）从被动维护向主动维护的转变

从早期一直到 20 世纪 50 年代之前，设备维护一直是被动的、事后的行为，往往出现了故障才维修。这个领域的管理仅关注维修的技能和速度。第二次世界大战以后，大规模的生产活动带来了大量的固定设备的投入使用，在经历了一段时间的密集使用后，设备经常出现故障和停机等问题，维修费用高。这个阶段称为故障维护（Breakdown Maintenance，BM）阶段。到了 20 世纪 50 年代，日本的一些工业企业开始受美国的影响，采用预防维护（Preventive Maintenance，PvM）手段，加强日常检查和定期检查，根据零件磨损规律和检查结果，在设备发生故障之前有计划地进行修理。生产经理们鼓励设备的主管、机械工、电工和其他专家形成一线工作小组，开展诸如上润滑油和防止设备故障发生的重点观察等行动。虽然这些做法能降低停机概率，但是不经济。许多零部件即使还能使用一段时间，也都要被定期更换，同时也增加了大量的工时投入。到 20世纪 60 年代，有多达 20 余家企业组成研究团体，集体研究、分享更专业的主动式维护（Productive Maintenance, PM）做法。他们把设备进行分类，对不重要的设备还是采用事后维修的手段，而对重要的设备则采用预防维修，使得设备更易于保养；同时，从设备的设计阶段就引入生命周期成本的概念，增强设备的可靠性和延长寿命，降低故障率。著名的日本电装公司（Nippon Denso）从 1961 年就实行了全员生产维护的实践，通过对操作工的设备维护、保养培训，发展操作工自我保养的能力。最终，日本电装公司于 1971年获得了日本前设备管理协会的首个工厂维护奖。

2）从主动维护向全员维护的转变

从 1982 年中岛清一（Seiichi Nakajima）的著作 *TPM Tenkai*，到日资企业 20 世

纪 80 年代的全球扩张，再到 1989 年出版的《TPM——实施全员生产维护》（*TPM Development Program – Implementing Total Productive Maintenance*）一书，全员生产维护（Total Productive Maintenance，TPM）的实践已被全球接受。它演变成了一种全新的维修、维护管理活动，使得这些活动更专注于业务的必要和关键部分。一线员工经过培训和教育，能自主地开展设备的维修、维护和保养活动，抛弃了以往"我只负责操作"的理念。维修、维护活动不再是非营利活动。在生产期间，维修、维护导致停机是被事先计划的，甚至成了制造过程的一个部分。TPM 追求把紧急的和非计划的维修活动最小化。

如今，开展 TPM 管理活动，通常涉及八大支柱：重点（个别）改善、自主的维护与保养、有计划的维修与维护、品质维护、人员培训、设备初期管理、办公室 TPM 和安全 / 健康 / 环境。

随着互联网、物联网和人工智能技术的发展，生产运作管理活动也将把维修、维护和保养的管理发展到智能维修阶段。

3. 可靠性

1）以可靠性为中心的维修

20 世纪 60 年代，伴随着波音 747 机型的开发，航空业研究人员发现，之前飞机设计和维修、保养赖以支撑的某些理念是错误的。之前的观点认为，每架飞机和飞机的每个主要零件（如引擎）都有着可靠工作的具体"寿命"，到期必须要更换以防止事故发生。当时的航空失误率是 60 次每百万次起飞。结果，飞机每飞行 2 万小时，就要进行 200 万工时的维修、维护和保养。然而，研究表明，事实上，与飞机或零件寿命有关的故障仅占所有故障的 11%，其他 89% 的故障其实与其寿命无关。最终，美国联合航空的工程师斯坦·诺兰（Stan Nowlan）和霍华德·希普（Howard Heap）于 1978 年发表了他们的著作，提出了以可靠性为中心的维修（Reliability Centered Maintenance，RCM）概念。如今，RCM 已发展成为被广泛用于确定设备预防性维修工作、优化维修制度的一种系统工程方法，也是发达国家军队及工业部门制定军用装备和设备预防性维修大纲的首选方法。

2）RCM 标准

1999 年国际汽车工程师协会颁布了 RCM 标准《以可靠性为中心的维修过程的评审准则》（SAEJA1011），其第 5 章规定，只有保证按顺序回答了标准中所规定的 7 个问题的过程，才能被称为 RCM 过程。

●功能：在具体使用条件下，设备的功能标准是什么？

- 故障模式：什么情况下设备无法实现其功能？
- 故障原因：引起各功能故障的原因是什么？
- 故障影响：各故障发生时，会出现什么情况？
- 故障后果：各故障在什么情况下至关重要？
- 主动故障预防：做什么工作才能预防各故障？
- 非主动故障预防：找不到适当的主动故障预防措施时应怎么办？

3）系统与组件的可靠性关系

一个系统与其组件的可靠性关系通常可用下面的公示来表示，其中 R 代表系统的整体可靠性、R_1~R_n 分别代表这个系统 n 个构成组件中每个组件的可靠性。这意味着，要想增强系统的可靠性，就必须分别改进单个组件的可靠性。

$$R = R_1 \times R_2 \times R_3 \times \cdots \times R_n$$

4. 构建冗余备件

为了增强系统的可靠性，运作管理者可以为关键部件构建冗余备件。例如，某个部件的可靠性为 0.9，如果为之准备了另一个可靠性也为 0.9 的部件，那么就可增强整体的可靠性了。计算如下：

$$\text{可靠性} = \frac{\text{第一个部件工作}}{\text{的概率}} + \frac{\text{第二个部件工作}}{\text{的概率}} \times \frac{\text{需要第二个部件}}{\text{的概率}}$$

$$= 0.9 + 0.9 \times (1-0.9)$$
$$= 0.9 + 0.09$$
$$= 0.99$$

当然，构建冗余备件也会增加备件的库存，特别是这些部件本身的需求有可能是离散的、缓慢的，这就更增加了备件库存的预测和管理难度。有关这类物资的库存管理知识，请参见本书第 7 章。

5. 故障率及平均修复时间

通常，生产设备的厂家都可提供其产品的故障率（FR）。产品的故障率 [FR（%）] 和在一定时间段内的故障次数 [FR（N）] 的公式如下：

$$FR（\%）= \frac{故障次数}{测试产品数}$$

$$FR（N）= \frac{故障次数}{作业时间内的小时数}$$

在维修业务中，经常会用到的考核设备可靠性的指标是平均故障间隔时间（MTBF）。其计算公式如下：

$$MTBF= \frac{1}{FR（N）}$$

考核维修人员的维修工作效率时，经常使用平均故障修复时间（MTTR）这个指标，该指标是指某台设备在过去维修时所花费时间的平均值，即平均每次故障修复所花费的时间。

第 7 章

库存管理

库存是"万恶之源"吗？"等米下锅"、停工待料的人们肯定不会这么想；囤积货物、待价而沽的人们肯定也不会这么想；需要用库存实现淡旺季产品平衡和实施战略库存的人们，当然更不会这样想了。库存有它存在的道理，你恨它也好，爱它也罢，看得见或看不见，它就在那里。

库存之所以对企业管理者来说那么重要，一方面是因为充足的库存能满足需求，既能满足内部的生产需求，又能满足外部的客户需求；另一方面，库存的保持又有代价，即库存成本。供应链管理者的一个重要使命，就是把库存水平控制得恰到好处。库存管理要解决的基本问题包括：什么时候订货？订多少货？然而，针对这两个基本问题，管理者和研究者已经在实践中和理论上探索了上百年。

本章目标

1. 理解库存的不同概念。

2. 掌握库存绩效和库存分析的方法。

3. 熟练掌握库存计划的模型及订货批量方法。

4. 理解安全库存与服务水平的量化关系及设置。

5. 理解库存成本的构成和影响因素。

|第 1 节| 库存管理基础

1. 库存管理的目标及平衡

1）尽量保持低水平库存投入

站在部门绩效指标的角度上看，如果绩效衡量标准是最小化整体库存成本或者最小化物料的单位成本，那么财务和采购团队都有动力去获取低库存水平。然而盲目地追求低库存水平，可能会导致物料齐套率变低，反而会增加整体的库存成本。站在管理策略的角度上看，有的企业为了减少库存，接了客户订单后再进行原材料的采购，而为了快速响应客户需求，同时维持本企业的低库存水平，企业要求供应商保持高库存水平，以达成快速交货的目的。这样看上去企业的财务状况良好，然而站在供应链总库存的角度来看，由于需求信息传递的低效和失真，这样做的总库存水平其实变高了，而且并不是所有供应商都愿意配合备库，这也会导致物料采购成本的增加。

所以我们应该站在整体供应链的角度去看待库存，企业应致力于减少整体供应链的总库存投入，避免类似库存成本的转嫁，通过合理的备库策略，设定一个库存投入的合理范围。

2）满足客户需求

高库存水平并不代表高客户服务水平，一味地备货并不能满足客户的所有需求。然而我们也不能走极端，不备任何库存，这样就违背了库存持有的初衷：及时满足客户的需求。我们应通过分类管理制订不同的库存计划，以尽量低的库存成本去最大化地满足客户的需求。

3）确保生产效率最大化

合理的库存水平可以确保高物料齐套率，避免缺料等，保证产线产出不受到影响。我们可以通过如下两类方式，利用库存来最大化地提高生产效率。

第一，建立和管理战略性的分离点库存缓冲区来增强流动性。举个例子，在某运动鞋厂，有两名工人分别负责进行鞋子裁剪和鞋子缝合，如果只进行少量生产，极端一些，一次只做一双鞋子，那么缝合的工人就必须等裁剪的工人完工才能开始工作，但是如果有足够的存货，两人的工作就相对独立了，这部分库存就可以将生产步骤划分开，从而提高生产效率。

第二，设置一定的库存，以便实现平衡生产。在本书第 4 章中，我们提到了生产策略一般会被分为平衡策略、追随策略和复合策略。平衡策略依靠需求预测来设立库存，同时也需考虑建立额外的安全库存来避免预测误差，防止由于低估需求导致的低客户服务水平。备库可以减少产线人员的管理成本和产能的浪费，提高生产效率。

4）如何设定库存目标

企业战略会指导和影响供应链战略，因此平衡库存目标需要根据企业战略来设置优先级，比如有些企业会优先考虑客户服务水平，所以在成本和收入两方面会更侧重于收入；有些企业则优先考虑成本，无论采用哪种策略，只要收益高于成本，该策略对他们来说就是好策略。通过对效益和成本的评估，综合评估库存目标对客户服务水平、生产效率、总成本的影响，来选择企业各个部门达成共识的方案，就是最好的库存平衡方法。

2. 与直接物料和产品相关的库存种类

在努力达成库存管理目标的时候，组织需要识别不同的库存种类，有针对性地管理和优化，以实现客户服务水平和生产效率的提高。库存主要分为以下种类。

● 原材料：生产某种产品的基本原料，通过制造过程转化为产品。

● 在制品：各个阶段的材料，包括从原材料到成品的所有材料，等待最终检验和验收为成品。

● 产成品：已经通过所有制造步骤，可供客户使用的产品。

● MRO（Maintenance，Repair and Operation，维护、维修和运行）库存：是指在实际的生产过程中，不直接构成产品，只在制造过程和设备维护与维修操作过程中使用的物料、备件和消耗品。

● 分销渠道库存：位于分销系统中的库存，通常是产成品和服务零件。

3. 库存成本

库存管理之所以对企业如此重要，一个重要原因是库存具有成本。库存成本通常包含持有成本、订货成本和缺货成本。如何在三者之间权衡，一直是库存管理者面临的挑战。

1）持有成本

企业想拥有库存，就要付出代价。持有成本包括资金成本、仓储成本、保险、损耗、贬值和税金（如2011年7月，美国有14个州收取库存税[1]）等。首先，库存占用公司的资金，而资金是有相应占用成本的。资金占用成本 = 库存占用资金 × 相关收益率。如何确定相关收益率？可以考虑两种场景：第一，公司资金有限，相关收益率为库存占用资金用于其他用途时的最小收益率；第二，公司资金充裕，相关收益率为库存占用资金用于某方面的收益率。比如，当库存占用资金为 100 万元，相关收益率是 5% 时，那么，资金成本就是 100 万元 ×5%=5 万元。其次，另一个较为重要的持有成本是仓储成本。仓储成本主要包含两部分内容：一部分是场地费，即仓库租金，通过租赁面积乘以租金单价得到；另一部分就是仓储运营投入的设备、系统、人员等，折合成操作费用，按件 / 票计费。最后，存货损耗成本也是持有成本不可忽视的一环。美国零售业对损耗（Shrinkage）的定义是企业各项存货发生的正常损耗。国内大部分零售企业则把不明原因的库存短缺和报损商品金额合在一起作为损耗，这种观点认为损耗是未对销售产生贡献的商品金额，强调了损耗对利润的影响。不是所有商品都需要计算损耗，例如生鲜类商品（肉类、海鲜、熟食、果蔬、面包等）很难做到单品管理，所以定期计算部门的毛利率是评估其运作效果的最好方法之一，只有非生鲜类商品的自有库存部分，才需要通过盘点确定其损耗和损耗率。根据库存不同的计价方法，损耗金额的计算方法有零售价法（Retail）和成本价法（Cost）两种。

●零售价法：损耗金额 = 实际盘点库存 − 账面库存。其中，实际盘点库存为年终盘点时所有商品的零售价乘以库存数量的总和；账面库存 = 期初库存 + 收货金额 − 销售额 − ∑降价金额（Markdown）；降价金额 =（原售价 − 新售价）× 商品现货数量。

●成本价法：损耗金额 = 实际盘点库存 − 账面库存。其中，实际盘点库存为年终盘点时所有商品的成本价乘以库存数量的总和，账面库存 = 期初库存 + 收货成本 − 销售额成本；损耗率 = 损耗金额 ÷ 盘点商品的销售额 ×100%。

其他持有成本的介绍，可以查看本套丛书的其他模块。

2）订货成本

因为订货，在提前期内发生的所有为获取库存而产生的费用，称为订货成本。

订货成本分为固定成本和变动成本两种。前者指在一定范围内，不论订货多少，都会产生的固定费用，如设施成本、计算机系统的维护费用和运费等。后者往往指订单处理成本、生产准备成本和运费等。某项成本是固定的还是变动的视具体情况而定。例如，每次订货量远小于一个运输工具容量时，那么在运力范围内，每次订货的运费即为固定成本。但如果采用零担运输，运费随订货量近似线性变化，则会被视为变动成本。

下面通过作业成本法来介绍订货的固定成本和订货的变动成本是如何计算的。作业成本法是指以"作业消耗资源、产出消耗作业"为原则，按照资源动因追溯资源费用或将其分配至各项作业，计算出作业成本，然后根据作业动因，追溯作业成本或将作业成本分配至各成本对象，最终完成成本计算的成本管理方法。

其中，作业是指需要进行操作并因此消耗资源的流程或程序。例如给供应商打电话订购就是一个作业。成本动因是指导致成本发生的任何因素，即成本的驱动因素。易于衡量的采购作业的一般成本动因包括采购申请单数量、零件号的数量、进度表变动的数量、供应商的数量、延迟交付的数量等内容；而物流类业务常采用的成本动因则包括重量／体积、距离、操作动作（拣选、包装、装卸）、频率（交付）、库存投资（策略）和包装形式（集装箱／散装）等。

订货成本公式如下：

$$订货成本 = F + \frac{D}{Q} \times K$$

F——某零件全年订货的固定成本；

D——年需求量；

Q——每次进货量；

K——订货的变动成本。

假设，某企业目前有 10 名采购员，年工资总额是 100 万元；办公面积是 10 平方米，一年租金等其他固定成本是 5 万元。假定，采购部的工作负荷有 30% 来自订货工作，订货工作分摊的总固定成本是（100 万元 +5 万元）×30%=31.5 万元；采购部全年一共发送 12,000 张采购订单，每张采购订单分摊到的固定成本是 315,000÷12,000=26.25 元。其中，某一物料的年需求是 6,000 个，每次进货量是 1,000 个。该物料订货的变动成本是 90 元，那么该物料的单次订货成本为：26.25+90=116.25 元；同理，该物料全年订货成本 $= F + \frac{D}{Q} \times K = \frac{6,000}{1,000} \times 26.25 + \frac{6,000}{1,000} \times 90 = 697.5$ 元。

3）缺货成本

缺货成本通常可能涉及以下几个方面，包括客户罚金、客户流失、额外花费等。针对客户流失，由于相应成本属于缺货的间接成本，涉及的因素较多，为了简化，我们可以用公式"客户流失缺货成本 = 预测业绩 × 毛利率"来简单计算。

4. 库存价值

库存管理除了指管理各个品种物料的数量之外，还指管理库存的价值。这对企业的财务表现和与库存相关的分析和决策至关重要。对于同样的库存数量使用不同的库存估价方法，其库存价值就不同。常见的库存估价方法如下。

1）先进先出法

表 7-1 展示了库存估价法示例，期间出货被视为第一批购进的库存，余货库存被视为后购进的库存，那么对库存余额的估价为 800 元。

表 7-1 库存估价法示例

库存管理	数量 / 个	单个进货成本 / 元	金额或价值 / 元
第一批进货	100	10	1,000
第二批进货	100	8	800
出货	100		
余额	100		

2）后进先出法

同样以表 7-1 为例，期间出货被视为后购进的那批库存，余货库存被视为先购进的那批库存，那么库存余额的估价为 1,000 元。

3）标准成本法

依然以表 7-1 为例，假设在上年年末或本年年初，企业设定的该物料的标准成本为 9.5 元，那么库存余额的估价为 950 元。这里，每次进货的实际价格可能会与标准成本存在差异。在财务上，该差异称为采购（或材料）价格差异，并作为材料科目的调整科目。当实际进货成本大于标准成本时，称为超支差异（Unfavored）；反之，称为节约差异（Favored）。

标准成本通常是企业的财务部门根据近期的历史数据及对未来（如未来一年）的预算测算出来的，成为管理者们在未来一定期间的业务管理依据。在实际情况中，财务部门在测算标准成本时，要有供应链部门的参与，以评估引用的进货成本、持有成本、制造成本和内部的其他成本等是否恰当。

4）平均成本法

采用该方法进行库存估价时，要计算一定期间内单个进货成本的一次移动平均值（简单移动平均值或加权移动平均值）。以表 7-1 为例，如计算简单移动平均值，则库存的估价为 900 元。

5）移动平均法

这是指每次发生库存变动（进货或出货）时，重新计算库存价值的估价方法。每次计算时，采用当期进货总成本除以当时的库存数量，从而得出单位库存价值。以表 7-1 为例，假设期初库存为 0 个，那么，第一次进货后，单位库存价值为 10 元；第二次进货后，单位库存价值为 9 元（1,800÷200）；而出货 100 个（假设成本价记为 9 元）之后，单位库存价值为 9 元（900÷100）。移动平均法一般仅在期末核算，在此期间内库存发生变动时不核算。

移动平均法更适合在永续盘存体系中采用，而不适合定期盘存体系。

6）成本或市价孰低法

这是指在进行库存估价时，取成本和市价中的最低值。该方法不仅适用于库存估价，也可用在对短期投资、长期投资、固定资产、在建工程和无形资产的评估中。

7）零售盘存估价法

此库存估价方法通常在零售行业中使用，其关键是先核算出相应期间内可供销售商品的成本比率，如表 7-2 中的 62.5%；再根据期末存货按零售价核算的库存金额乘以成本比率，推导出期末存货成本，如表 7-2 中的 9,375 元。

表 7-2　零售盘存估价法示例

零售盘存	成本 / 元	零售价 / 元	成本加成	成本比率
期初存货	13,000	20,000	35%	65%
本期购货	12,000	20,000	40%	60%
可供销售商品	25,000	40,000	37.5%	62.5%
销售净额		25,000		
期末存货（零售价）		15,000		
期末存货成本（15,000 × 62.5%）	9,375			

5. 库存价值的一般衰减特性

通常，过量库存、过时（期）库存和报废等情况的发生，会导致库存价值衰减，下面是对库存价值的一般衰减特性的解释。

● 运营库存：为满足客户订单而持有的库存；运营过程中不断消耗，未用完的运营库存则变为过量库存。

● 过量库存和慢周转库存：备库数量超出正常生产需求的库存，储存时间越长，成本越高；随着时间的推移，如果过量库存没有被使用和消耗，并且未来只有少量的消耗需求，它就会转为慢周转库存。

● 过时库存：部分物料由于内外因素的综合影响，存储时长超过保质期后，其会失去原有的优良性能，最终丧失使用价值。

● 报废：不符合图纸规格要求，且不具备返工条件的物料。

6. 库存管理策略和控制

库存管理切忌一刀切，我们需要通过一些科学的物料分类方式，对不同的物料制定不同的管理策略。

1）使用 ABC/XYZ 分类方法对库存物料进行分类

如果出现新物料，我们可以用预测的需求量进行 ABC/XYZ 定义，并根据实际消耗进行纠偏。如果产品生命周期较短，可统计所消耗物料在过去一个季度以周为单位的实际消耗数量；如果产品生命周期较长，可统计所消耗物料在过去一年以月为单位的实际消耗数量；我们也可以用滚动的数据，每周或者每个月更新物料的 ABC/XYZ 属性。

下面介绍使用 ABC/XYZ 分类方法的步骤。

使用 ABC 分类方法的步骤如下。

● 物料的资料统计：用每一种物料上一年的使用量乘以单价，得出消耗金额。

● 按消耗金额大小顺序进行排列，并计算每种物料消耗金额占物料总金额的百分比。

● 按消耗金额大小顺序计算每种物料消耗金额的累计百分比。

● 根据累计百分比绘制 ABC 分类表。物料消耗金额累加后占总金额 80% 的品类为 A 类，累加后占总金额 15% 的品类为 B 类，累加后占总金额 5% 的品类为 C 类。

● 对 A、B、C 这 3 类不同物料结合 XYZ 分类方法，进行相应的分类管理。

使用 XYZ 分类方法的步骤如下。

● 统计物料过去一年以月为单位，或者过去一个季度以周为单位的实际消耗数量。

● 计算各物料的每月或每周平均消耗数量（在 Excel 中可用 AVERAGE 函数计算）。

● 根据物料的消耗数量，计算出该物料的标准差（在 Excel 中可用 STDEV 函数计算）。

● 用标准差除以平均值，计算出该物料的波动系数（Coefficient of Variation，COV）。

● 根据波动系数设定不同的波动区间。在这里，我们可以参考一些企业的实际情况来确定波动区间。比如，我们可以设置：波动系数小于 0.5，为 X；波动系数为 $0.5 \sim 1$，为 Y；波动系数大于 1，为 Z（波动区间可以通过计算所有物料的波动系数的平均值和进行内部沟通来设定）。

2）根据不同物料的 ABC/XYZ 分类，采取不同的库存管理策略

这里需要注意的是，所有库存管理策略的制定，都需要基于企业的实际运营场景（行业、产品类别、公司战略、成本与服务水平侧重点等不同场景和因素）进行。表 7-3 给出的库存管理策略只是示例，切不可直接套用。

表7-3 不同的库存管理策略示例

	X	Y	Z
A	准时交付要求最高 OTD>98% 补货批量小 连续性补货 安全库存水平相对较低	准时交付相对要求高 OTD>95% 补货批量小 安全库存水平较高，需关注交付周期的变动和需求波动	准时交付要求中等 OTD>90% 针对性批量订货，多使用LFL，也可以合并中长期需求订货 根据物料品类特点综合设定安全库存
B	准时交付要求相对高 OTD>95% 补货批量中等 连续性补货 安全库存水平相对较低	准时交付要求高 OTD>92% 补货批量中等 安全库存水平较高，需关注交付周期的变动和需求波动	准时交付要求中等 OTD>88% 针对性批量订货，多使用LFL，也可以合并中长期需求订货
C	准时交付要求相对中等 OTD>92% 补货批量大 批量交付，减少交付次数和采购管理成本，可用ROP或者Min-Max进行补货 安全库存水平相对较低	准时交付要求高 OTD>90% 补货批量大 批量交付，减少交付次数和采购管理成本，可用ROP或者Min-Max进行补货 安全库存水平较高，关注交付周期和需求波动	准时交付要求中等 OTD>85% 生产任务触发补货，可以合并中长期需求进行订货 根据物料品类特点综合设定安全库存

注：OTD——On Time Delivery，准时交付率；
ROP——Reorder Point，再订货点；
LFL——Lot for Lot，按需订货法；
Min-Max——最小 - 最大补货模型。

针对 AX/AY/BX/BY 这类消耗金额高、需求相对稳定的物料，除了上述建议，管理者在物料的采购管理中，还可以尝试供应商管理库存（Vendor Managed Inventory，VMI）或者准时制生产（Just In Time，JIT）等供货方式，但必须慎重考虑。ABC/XYZ分类方法主要基于物料的特点使用，VMI 和 JIT 的采用还要考虑供应商距离、供应商能力、潜在的单一供应源倾向、物料的尺寸 / 重量等多个因素。管理者在使用 XYZ 分类方法分析物料需求稳定性时，还要注意数据分析的时间维度，例如，月需求相对稳定的物料，其周需求或日需求可能是剧烈波动的。目前，国内一些装备制造企业一窝蜂地、不假思索地采用 VMI 或 JIT，给自身带来了不少物料供应问题。因此，企业要根据具体情况，如产品需求特点、供应市场分析（供应商的能力、节拍），进行针对性的补货方法和安全库存设置方法的选择。

3）库存控制思路和方法

库存控制思路和方法主要有 5 个方面。

●确定库存目标：一般可将库存周转率或者库存周转天数设定为库存目标，及时识别当前的库存水平是否超出既定的库存目标范围。

●执行与控制：数字化库存管控（Digital Inventory Management，DIM），即库存目视化管理，便于企业发现库存问题并及时整改。一般 DIM 可将前文提到的库存目标作为目视化管理的内容。

●确保库存相关数据的完整性：确保物料清单准确；计划参数定期核查和正确维护；确保库存信息准确度，账实相符。

●供应商协作：优化供应周期；减少起订量；选择恰当的补货方式；库存信息共享，及时控制呆滞库存出现的风险。

●尽量考虑物料通用标准设计：比如，公司设计产品时，若该项目物料都是非标准品，则需要考虑是否可以使用标准品取代，是否可以使用库存中的相似品替代等，以达成库存控制和优化。

第 2 节 库存计划模型

库存管理涉及众多的管理方法。不论管理哪种或哪个环节的库存，管理者事先都需要确定采用哪种库存计划模型，或称库存补货模型。基础的库存补货模型有 3 种：连续补货模型、定期补货模型和最小 – 最大补货模型。其他库存补货模型还有离散随机需求下的库存订货模型和连续随机需求下的库存订货模型（报童模型）。

1. 连续补货模型

连续补货模型是学术名，我们习惯称之为再订货点补货模型。连续补货模型需要管理者时刻关注库存的变动，一旦库存量下降到事先设定的再订货点（Reorder Point，ROP），则立即触发订货行为，如图 7-1 所示。

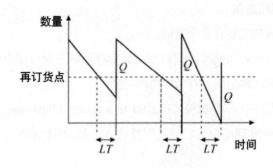

图 7-1　连续补货模型

再订货点的计算公式如下：

$$ROP = LT \times D + SS$$

上文公式中，LT 为前置期，D 为前置期内单位时间的平均需求量，SS 为安全库存。需求量 D 建议采用未来的需求量，而 $LT \times D$ 意味着未来一段前置期的总需求量。理想情况下，如果需求和供应都是稳定的，就不需要设置安全库存 SS 了。但遗憾的是，多数情况下，管理者不可能事先 100% 地确定需求量，供应方不论在时间上还是在数量上，也不能 100% 地稳定供应。这样，就有必要设置安全库存，来保护库存的服务水平不受供应链不确定性的影响。有关安全库存的设置，可以参见本章第 4 节。

基于天数的再订货点，在计算再订货点时，可采用数量单位或时间单位。在实际情况中，有的管理者习惯在公式的两边分别除以需求量 D，则再订货点按天数计算的公式如下：

$$再订货点 = \frac{ROP}{D} = LT + \frac{SS}{D}$$

其中，SS/D 为安全（库存）天数。特别是在利用诸如 SAP 这样的 ERP 系统管理库存时，采用此做法能减少管理者在系统中不断修改参数的次数。

选择连续补货模型时，订货批量 Q 可采用任意一种订货批量法则，参见本章第 3 节。这时，平均库存为：$Q/2 + SS$。最基本的连续补货模型是假设补货瞬间到达，如图 7-1 所示。而实际上，补货也可以非瞬间而持续到达，这样的模型就更为复杂了。

经常使用 SAP 系统的计划人员有时容易混淆再订货点和安全库存这两个概念，误以为两者相同。SAP 系统等不少的系统手册中，常常判断做出补货行为所参照的公式如下：

$$I_0 - LT \times D \leq SS$$

即当前库存减去一个前置期的需求量后，如果小于等于设定的安全库存，则触发订货行为。正因为这样的定义，不少人误认为安全库存就是再订货点。这种观点是不正确的。采用以上公式，其实是为了展望库存在未来一个前置期的消耗情况，即 LT 时间后的库存情况。如果那时，库存消耗到小于等于安全库存就应该立即订货了。因此，以上判断做出补货行为的公式与传统的再订货点方式并不矛盾，只是观察角度不同罢了。

除了上述模型之外，不少公司还会用到双料箱系统（Two-Bins System）。双料箱系统亦称复仓法、双箱系统、两箱系统、双箱存货系统。双料箱系统的本质是再订货点，是使用两个料箱装运库存物料的一种定量订货系统。双料箱系统的定义是，当把第一个料箱中的物料用光时，即发出补充物料的要求；在物料补充提前期内，则使用第二个料箱中的物料，其中的物料数量为提前期内的需求量加安全库存；在接到物料之后，则把第二料箱重新装满，剩余的部分放进第一个料箱；从此时起，又使用第一个料箱中的物料，直到用光为止。三料箱系统（Three-Bins System）的逻辑与双料箱系统类似，只是在双料箱的基础上加了一个料箱。

再订货点补货模型的优势如下。

● 简单的进程易于理解和建立。

● 可控制最大库存。

● 拉动物料而不是由物料推动。

再订货点补货模型的劣势如下。

● 不能很好地应对预测需求的变化。

● 需要线下计算在多个末端项目使用的物料的再订货点。

● 要求对系统库存有足够的信任。

2. 定期补货模型

在使用系统管理库存之前，不少的库存管理者认为使用连续补货模型需要时刻监控库存的变化， 因而产生了额外工作量。再者，连续补货模型的补货点可出现在任意时间，从而可能造成供应方安排物流或调整生产计划方面的麻烦，因而定期补货模型或固定订单间隔模型应运而生。定期补货模型需要管理者事先设定好固定的补货时间，如每周二、每两周的周一或每月月初等，一旦到达补货时间，管理者则根据事先设定的供应渠道及最大库存目标，按照下面的公式计算补货量并补货，如图 7-2 所示。

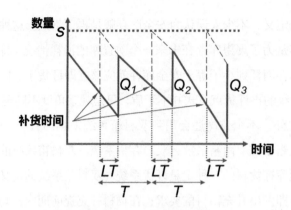

图7-2 定期补货模型

$$S = D \times (LT + T) + SS$$

$$Q = S - I_0$$

上述两个公式中：S——最大库存目标；D——单位时间需求量；LT——前置期；T——订货的间隔时间；Q——订货量；SS——安全库存；I_0——当时的库存量，应该包括订货时刻的在库库存、在途库存和供应方的未完成订单，缺一不可。同样，定期补货模型在使用时，也可采用最大库存目标天数的方法，而使用下面的公式：

$$\frac{S}{D} = LT + T + \frac{SS}{D}$$

其中：S/D——最大库存天数；SS/D——安全（库存）天数。

总体来说，在基本条件相同的情况下，采用连续补货模型可将库存水平控制得更低，而定期补货模型操作起来更容易。对于后者，补货时间的间隔期越短，则库存水平越低。管理者可根据不同品类的重要性和对库存水平的影响，制定不同品类的库存补货的间隔期。有研究表明，不同品类补货的间隔期最好保持为 $2n$ 这样的规律，从而在一个订货时点有机会对更多的品类进行补充，也使得供应方能在一个时点同时收到不同品类的补货订单。

定期补货模型的平均补货量，实际上是一个补货间隔期的需求量，即 $Q = T \times D$。而此时的平均库存为 $Q \div 2 + SS = (T \times D)/2 + SS$。例如，某个品类的前置期 LT 为 12 周，补货间隔期 T 为 4 周，安全库存 SS 为 2 周。那么，最大库存目标天数为：12 周 +4 周 +2 周 =18 周。这并不是指组织内的最大库存目标天数为 18 周，而是指在整个供应渠道中的最大库存目标天数为 18 周。而每次的补货量，也会由于 I_0 包括了在库库存、在途库存和未完成订单，根据公式 $Q = S - I_0$ 的扣减，约为补货间隔期为 4 周时的需求量，而平均库存大致为 4 周。

3. 最小 – 最大补货模型

随着传统的连续补货模型和定期补货模型的发展，管理者又结合两种模型各自的特点，得到了一种新的模型，称为最小 – 最大补货模型（Min-Max）。该模型通常视为连续补货，即管理者需要随时检查库存的变化，一旦库存降到事先设定的再订货点（Min 即为 ROP），则触发一次补货，补货量为最大库存目标（Max 即为 S）减去当时的库存 I_0。不少供应链管理者倾向对那些关键的物资采用最小 – 最大补货模型来进行库存控制。

除此之外，有些管理者在最小 – 最大补货模型的基础上，又添加了一个补货间隔期，即每隔一个时间 T，检查一下库存水平，如果库存水平下降到小于或等于事先设定的再订货点（即 Min），则触发一次补货行为；否则等待下一个间隔期。

4. 离散随机需求下的库存订货模型

慢速流动的物资，通常指零售环节的多数 C 类产品、工厂设备的维修部件和家电、仪器等的售后服务环节的维修部件等。这类物资的需求经常不是连续的，而是离散出现的，并且每次出现的时间间隔也是随机的，如下所示：

$$0\quad 1\quad 0\quad 0\quad 0\quad 0\quad 0\quad 2\quad 0\quad 0\quad 1\quad 0$$

这类物资的需求预测和库存管理都是极其困难的。一些管理者逐渐习惯引入代表需求离散分布的数学模型，如二项式分布或泊松分布，来管理这类物资的库存。

例如，某计算机公司的售后维修服务部门要针对维修备件库存进行管理，根据一段时期的数据统计得知，平均每销售 1,000 台计算机会有 2 台的内存条存在质量问题，这样，售后服务部门要进行内存条的替换。假设在某段时间内，公司在市场销售了 8,000 台该款计算机，试计算这批计算机都不存在内存条质量问题的概率。

根据泊松分布的概率密度公式：

$$f(x) = \frac{\mu^x e^{-\mu}}{x!}$$

内存条的平均需求 $\mu = 0.2\% \times 8{,}000 = 16$（个）。

不存在内存条故障的概率，即 $x = 0$ 时，$f(0) = e^{-16} = 1.13 \times 10^{-7}$，因此 8,000 台计算机中没有内存条质量问题几乎是不可能的。那么售后服务部应该准备多少内存条呢？

在工作中，我们可以利用 Excel 里的泊松函数 "=POISSON（x, μ, 参数）" 进行计算，其中，参数为 False 时，代表概率密度；参数为 True 时，代表概率累积，而在进行库存管理时，我们常使用的是概率累积。管理这类物资时，可如表 7-4 所示，列出连续的概率累积，然后，根据事先设定的服务水平（或命中率），在概率累积列中查看大于设定的服务水平所对应的故障数（需求）。如设定的服务水平为80%，则查表7-4可以发现在倒数第三行，概率累积大于80%，该行左侧所对应的故障数为19，即需要储备19个内存条；如果服务水平设定为90%，同样可以查到最后一行的概率累积大于90%，该行所对应的故障数为21，即需要储备21个内存条。

表7-4 概率累积

故障数	概率累积	故障数	概率累积
0	1.1254E-07	11	0.12699
1	1.9131E-06	12	0.19312
2	1.6318E-05	13	0.27451
3	9.3142E-05	14	0.36753
4	0.00040044	15	0.46674
5	0.00138379	16	0.56596
6	0.00400604	17	0.65934
7	0.00999978	18	0.74235
8	0.02198725	19	0.81225
9	0.04329832	20	0.86817
10	0.07739602	21	0.91077

对于这类离散需求的物资的补货，管理者通常采用一种称为基准库存制（Base Stock System）的方法，即使用一个，采购一个，这也是通常采用的控制体系。一旦出现了 x 个需求，则需要立即对库存进行 x 个数量的补货，尽快恢复到基准库存水平，如前例中的18个或21个内存条。

5. 连续随机需求下的库存订货模型（报童模型）

管理者还经常遇到季节性的产品和流行性的产品，诸如促销产品仅考虑被使用或采购一次的情况。特别是当这些物资的补货前置期又很长，迫使管理者要提早做订货决策时，管理者就需要权衡多订货的积压损失与少订货的缺货损失，这时通常采用报童模型。

例如，城区报童小明试图决定每天进多少份日报。假设日报的需求量近似为正态分布，每天的平均销量为450份，标准偏差为100份。小明的进货价格为每份0.35元，并以每份 0.50 元的价格售出。小明超卖没有额外的奖金，而没卖出去的报纸又不可以退回邮局。

则小明少订货而损失的利润（缺货成本）：C_P=0.50 元 / 份 − 0.35 元 / 份 =0.15 元 /份。下标 P 是英文 penalty 的首字母，意为缺货、罚款。

小明多订货而积压的成本（持有成本）：C_C =0. 35 元 / 份。下标 C 是英文 carry 的首字母，意为积压。

可根据积分和一阶导数方程（推导原理可参见其他相关书籍）求得积压成本和损失成本的平衡点。最终公式如下：

$$G（Q^*）=P\{X \leqslant Q^*\}= \frac{C_p}{C_c+C_p} = \frac{0.15}{0.35+0.15} =30\%$$

通过查正态分布积分表，可知 30% 所对应的偏离量 z 为 −0.52，因此根据 $z = \frac{Q-\mu}{\sigma}$，其中 μ 为平均需求 450 份，σ 为日标准偏差 100 份，则 Q 最终结果为 398 份报纸。

| 第 3 节 | 库存订货批量

1. 基本经济订货模型

1）经济订货批量（EOQ）

早在 1913 年，由福特·哈里斯（Ford W. Harris）[2] 开发，并由威尔逊（R. H. Wilson）[3]最终完善的经济订货批量模型，在当时就很好地取得了前面所述的平衡。库存管理的核心就是平衡成本与服务水平，其中包括持有成本与订货成本的平衡（如 EOQ），也包括持有成本与缺货成本（服务水平）的平衡。平衡就是结合业务场景，找到合适的库存策略和补货方法。最容易理解也最普遍的一种平衡做法，就是从总成本最优角度找合适的方法。当然，总成本的界定则是对管理者的另一项挑战。上节介绍的报童模型也是平衡持有成本与缺货成本的方法。持有成本与订货成本的平衡如图 7-3 所示。

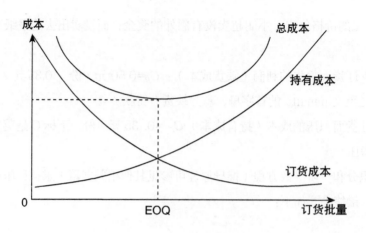

图 7-3　经济订货批量图示

持有成本随着订货批量的增加而增加，订货成本随着订货批量的增加而减少。总成本曲线的最低点所对应的订货批量即为经济订货批量（EOQ）。降低 EOQ，就是降低订货成本，而通过精益管理等方式，运用快速换模（Single Minute Exchange of Die，SMED），可以达成降低 EOQ 的目的。

EOQ 的计算公式如下：

$$EOQ = \sqrt{\frac{2DC_o}{C_c}}$$

其中，D 为期间内的需求量，C_o 为单次订货成本，C_c 为单位货物的持有成本。在计算中，一定要保证需求量 D 和单位货物的持有成本 C_c 的时间和货量的单位一致。

然而，一百多年前定义 EOQ 模型时，有些假设条件放在如今激烈竞争的年代就不太妥当了，因此在实际工作中，即使计算出来 EOQ 并依照它去订货，也不能保证期间内库存成本是最低的。

2）经济生产批量

即便 EOQ 模型因其假设条件的局限性，在当今的实际工作中的应用不再广泛，但其蕴含思想一直影响着管理者们。很多时候，我们可以借鉴 EOQ 的这种权衡思想。例如，在管理工厂的成品库存时，如果某产品的月需求量为 10,000 箱，库存计划人员需要决定如何制订生产计划和批量。从传统的生产者角度来看，他们当然希望一批就把这 10,000 箱生产出来，因为这样仅做一次生产准备；而从传统的库存管理者角度来看，他们又希望尽可能地小批量、多批次地生产，从而获得较低的平均库存。如何在这两个方面权衡呢？此时，我们可以借鉴 EOQ 的概念，把生产的准备成本视为单次订货成本。生产准备成本可以由生产主管和成本会计测算得出，通常包括生产准备过程中的机时损失、工时损失和过程中的废料成本。需求量即为月需求量 10,000 箱，通过 EOQ 的计算公式就能近似得到生产的最佳批量。这样就权衡了生产成本和库存持有成本。

考虑到生产换模、生产准备需要时间，一次生产多少最划算，这就是经济生产批量（Economic Production Quantity，EPQ），如图 7-4 所示。

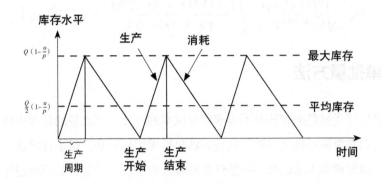

图 7-4　经济生产批量图示

EPQ 模型的假设条件：对库存系统的需求率为常量；一次订货量无最大、最小限制；采购、运输均无价格折扣；订货提前期已知，且为常量；用生产准备费用替代采购中的订货费用；维持库存费是库存量的线性函数；不允许缺货；需要连续补充库存。

EPQ 的计算公式（公式推导过程可上网查阅）如下：

$$EPQ = \sqrt{\frac{2D \times C_o \times p}{C_c \times (p - \mu)}}$$

其中：EPQ——最佳经济生产批量；

　　　D——年需求量；

　　　p——生产率（件／天）；

　　　μ——需求率（件／天）；

　　　C_o——调整准备费（元／次）；

　　　C_c——持有成本。

例如，某工厂是生产氢气瓶的专业厂。该厂年工作日为 220 天，市场对氢气瓶的需求率为 50 件／天。氢气瓶的生产率为 200 件／天，年库存成本为 1 元／瓶，设备调整准备费为 35 元／次，求经济生产批量（EPQ）。

已知：

C_o =35（元／次），

p=200（件／天），

u=50（件 / 天），

C_c = 1（元 / 件·年），

年需求量 D=50×220 =11,000（瓶）。

$$EPQ=\sqrt{\frac{2D \times C_o \times p}{C_c \times (p-\mu)}}=\sqrt{\frac{2 \times 11,000 \times 35 \times 200}{1 \times （200-50）}} \approx 1,013（瓶）$$

2. 简单批量方法

有许多确定订货批量的方法并不追求库存成本的最低，而更多的是考虑使用方便，这类方法通常被归类为简单批量方法。这些方法包括固定数量法、最小订单法、倍数法、批量对批量法、固定期间需求法和周期性订货法等。为了便于讲解，我们将通过如下示例分别揭示不同简单批量方法的应用。

例如，某产品未来 10 周的需求如表 7-5 所示，期初库存为 0 箱，订货成本为 132 元 / 单，年库存持有成本率为 22%，产品价值 141.82 元 / 箱，则周库存（全年 52 周）持有成本为 141.82×0.22÷52 ≈ 0.60 元 / 箱。

表 7-5 某产品未来 10 周的需求

周	1	2	3	4	5	6	7	8	9	10	合计
需求 / 箱	35	61	45	50	78	93	26	85	48	105	626

1）固定数量法

库存计划人员有时会根据事先与供货方设定的固定数量进行订货。这种固定数量可能源自运输工具容器的限制或生产的批量要求。使用这种方法进行订货，补货量、期末库存和库存成本的表现如表 7-6 所示。此处假设补货均于每周初到货，每次补货量为 120 箱。

表 7-6 固定数量法示例

周	1	2	3	4	5	6	7	8	9	10	合计
需求 / 箱	35	61	45	50	78	93	26	85	48	105	626
补货量 / 箱	120		120		120	120			120	120	120

周	1	2	3	4	5	6	7	8	9	10	合计
期末库存 / 箱	85	24	99	49	91	118	92	7	79	94	738
订货成本 / 元	132		132		132	132		132		132	792
持有成本 / 元	51	14.4	45.6	15.6	40.8	70.8	55.2	76.2	47.4	56.4	442.8
成本合计 / 元	183	14.4	191.4	29.4	186.6	202.8	55.2	136.2	47.4	188.4	1,234.8

2）最小订单法

需求方有时与供应方事先约定了最小订单量，如例表 7-7 中的 50 箱。那么，每次计算补货量后，如果补货量小于最小订单量 50 箱，则按照 50 箱下单；如果补货量大于或等于 50 箱，则按照补货量下单。在表 7-7 中，第 5、6、8 和 10 周，均为补货量大于最小订单量 50 箱的情况。

表 7-7　最小订单法示例

周	1	2	3	4	5	6	7	8	9	10	合计
需求 / 箱	35	61	45	50	78	93	26	85	48	105	626
补货量 / 箱	50	50	50	50	69	93	50	61	50	103	626
期末库存 / 箱	15	4	9	9	0	0	24	0	2	0	63
订货成本 / 元	132	132	132	132	132	132	132	132	132	132	1,320
持有成本 / 元	9	2.4	5.4	5.4	0	0	14.4	0	1.2	0	37.8
成本合计 / 元	141	134.4	137.4	137.4	132	132	146.4	132	133.2	132	1,357.8

3）倍数法

需求方也可能事先与供应方约定每次下单为一个固定值的整数倍，如在表 7-8 中，补货量为 30 箱的整数倍，30 箱为需求方与供应方事先沟通确认的最小包装量，即下单量。

表 7-8　倍数法示例

周	1	2	3	4	5	6	7	8	9	10	合计
需求 / 箱	35	61	45	50	78	93	26	85	48	105	626
补货量 / 箱	60	60	30	60	60	120	–	90	60	90	630
期末库存 / 箱	25	24	9	19	1	28	2	7	19	4	138
订货成本 / 元	132	132	132	132	132	132	0	132	132	132	1,188
持有成本 / 元	15	14.4	5.4	11.4	0.6	16.8	1.2	4.2	11.4	2.4	82.8
成本合计 / 元	147	146.4	137.4	143.4	132.6	148.8	1.2	136.2	143.4	134.4	1,270.8

4）批量对批量法

按此种方法，每次订货到货的批量必须对应每单位时间（如每周）的需求量，如表 7-9 所示。物料需求计划早期就是采用的此方法。这种方法的优点是每期末几乎不剩库存，至少从计划层面看是如此，缺点是订货次数过多。

表 7-9　批量对批量法示例

周	1	2	3	4	5	6	7	8	9	10	合计
需求 / 箱	35	61	45	50	78	93	26	85	48	105	626
补货量 / 箱	35	61	45	50	78	93	26	85	48	105	626
期末库存 / 箱	0	0	0	0	0	0	0	0	0	0	0
订货成本 / 元	132	132	132	132	132	132	132	132	132	132	1,320
持有成本 / 元	0	0	0	0	0	0	0	0	0	0	0
成本合计 / 元	132	132	132	132	132	132	132	132	132	132	1,320

5）固定期间需求法

库存计划人员有时会按照自身的工作节拍或与供应方事先约定的频率，对每次的订货量按照单位时间的固定倍数期间的需求量和进行确定，如表 7-10 所示的每 2 周。如同我们在第 2 节谈及的定期补货模型一样，专家建议这里的固定节拍的设置最好也遵循 $2n$ 这样的规律。与批量对批量法相比，采用这种方法可以减少订货次数，但会有更多的库存。

表 7-10　固定期间需求法示例

周	1	2	3	4	5	6	7	8	9	10	合计
需求 / 箱	35	61	45	50	78	93	26	85	48	105	626
补货量 / 箱	96		95		171		111		153		626
期末库存 / 箱	61	0	50	0	93	0	85	0	105	0	394
订货成本 / 元	132	0	132	0	132	0	132	0	132	0	660
持有成本 / 元	36.6	0	30	0	55.8	0	51	0	63	0	236.4
成本合计 / 元	168.6	0	162	0	187.8	0	183	0	195	0	896.4

6）周期性订货法

周期性订货法与之前的固定期间需求法看似相同，实则不完全相同，与其相同的是每次订货量也是单位时间的固定倍数期间的需求量和，不同的是此方法的固定倍数是计算出来的，而固定期间需求法的固定倍数往往是库存计划人员主观制订或与供应方约定的。在周期性订货法中，需计算订货间隔时间（TBO），公式如下：

$$\text{TBO}=\frac{\text{EOQ}}{D}=\frac{166}{62.6}\approx 3\,（周）$$

其中，EOQ 即为经济订货批量，此例中为 166 箱；D 为整个期间内的需求平均量，此例中为 62.6 箱。在表 7-11 中，根据公式测算出的间隔期为 3 周，每次下单时采用近 3 周的需求量和，如 141 箱、221 箱和 159 箱等。

表 7-11 周期性订货法示例

周	1	2	3	4	5	6	7	8	9	10	合计
需求 / 箱	35	61	45	50	78	93	26	85	48	105	626
补货量 / 箱	141			221			159			105	626
期末库存 / 箱	106	45	0	171	93	0	133	48	0	0	596
订货成本 / 元	132	0	0	132	0	0	132	0	0	132	528
持有成本 / 元	63.6	27	0	103	55.8	0	79.8	28.8	0	0	357.6
成本合计 / 元	195.6	27	0	235	55.8	0	211.8	28.8	0	132	887.6

3. 启发式批量方法

随着供应链管理逐渐受到重视，企业开始关注库存成本，大多数管理者此时会选择简单批量算法之外的其他算法。启发式批量算法就是从不同的角度去追求某种意义上的库存成本优化。这类算法通常包括经济订货批量、部分期间平衡法、期间最小成本法和单位最小成本法等。

1）经济订货批量法

此方法就是在每次订货时，按照计算出的经济订货批量固定地下单。在前面的例子中，经济订货批量可求得为 166 箱。其整体下单与库存情况如表 7-12。经济订货批量法追求的是在整个期间内（如此例的 10 周）的库存成本最小化。

表 7-12 经济订货批量法示例

周	1	2	3	4	5	6	7	8	9	10	合计
需求 / 箱	35	61	45	50	78	93	26	85	48	105	626
补货量 / 箱	166			166		166			166		664
期末库存 / 箱	131	70	25	141	63	136	110	25	143	38	882
订货成本 / 元	132	0	0	132	0	132	0	0	132	0	528

周	1	2	3	4	5	6	7	8	9	10	合计
持有成本/元	78.6	42	15	84.6	37.8	81.6	66	15	85.8	22.8	529.2
成本合计/元	210.6	42	15	216.6	37.8	213.6	66	15	217.8	22.8	1,057.2

2）部分期间平衡法

此方法旨在尽可能地在部分期间内保持持有成本与订货成本相平衡（或接近）。管理者需要反复迭代测算不同订货批量产生的持有成本，直到其与订货成本平衡。在表 7-13 中，第 3～5 行为部分期间平衡持有成本的测算。第 3 行中，假设订货量仅为第 1 周的需求量 35 箱，则持有成本为 0 元（仅近似考虑期末成本）；假设订前 2 周的需求量之和 96 箱，则持有成本为 36.6 元；以此类推。与订货成本接近的 2 个持有成本为 90.6 元和 172 元，它们分别对应着订 3 周和订 4 周的情况，其中 180.6 元与订货成本 132 元更为接近，运算停止。选择 172 元所对应的期间数 4，则第 1 周应到达的订单量应为前 4 周的需求量之和 191 箱。第 5 周应到达的订单量以此类推，选择与订货成本更接近的持有成本 87 元，其所对应的期间数 3（第 5～7 周）即为订货量对应的周数。

表 7-13　部分期间平衡法各种库存量和成本

周	1	2	3	4	5	6	7	8	9	10	合计
需求 / 箱	35	61	45	50	78	93	26	85	48	105	626
		0	36.6	90.6							
PPB 持有成本测算				0	46.8	158.4					
							0	51	108.6		
补货量（箱）	141			221			159			105	
期末库存（箱）	106	45	0	171	93	0	133	48	0	0	596
订货成本（元）	132	0	0	132	0	0	132	0	0	132	528
持有成本（元）	63.6	27	0	102.6	55.8	0	79.8	28.8	0	0	357.6
成本合计（元）	195.6	27	0	234.6	55.8	0	211.8	28.8	0	132	885.6

3）期间最小成本法

该方法最早由著名供应链管理专家西尔弗（Silver）和迈尔（Meal）开发，故也称 Silver-Meal 或 SM 算法。其追求的是尽可能地确保平均到单位时段内的库存总成本最小。在表 7-14 中，库存计划人员反复迭代测算每次假设订货的单位时间的平均库存成本，本例为平均周库存成本。如第 3 行，针对第 1 周应该到货的第 1 张订单，假设每次订 1 周、2 周、3 周……的需求量之和，分别计算各种情况的平均周库存成本，如 132 元、84.3 元、74.2 元等。计算开始时会发现平均周库存成本下降，运算到该值上升时停止。统计之前的期间（周）数，此例中第 3 行，当假设第 1 张订单量为前 4 周需求量之和时，平均周库存成本为 78.2 元，比之前的值上升了，则运算停止。之前一共有 3 周，故第 1 张订单订前 3 周的需求量之和为 141 箱。那么，第 2 张订单就应该在第 4 周到达，其补货量计算按以上算法类推。

表 7-14 期间最小成本法各种库存量和成本

周	1	2	3	4	5	6	7	8	9	10	合计
需求/箱	35	61	45	50	78	93	26	85	48	105	626
SM 平均周库存成本（元）	132	84.3	74.2	78.15							
				132	89.4	96.8					
						132	73.8	83.2			
								132	80.4	95.6	
补货量（箱）	141			128		119		133		105	
期末库存（箱）	106	45	0	78	0	26	0	48	0	0	303
订货成本（元）	132	0	0	132	0	132	0	132	0	132	660
持有成本（元）	63.6	27	0	46.8	0	15.6	0	28.8	0	0	181.8
成本合计（元）	195.6	27	0	178.8	0	147.6	0	160.8	0	132	841.8

4）单位最小成本法

这种方法也需要管理者反复迭代计算每次订货的情况，尽量使得期间内平均到单位货品的库存成本最小。在表 7-15 中，第 3 ~ 5 行为逐一测算不同订量的单位平均周库存成本。如果第 1 周到达的第 1 张订单按 1 周的需求量 35 箱订，则仅发生订货成本 132 元而持有成本忽略不计的话，分摊到 35 箱，平均每箱库存成本为 3.77 元；如第 1 周到达的第 1 张订单按前 2 周需求之和 96 箱订，则发生 1 次订货成本 132 元和 61 箱的 1 周持有成本 36.6 元，合计库存成本为 168.6 元，分摊到 96 箱，平均每箱库存成本为 1.76 元。如此往下计算，单位平均周库存成本先逐渐下降，再上升到 1.64 元，运算停止。之前一共 3 周，则确定第 1 张订单量为前 3 周的需求量之和 141 箱。第 4 周到达的第 2 张订单量的确定，以此类推，直到计算到第 10 周。

表 7-15　单位最小成本法各种库存量和成本

周	1	2	3	4	5	6	7	8	9	10	合计
需求 / 箱	35	61	45	50	78	93	26	85	48	105	626
单位平均周库存成本 / 元	3.77	1.76	1.58	1.64							
				2.64	1.4	1.31	1.37				
							5.08	1.65	1.51	1.63	
补货量 / 箱	141			221			159			105	626
期末库存 / 箱	106	45	0	171	93	0	133	48	0	0	596
订货成本 / 元	132	0	0	132	0	0	132	0	0	132	528
持有成本 / 元	63.6	27	0	103	55.8	0	79.8	28.8	0	0	357.6
成本合计 / 元	195.6	27	0	235	55.8	0	211.8	28.8	0	132	885.6

纵观上述各种方法，简单批量方法因其简单实用、运算方便而在实际工作中更为普及，但其并未考虑库存成本优化的目的。启发式批量方法试图从不同角度去追求库存成本的优化，但运算较为复杂。目前，期间最小成本法（Silver-Meal 算法）被公认为可近似实现库存成本最优的算法之一。理论界和运作管理研究者一直认可的批量算法是瓦格纳 – 怀丁（Wagner-Whitin）[4] 算法，但因其在企业里的应用极为少见，这里不再赘述。细心的读者也可通过以上示例，对不同算法的库存成本合计进行对比，会发现 SM 算法的库存成本是众多方法中最低的。在以上示例中，我们还会发现应用经济订货批量法得到的总库存成本 1,118 元在各种算法中算是较高的。我们能发现在本例中，产品的需求量在 10 周中是波动的，可计算出其波动性系数为 0.39。因而，对此产品应用经济订货批量法，就不能保证获得最优的库存成本了。研究者曾总结，当波动性系数小于 0.25 时[5]，经济订货批

量法更适用；否则，其他的启发式批量方法更有效。

在实际工作中，确定库存订货批量的方法不胜枚举，并不局限于本节所列举的这些方法。就拿管理者们比较熟悉的 ERP 软件 SAP 来说，它就支持对任意物料制定达 30 多种批量方法，在图 7-5 中管理者可以打开"批量"的下拉菜单为物料选择适合的批量方法。总之，管理者需要对众多的物料进行科学的分类，然后确定各类物料适合的库存订货模型和批量方法。特别是对使用系统的管理者来说，这点极其重要，他们需要把这些库存订货模型和批量方法输入系统，这样才能真正发挥系统的计算和计划能力。

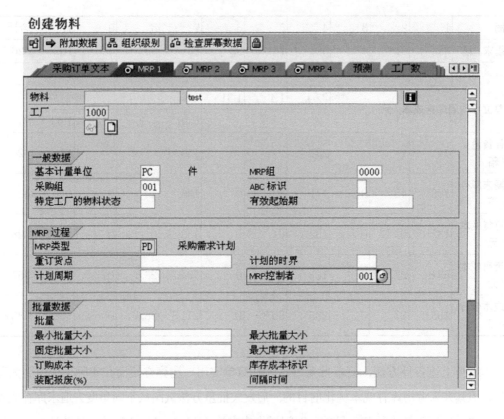

图 7-5　SAP 系统中确定库存订货批量的界面

| 第 4 节 | 安全库存

我们在本章前面曾谈及安全库存的一些概念。安全库存仅是库存构成的一部分，安全库存设置得正确与否，与库存是否安全是两码事。库存不安全也可能是因为周期库存设置得不合理造成的。安全库存的存在，是为了应对供应链的不确定性。

1. 安全库存的基本原理

表 7-16 所示为某物品未来 10 周的需求量，如果要表述该物品的需求量大小，通常，我们的第一反应是计算其平均值，约为 234 箱。我们应当清楚，平均值仅能表示一组数据集中的趋势，不能表示该组数据的发散程度。事实上，我们可以构造出无限多组数据来，使得它们的平均值也是 234，但这些数据的发散程度可能不尽相同。

表 7-16　某物品未来 10 周的需求量

周	1	2	3	4	5	6	7	8	9	10	合计
需求量 / 箱	220	170	300	264	110	239	255	224	286	271	2,339

如果我们为此物品设置库存为 234 箱，那么我们很可能分别在第 3、4、6、7、9 和 10 周出现缺货。因而，管理者可能考虑增加一部分库存，比如 50 箱，来应对超过平均需求的情况的发生，而这 50 箱可以简单理解为安全库存。

1）经验法与统计学方法

在企业的供应链管理中，管理者通常有两种思路来处理安全库存：一种称为经验法，一种是统计学方法。其实，二者殊途同归。有的管理者习惯回想过去，根据自己的感觉决定额外储备一些库存，比如，多存放 50 箱、多存放 15% 或 4 天的用量等。这种经验法就是管理者大致在脑海里做了一次"模糊"的统计，根据自己的初步想法，在头脑里回顾一下以往的经历，判断多存放这些库存量是否能避免缺货。

而统计学方法是根据历史数据，推测需求量在各个量级（或区间）中出现的概率，并以此推断应存放多少安全库存，以满足未来的需求并达到一定程度的满足率。统计学中对概率的计算需要依赖数据，而历史数据样本的完整性和真实性就决定着标准偏差的置信度，因此统计学方法也会存在一定程度的不准确性。以表 7-16 为例，我们可以很容易地计算出该物品未来 10 周的平均需求为 234 箱，需求的周标准偏差为 54 箱。标准偏差的计算可采用下面的公式或 Excel 中的 STDEV 函数来进行。公式中的 σ、x、μ、和 n，分别代表标准偏差、任意数值、数据的平均值和数据个数。

$$\sigma = \sqrt{\frac{\sum_{i=1}^{n} (x-\mu)^2}{n-1}}$$

在生产、物流和供应管理中，管理者通常把大量的连续需求近似地看成呈正态分布。这样，需求量分布如图 7-6 所示。根据统计学原理，我们很容易得出如下几条判断结果。

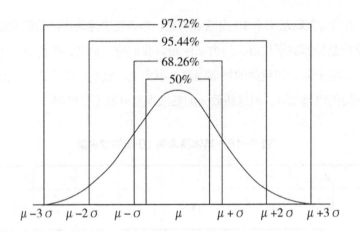

图 7-6　需求量分布

需求小于平均值 234 箱的可能性（概率）为 50%；均值为对称轴。

需求落在以均值（μ =234 箱）为中心，正负 1 个标准偏差的区间（234−54，234+54）内的概率为 68.26%。

需求落在以均值（μ =234 箱）为中心，正负 2 个标准偏差的区间（234−108，234+108）内的概率为 95.44%。

以此类推，如图 7-6 所示。

因此，如果我们把库存设为 288 箱，那么，日后任意一周出现缺货的概率就是近 16%（$\frac{1-68.26\%}{2}$ =15.87%）。因而，我们可以说，周期库存为 234 箱，安全库存为 54 箱，缺货概率为 16%，满足率或服务水平为 84%。然而 84% 的服务水平意味着什么呢？我们假设对该物品采取每周补货 1 次的方式管理库存，那么 2 年内大致有 100 次的补货。84%的服务水平意味着 2 年内大概会有 16 周出现缺货。如果管理者不可忍受这样的缺货程度，就只能增加安全库存了。

统计学中还有一个偏离量的概念，用来描述某数值距离均值有多少个标准偏差，其公式如下。以表 7-16 的数据为例，我们可以说 228 箱的偏离量为 1，而 180 箱的偏离量为 −1。

$$z=\frac{X-\mu}{\sigma}$$

由上式可推导出：$x=\mu+z\sigma$。

比照上述例子中 288 箱库存的建立，可归纳出：288 箱 = 234 箱 + 1×54 箱，以及公式 $x=\mu+z\sigma$ 为安全库存的基本公式，其中 SS 代表安全库存，z 在数学上是偏离量，在库存管理中通常称为服务水平系数或因子。在实际工作中，服务水平系数对应着服务水平。对于既定的服务水平，管理者可通过在正态分布积分表中查找获得，或通过 Excel 的 NORMSINV 函数查得，常见的服务水平系数如表 7 – 17 所示。

$$SS=z\sigma$$

表 7–17　正态分布积分表

服务水平	z	服务水平	z
60%	0.25	97%	1.88
70%	0.52	98%	2.05
80%	0.84	99%	2.33
85%	1.04	99.90%	3.09
90%	1.28	99.95%	3.29
95%	1.64	99.99%	3.72

由于安全库存是为了控制补货周期设置的，因此严格地讲，公式 $z=\dfrac{x-\mu}{\sigma}$ 中的 σ 应该代表着补货周期内的不确定性，而不应简单理解为单位时段的不确定性。

图 7-7 给出了安全库存与服务水平的关系。可见，服务水平越高，安全库存水平就会越高；并且，随着服务水平从 90% 越往上升高，安全库存水平会越快地上升。

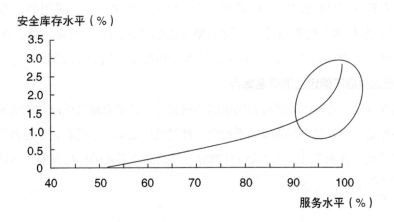

图 7-7　安全库存与服务水平的关系

2）仅考虑需求不确定性的安全库存

有些供应链管理者容易把需求的不确定性理解为需求的波动性，从而在设计安全库存时，仅考查历史需求的波动，甚至一些著名的专业书籍的作者也如此考虑[6]，这种做法有局限性。在供应链管理中，对管理者而言更具挑战性的需求不确定性体现为需求预测误差，因而需求预测误差代表着需求的不确定性，影响着安全库存的设置。

管理者比较常用的一种方法是通过采集历史需求预测的表现，计算单位时间段内误差的标准偏差，如表 7-18 所示，然后利用下文修正的安全库存公式计算安全库存。

表 7-18　通过历史需求预测计算标准偏差

周	1	2	3	4	5	6	7	8	9	10
预测需求	220	170	300	264	110	239	255	224	286	271
实际需求	191	176	289	213	99	235	259	179	300	266
误差	−29	6	−11	−51	−11	−4	4	−45	14	−5
周标准偏差	21.7									

$$SS=z\sqrt{LT}\sigma$$

式中：z——服务水平系数；

　　　LT——前置期；

　　　σ——表 7-18 中计算的周标准偏差。

使用公式时，一定要注意两点：该公式仅考虑了需求的不确定性，而认为供应是稳定的；LT 和 σ 取值的时间单位必须一致。同时，如果对库存采用的是连续补货模型，计算安全库存就直接调用公式；而如果采用的是定期补货模型，那么在计算时就要把公式中的 LT 替换为 $LT+T$，其中，T 为定期补货模型的间隔期。

3）仅考虑供应不确定性的安全库存

在计划库存时，管理者经常遇到供应的不确定性，通常表现为供应数量的不稳定、供应时间的不稳定，或者是供应质量的不稳定。针对供应数量的不稳定，管理者可以通过对历史数据的采集，按表 7-19 的方式进行测算，得出供应数量的标准偏差，然后按照前面的公式 $z=\dfrac{X-\mu}{\sigma}$ 计算出安全库存。

表 7-19　仅考虑供应不确定性时计算标准偏差

订单	1	2	3	4	5	6	7	8	9	10
订单数量	220	170	300	264	110	239	255	224	286	271
实际数量	191	176	289	213	99	235	259	179	300	266
误差	−29	6	−11	−51	−11	−4	4	−45	14	−5
标准偏差	21.7									

有时，供应的不确定性表现为供应时间的不稳定。这时，计划人员可按照表 7-20 中的供应订单的历史数据，包括订单时间、到货日期，计算实际前置期以及前置期的标准偏差 σ_{LT}。严格地讲，到货时间应该指货物到达并可用的时间。如此，企业在收货过程中的检验时间应该被包括在内。由于 σ_{LT} 的原始数据量纲是时间，而我们需要计算的是安全库存数量，因而不能简单地将 σ_{LT} 直接代入公式 $x=\mu+z\sigma$。通常，管理者习惯按照公式 $\sigma_s=D\times\sigma_{LT}$ 进行转换，其中，D 为期间的平均需求量。

表 7-20　计算实际 LT 及 LT 的标准偏差

订单	1	2	3	4	5	6	7	8	9	10
订单日期	1月14日	1月21日	2月2日	2月7日	2月15日	2月22日	2月27日	3月4日	3月12日	3月20日
到货日期	1月22日	1月26日	2月9日	2月14日	2月23日	3月4日	3月5日	3月11日	3月19日	3月26日
实际 LT	8	5	7	7	8	10	6	7	7	6
LT 的标准偏差	1.4									

如果在供应环节还出现物品质量的不稳定，那么管理者可以把它看成数量的不稳定，把不合格的数量当成未供应的数量。

4）同时考虑需求和供应不确定性的安全库存

统计学中的根号法则，可以用来阐述子集与全集的标准偏差关系，表示为如下公式：

$$\sigma=\sqrt{\sigma_1^2+\sigma_2^2+\cdots+\sigma_n^2}$$

它的意思是全集（或整体）的标准偏差等于各个子集的标准偏差平方和的平方根。

从数学上不难证明 $\sigma_1+\sigma_2+\cdots+\sigma_n\geq\sigma=\sqrt{\sigma_1^2+\sigma_2^2+\cdots+\sigma_n^2}$ 成立。

在供应链管理中，不少领域都可以借鉴并使用这个根号法则。在计算安全库存时，特别是同时考虑需求和供应不确定性的情况下，就可以使用这个法则。如果管理者把需求的不确定性和供应的不确定性看作是不相关的，那么二者对库存的综合影响可表达为如下公式：

$$\sigma = \sqrt{\sigma_d^2 + \sigma_s^2}$$

式中：σ_d——需求的标准偏差；

σ_s——供应的标准偏差。

有些专家将上述公式推算出的 σ 称为联合标准偏差。由公式 $SS = z\sqrt{LT}\sigma$ 我们知道 $\sigma_d = \sqrt{LT}\sigma$（此公式的推算较为复杂，这里不再展开），代入上式，则安全库存为：

$$SS = z\sqrt{\sigma_d^2 + \sigma_s^2} = z\sqrt{(\sqrt{LT}\sigma)^2 + \sigma_s^2} = z\sqrt{LT\sigma^2 + \sigma_s^2}$$

上述公式既考虑了需求的不确定性，又考虑了供应的不确定性，只不过此处的供应不确定性应体现为数量的不稳定。如果供应的不确定性表现为交货时间的不稳定，则管理者需要根据之前讲述的原理及公式 $\sigma_s = D \times \sigma_{LT}$ 进行转换，得到：

$$SS = z\sqrt{\sigma_d^2 + \sigma_s^2} = z\sqrt{(\sqrt{LT}\sigma)^2 + (\sigma_{LT}D)^2} = z\sqrt{LT\sigma^2 + \sigma_{LT}^2 D^2}$$

可见，供应链管理者应该根据所遇到的实际情况，恰当地选择合适的安全库存计算公式。同样，以上公式均适用于对库存采用连续补货模型的情形。如果采用的是定期补货模型，则需要分别将上述两个公式中的 LT，替换成 LT+T。根号法则的其他应用列举如下。

（1）根号法则在安全库存计算中的应用

例如，某超市平均每天卖出规格为 130 克的奥利奥饼干 100 包。日销售量的标准偏差为 60 包。如果该超市希望保持 95% 的服务水平，他们应该持有多少包库存？隔壁的一个幼儿园打算每天购买饼干，园长估计平均每天需要 80 包，日需求的标准偏差为 40 包。该超市要储备多少库存，才能使得所有客户的服务水平都达到 95% 呢？

第一问，库存 $= \mu + z\sigma = 100 + $ NORMSINV（95%）$\times 60 = 198$（包）。其中，μ 为平均需求 100 包，"NORMSINV（95%）"为 Excel 中的查表函数。查正态分布表，我们可知服务水平系数 z 为 1.64。对于第二问，由于客户存在两个子集，即原有散户和幼儿园，各子集的数据不同，因而需使用根号法则，求得整体客户需求的标准偏差 $= \sqrt{60^2 + 40^2} \approx 72$（包）。

因此，库存 $= \mu + z \times \sigma = 180 + $ NORMSINV（95%）$\times 72 = 298$（包）。

从此例也可看出，当需求从平均 100 包上升 80%，达到平均 180 包时，库存仅从 198 包上升了近 50%，达到 298 包。通常情况下，库存上升的速度慢于需求上升的速度。

如果在工作中发现库存上升速度快于需求上升速度，那么肯定是库存管理出现了问题。当然，结论也可以反过来讲。需求从原来的平均 180 包下降到平均 100 包，库存则从原来的近 300 包下降到近 200 包。这意味着库存下降的速度慢于需求下降的速度，同时告诫我们，在淡季或产品生产周期的衰退期，供应链管理者应该更严格地管控库存。

（2）根号法则在库存点合并时的应用

有经验的管理者都知道，库存越是分散存放，总库存水平就会越高；而越是集中存放，总库存水平就会越低，这也是根号法则在发挥作用。

例如，S 公司目前在全国有 5 个物流中心，并且当前的服务水平为 90%。公司总裁希望物流总监能把这些物流中心合并，以减少仓储、人员和库存等方面的费用。同时，总裁也希望日后的服务水平能够提高，比如达到 97%。假设物流总监规划关闭其中 4 个物流中心，仅保留 1 个，请问公司的整体库存水平是上升还是下降呢？服务水平会怎样变动？

对于当前分散在 5 个物流中心的平均库存，可根据平均库存的简单公式 $AIL = \dfrac{Q}{2} + SS$，分别估算为 AIL_1，AIL_2，$\cdots$，AIL_5，即：$\dfrac{Q_1}{2} + SS_1$、$\dfrac{Q_2}{2} + SS_2$、$\cdots$、$\dfrac{Q_5}{2} + SS_5$。

而将其合并、集中到 1 个物流中心，则平均库存为 $\dfrac{Q}{2} + SS$。假设合并前后物流中心的订货模式一样，则：$\dfrac{Q}{2} = \dfrac{Q_1}{2} + \dfrac{Q_2}{2} + \cdots + \dfrac{Q_5}{2}$。

合并前的 5 个物流中心的安全库存可分别写为：$z_1\sigma_1$，$z_2\sigma_2$，$\cdots$，$z_5\sigma_5$。而合并后的安全库存可写成 $z'\sigma'$。为了对比简单，我们不妨假设合并前 5 个物流中心的标准偏差和服务水平均一样，为 σ 和 z，则合并前整体的安全库存 $SS = z_1\sigma_1 + z_2\sigma_2 + \cdots + z_5\sigma_5 = 5z\sigma = 5 \times 1.28\sigma = 6.4\sigma$，其中 1.28 为对应 90% 服务水平的系数，而合并后的安全库存：

$$SS' = z'\sigma' = z'\sqrt{\sigma_1^2 + \sigma_2^2 + \cdots + \sigma_5^2} = z'\sqrt{5}\sigma$$

我们把 97% 服务水平对应的系数 1.88 也代入公式，则 $SS' = z'\sigma' = z'\sqrt{5}\sigma \approx 1.88 \times 2.236\sigma \approx 4.2\sigma$。可见，合并后，安全库存从之前的 6.4σ 减少到 4.2σ，并且服务水平能从之前的 90% 上升到 97%。当然，在实际工作中，合并物流中心还要考虑到库房租赁合同提前解约的罚金、人员成本，以及对不同地区客户配送响应时间等因素的影响。

（3）物料标准化的安全库存影响

供应链管理经常会涉及标准化战略，标准化能为企业带来众多利益，其中也包括安全库存水平的降低。

例如，S 公司有 5 种不同的物料，分别支持 5 种不同的产成品的生产。公司供应链管理负责人希望开发出 5 种物料的通用物料作为代替品，同时通用物料应支持 5 种不同的产成品的生产。请问针对这 5 种物料的标准化项目，会使得它们的整体库存水平上升还是下降呢？

细心的读者应该能发现，道理其实很简单，就如同上面合并物流中心的例子一样，通用物料的安全库存会比之前 5 种物料的安全库存总和要少。

由以上 3 点可以看出，根号法则对供应链管理的很多方面都有着深刻的影响，很多管理者把根号法则的这种作用称为风险共摊（Risk Pooling）。

2. 常见的服务水平体系

我们在之前讲述安全库存的量化测算时引入的服务水平概念，仅是多种服务水平体系中的一种。在供应链管理，特别是制定库存策略时，管理者常用的服务水平体系包括缺货概率体系、缺货次数体系、缺货量体系、完成率体系等。当我们谈及服务水平时，必须对其有清楚的理解，而不是仅仅给出一个服务水平的百分数要求。比如，当我们说希望服务水平为 95% 时，必须要说清楚，此概念是指缺货次数的比率、缺货数量的比率、订单层面的完成率，还是品种完成率。错误的理解会造成库存准备的偏差，从而无法真正支持服务水平的实现。

1）缺货概率体系（Probability of Stockout, POS）

之前讲解安全库存的量化测算时，采用的服务水平属于缺货概率体系。如果管理者定义缺货概率为 $x\%$，则服务水平为 $1-x\%$。计划人员可以通过正态分布积分表，查找服务水平 $1-x\%$ 所对应的系数 z，并进行安全库存的计算。缺货概率体系有个缺点，就是概率比较抽象，不易被理解。

2）缺货次数体系（Time of Stockout, TOS）

如果管理者将库存的服务水平定义为，在 1 年内某物料的缺货次数不得超过 2 次，这时所采用的定义方法就是缺货次数体系。这时又如何计算安全库存呢？

首先，我们可以得出：$TOS=N\times f(k)$。其中，N 为整个周期内的补货次数，k 为需求量，$f(k)$ 代表需求量为 k 时的缺货概率。其次，管理者则可根据缺货概率及之前谈及的安全库存制定方法来计算。如果管理者规定物料 A 在一年内的缺货次数为 2 次，并且物料 A 每周进行 1 次补货，那么 1 年内大致有 50 个周期（$N=50$），则可求得 $f(k)$ =$TOS\div N$=$2\div50$=4%，即服务水平为 96%。通过查找正态分布积分表，可得 $z=1.75$。随后即可选择之前讲述的公式，恰当地计算安全库存。

值得注意的是，相同的缺货概率 POS 可能会有着不同的缺货次数 TOS。例如，对于一个缺货概率是 10%（服务水平为 90%）的产品，如果 1 年内每周都进行补货，则它有 52 个补货周期，那么该产品 1 年内的缺货次数（TOS）可能为：

$$52 \times 10\% = 5.2 \text{ 次 / 年}$$

而如果该产品的缺货概率还保持在 10%，但其补货频率为每 2 周 1 次，即 1 年内有 26 个补货周期，那么该产品 1 年内的缺货次数（TOS）为：

$$26 \times 10\% = 2.6 \text{ 次 / 年}$$

3）缺货量体系（Expected Loss Demand, ELD）

无论缺货概率体系，还是缺货次数体系，都存在着一个缺点，那就是无法衡量缺货的严重性。缺货 1 个与缺货 500 个，都会被当成缺货一次，而如果管理者希望能考核补货周期内需求的满足率（或缺货量），就得采用缺货量体系。具体方法是，先使用下面的公式计算损失积分，然后在正态分布损失积分表（见表 7-21）中查找对应的 z 值，最后代入公式 $SS = z\sigma$ 计算安全库存：

$$\mathrm{E}(z) = \frac{x\%Q}{\sigma}$$

表 7-21 正态分布损失积分表

Z	E(z)	Z	E(z)	Z	E(z)	Z	E(z)	Z	E(z)
0	0.3989	0.7	0.1421	1.4	0.0369	2.1	0.0065	2.8	0.0007
0.1	0.3509	0.8	0.1194	1.5	0.0297	2.2	0.0049	2.9	0.0005
0.2	0.3067	0.9	0.0998	1.6	0.0236	2.3	0.0036	3.0	0.0004
0.3	0.2664	1.0	0.0829	1.7	0.0186	2.4	0.0027	3.1	0.0003
0.4	0.2299	1.1	0.0684	1.8	0.0146	2.5	0.0019	3.2	0.0002
0.5	0.1971	1.2	0.0561	1.9	0.0113	2.6	0.0014	2.3	0.0001
0.6	0.1679	1.3	0.0457	2.0	0.0086	2.7	0.0010	3.4	0.0001

其中，$x\%$ 为期望的缺货数量百分比，Q 为订货补货量，σ 为联合标准偏差。上述公式既考虑了需求的不确定性，也考虑了供应的不确定性，并且联合标准偏差应该是整个补货周期的标准偏差。同理，当采用连续补货模型时，补货周期为 LT，而当采用定期补货模型时，补货周期为 $LT + T$。

例如，某物料的订货批量为 500 件，补货周期 LT 为 10 天，数量完成率的要求为 95%，平均日需求为 100 件，日需求的标准偏差为 25 件。请问该物料的安全库存应为多少？

根据公式，求得：

$$E(z) = \frac{x\%Q}{\sigma} = \frac{5\% \times 500}{\sqrt{10} \times 25} \approx 0.316$$

在表 7-21 中查到，对应的 z 值约为 0.18（由于篇幅有限，表 7-21 未列出全部正态分布损失积分表数据）。因此，安全库存 $SS = z\sigma = 0.18 \times \sqrt{10} \times 25 \approx 14$（个）。

结合以上示例，我们不妨假设管理者把上级规定的服务水平理解错误，误当成缺货概率体系的 95%。我们可以看看由此计算的安全库存会有什么不同？

如按照缺货概率体系，我们就应该针对服务水平 95% 在正态分布积分表中查得服务水平系数 z 为 1.64。再根据公式计算安全库存 $SS = z\sigma = 1.64 \times \sqrt{10} \times 25 \approx 130$（个）。可见，对服务水平的理解不同，计算的安全库存就不同了。也可以看出，对于服务水平同为 95% 的两种体系，缺货概率体系需要更多的安全库存。这是为什么呢？如前所述，缺货概率体系实际考虑的是缺货次数比率，缺 1 个与缺 50 个都视为缺货，而不考虑缺货的严重性。而缺货量体系关注的是数量，并给予了一定的百分比（容忍度）进行表示，相比之下，缺 1 个有可能问题不严重。

4）完成率体系

安东尼是某公司的计划经理，第一年其上级对他的一个重要考核指标是订单完成率，即每月准时准量完成的订单数量与当月收到的所有客户订单数量的比率，并规定了目标是 90%。我们知道，一张订单可能包括诸多品种，而订单完成必须是订单里面的品种都准时准量地完成，这意味着品种行数越多，订单完成率大概率越低。表 7-22 给出了不同品种行数在假设单品完成率为 95% 的情况下，整张订单的完成概率。对于不同的客户业态，平均的品种行数是不同的。例如网上零售的平均品种行数可能仅为 1~2 行，而通常快速消费品行业的传统零售商品种的平均品种行数为 10 行以下，经销商的平均品种行数可能会多些。

表 7-22　不同品种行数订单完成率

品种行数	订单完成率
5	77%
6	74%
7	70%
10	60%
20	36%
30	21%
40	13%

安东尼所在的公司平均品种行数为 20 行。因此，如果按照上级的考核指标，他每月的订单完成率就非常不理想了，比如只达成 40%，而上级通常并不理解其中的原因，总会觉得距离理想的 90% 还有巨大的差距。迫于压力，安东尼只能在日后的工作中采取变通的做法——拆单。即把订单中明显不能被完成的品种行分拆出来，并放入一张订单中。结果，一年下来数据好看了，但上级发现了他的做法，还是不满意。安东尼据理力争，解释说，对于一张订单中明显不能被满足的品种，只有选择拆单，否则就会影响到能满足的品种的完成。于是，上级在次年将考核指标改为品种完成率，即每月准时准量完成的订单中的品种总数与当月客户订单的所有品种总数的比率。

在随后的工作中，安东尼又找到了"对策"。比如，每个品种的库存仅有 100 箱，收到一个大客户订单，需要该品种 100 箱，以及 5 个小客户订单，各需要该品种 20 箱。安东尼会把有限的库存分配给谁呢？很明显，由于公司考核的根据是订单品种数而非订单金额，那么安东尼自然会将有限的库存分配给 5 个小客户，因为那样会有 5 个订单的品种数被完成。再下一年，上级不得不又更换考核指标，将其改为数量完成率，即每月准时准量满足的客户订单各品种的总数量与收到的客户订单各品种的总数量之比。结果，安东尼依然找到了"对策"，就是尽量满足那些低值、数量大的订单，而不顾及高值或利润率高或新品种的订单。

可见，完成率体系里面有 3 个指标可以在工作中采用：订单完成率、品种完成率和数量完成率。但是，每一个单一指标都有其局限性。通常，品种完成率等价于前述的缺货概率体系，而数量完成率等价于前述的缺货量体系。管理者可分别针对不同的指标体系考虑安全库存。有的企业也会采取订单满足金额的服务体系指标，即规定达到一张订单价值的多少百分比为满足，即每月准时完成的客户订单货品的金额与当月收到的客户订单总金额的比率。这种方法对设计安全库存来说就更为复杂了。

参考文献

1.2012 State Business Tax Climate Index[EB/OL].

2.Ford W. Harris [Reprint from 1913]. "How Many Parts to Make at Once" (PDF）[M].21Operations Research (INFORMS）, 38 (6）: p947~950. Retrieved Nov 21, 2012.

3.AC Hax and D. Candea. Production and Operations Management[M].Prentice-Hall, Englewood Cliffs, NJ, p135, 1984.

4.Harvey M. Wagner and Thomson M. Whitin.Dynamic version of the economic lot size model[J]. Management Science, Vol. 5, p89~96, 1958.

5.Edward A. Silver. Inventory Management and Production Planning and Scheduling[M]3ed. John Wiley & Sons, p217, 1998.

6.唐纳德 J. 鲍尔索克斯（Bowersox, D.J.），克劳斯（Closs, D.J.）著 . 林国龙等译 . 物流管理：供应链过程的一体化 [M]. 北京：机械工业出版社，p211~213，1999.

第 8 章

计划信息系统

供应链管理能力作为企业的核心竞争力之一，越来越受到企业的重视，而一个卓越的供应链运营体系离不开专业的供应链计划信息系统。供应链计划信息系统是基于协同供应链管理的思想，以相应的信息系统技术为手段，将端到端的供应链管理，包括从需求计划制订、综合生产计划制订、物资或原材料采购、物流管理、制造过程直到销售给最终用户的全部企业活动集成在一个紧密衔接的系统中，配合供应链中各环节的业务需求，使操作流程和信息系统紧密配合，形成信息流、物流、商流和资金流之间的紧密衔接、协同作业，实现整体端到端供应链的结构化与量化、过程与结果可视化、效率最大化、决策最优化、管理成本最小化，从而增强企业实力。

在本章中，我们将重点介绍与供应链计划相关的典型系统，包括它们的基本组成和相互之间的关系，以及实施和运行供应链计划信息系统时所需注意的风险和应该采取的相关防范措施。虽然制造执行系统通常属于执行系统，但因为其与计划，特别是生产计划有很强的关联性，本章也会详细阐述。

本章目标

1.认识现代信息技术和系统在供应链管理中的应用及其重要性。

2.掌握供应链的 3 个基本宏观流程及有关的信息系统和技术的基本知识。

3.了解供应链管理中常用的计划信息技术系统。

4.了解实施和管理供应链计划信息系统的优势与劣势、收益与风险，以及实施过程中的注意事项。

|第 1 节|　传统的计划信息系统

实现供应链信息化不仅可以降低企业的运营成本，还能显著提高企业的运营效率和经营效益，但是信息化的过程并不是一蹴而就的过程。美国哈佛大学管理信息系统专家理查德·诺兰（Richard L. Nolan）强调："任何组织在实现以计算机为基础的信息系统时都必须从一个阶段发展到下一个阶段。"他曾提出的著名的诺兰模型，也称阶段理论（Stages Theory），其指出信息系统的发展需要经过 6 个阶段，分别是初始阶段、扩展阶段、控制阶段、集成阶段、数据管理阶段和成熟阶段。[1]企业管理层应清醒地认知自身的信息化现状，按照业务需求和前瞻性部署原则，进行信息化系统工具的决策和推进，而相关的投入也应该根据各阶段的不同需求进行最优决策。

一般来讲，供应链宏观信息系统按照供应链条和架构分为 3 部分：下游的客户关系管理（Customer Relationship Management，CRM）系统、企业内部供应链管理信息系统和上游的供应商关系管理（Supplier Relationship Management，SRM）系统，具体内容可参考图 8-1。

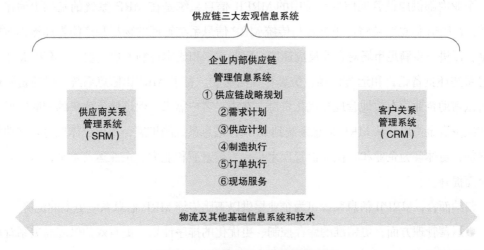

图 8-1　供应链三大宏观信息系统

在供应链三大宏观信息系统中，企业内部供应链管理信息系统是整个运营管理架构的重要内容，其中的计划信息系统（即 MRP 信息系统、MRPII 信息系统、ERP 信息系统、DRP 信息系统等）作为实现工具，始终在企业供应链运营管理的发展中起着无法替代的作用。本节将在下面的内容中对这些系统进行简要介绍。

1. MRP 信息系统

一般来讲，MRP 信息系统包括两个概念，一个是物料需求计划（Material Requirement Planning，MRP）信息系统，另一个是制造资源计划（Manufacturing Resources Planning， MRPII）信息系统。下面将对两个信息系统做简要介绍。

1）物料需求计划（MRP）信息系统

企业内部供应链管理信息系统中的 MRP 信息系统是一个用于在产品制造过程中管理生产计划、进行生产调度及排序和库存控制的信息系统。MRP 信息系统作为一种管理工具，可以在企业面对以下问题时提供答案：客户需要什么物品；客户需要多少物品；客户什么时候需要。

MRP 信息系统的基本功能主要包含库存控制、物料清单处理、初步的生产调度及排序，以及对生产制造、采购和运输的管理和优化。公司既需要管理和控制购买的材料的种类和数量、计划产品生产的类型、数量、时间安排，又需要确保满足现有和潜在客户的需求。在此过程中，企业和供应链管理者通过 MRP 信息系统的应用可以尽可能降低成本，减少资金占用。

2）制造资源计划（MRPII）信息系统

企业内部供应链管理信息系统中的 MRPII 信息系统是在 MRP 系统的基础上演化而来的。MRPII 信息系统将订单流程与传统 MRP 信息系统管理的物料和产能管理流程对接起来，以进一步满足市场对企业反应速度、服务水平和成本控制的更高要求。有些 MRPII 信息系统还具备销售和运营计划、仿真和预测功能。有了 MRPII 信息系统，供应链管理者可以帮助企业更有效地管理和优化资源，在满足客户需求、保证服务水平的同时降低成本和减少资金占用。从 MRP 信息系统到 MRPII 信息系统的扩展，不仅仅体现为软件功能的增加，更体现为企业和其供应链管理水平、人员素质和能力、企业运营水平，以及效率的全面提升。

归纳而言，MRPII 信息系统可为企业提供以下比传统 MRP 信息系统更多的优势。

● 运营管理方面，更精准的库存控制、更优化的排序计划、更有效的供应商关系管理和更多的产出。

● 设计和工程方面，更可控的设计、更有效的质量监管。

● 财务和成本方面，更好地减少资金占用，通过更快的交付来改善现金流，通过提供更精确的库存记录来增强企业内控及合规能力。

现今，传统 MRPII 信息系统的功能已经被 ERP 信息系统很好地覆盖。

2. ERP 信息系统

企业资源计划（Enterprise Resource Planning, ERP）信息系统是当代供应链管理中最重要的信息系统之一，它进一步扩展了传统 MRP/MRPII 信息系统的功能。发展初期，ERP 信息系统着重于企业基本数据的集中存储和可视化（在各个部门之间的分享），以及简单重复性数据的录入和传输自动化。目前 ERP 信息系统已经发展成为通过识别、规划，整合企业和供应链中的资源，对销售、采购、生产、库房、分销、运输、财务、人力资源等职能进行全面规划和优化，对企业运营的诸多方面进行决策支持的综合型企业信息系统。先进的 ERP 信息系统甚至跳出了传统企业的边界，可以结合其他供应链信息系统和技术对整个供应链范围（包括供应商和客户）内的资源进行优化，增强供应链的协同能力，帮助整个供应链取得最佳效益。

ERP 信息系统有一些固有的特点，例如，在实时状态或者至少在准实时状态下运行，所有应用程序或模块都使用一个共享数据库，信息系统的线上作业流程与企业实际运营流程一致。

1）ERP 信息系统的模块及功能

在国内外众多 ERP 信息系统中，虽然每个系统的侧重点、优势，甚至指导思想各异，但其基本模块、架构是大同小异的。典型的生产性企业的 ERP 信息系统的基本模块及其功能一般如下（参考 CPSM 有关资料），如图 8-2 所示。

● 供应管理模块：支持企业对库存、采购、供应商计划、到货检验，以及供应链计划等要素的管理和优化。

● 生产管理模块：支持企业对制造工程、物料清单、生产排序、产能计划、工作流，以及生产流程等要素的管理和优化。

● 客户管理模块：支持企业对销售和市场活动、销售佣金、客户服务、与客户的联系，以及呼叫支持中心运营等要素的管理和优化。

● 财务管理模块：支持企业对总账、现金流、固定资产，以及应收和应付账款等要素的管理和优化。

● 人力资源管理模块：支持企业对人事安排、工资设定和发放、培训计划和安排、考勤记录，以及福利等要素的管理和优化。

● 项目管理模块：支持企业对开展项目的成本、开具账单、作业、工时和费用，以及步骤排序等要素的管理和优化。

● 数据仓库管理模块：支持企业对数据库自助服务界面、客户数据、供应商数据，以及员工数据等要素的管理和优化。

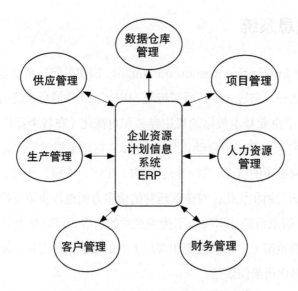

图 8-2 典型 ERP 信息系统的功能[2]

ERP 信息系统的应用非常广泛。不仅生产性企业，非生产性或是非营利性机构也可引入 ERP 信息系统来帮助其进行资源计划和管理。随着世界经济的不断发展和市场对企业供应链要求的不断提高，ERP 信息系统作为企业最核心的信息系统之一，也必将继续发展和进化。未来 ERP 信息系统的发展趋势应该是具有更灵活的结构，能更好地利用互联网平台，更好地优化整个供应链中不同企业间的资源，并且更加支持电子商务。

2）ERP 信息系统的 2 个重要构件

（1）ERP 信息系统的数据库

ERP 信息系统的一个主要特点就是具有中心化的共享数据库，ERP 信息系统的数据库为所有类型的数据提供单独的存储单元。这将最大限度地减少数据冗余，并使各个模块能够创建、访问和修改相同的数据。

（2）ERP 信息系统的交易模块

ERP 信息系统的交易模块是用户与系统交互的地方，例如下订单、移动库存、向客户开具发票或向供应商付款。这些交易模块通常以数字形式存在。

3）ERP 信息系统中与供应链强相关的数据信息

ERP 信息系统中与供应链强相关的数据信息包含多种数据与文件，具体如下。

●客户文件：包含有关客户的所有信息，包括销售条款、交易记录和客户服务说明。

●产品价格文件：包含企业产品和服务的所有数据，包括价格与折扣、标准成本和对应产品的描述等。

●供应商文件：列出了企业所有的供应商信息和与采购相关的信息，使企业能够依据该文件开展资源整合工作，例如通过合并供应商找到具有规模效应的方案等。

●未交付订单：包含来自多个客户或供应商的所有当前或潜在产品订单，包括特殊运输或处理请求。

●物料清单：包含产品组件和原材料等相关信息。

●库存文件：按地点和库位显示所有原材料、在制品和产成品的相关信息，包括数量、库龄等。

●订单历史记录文件：显示过去的采购和销售情况，以便进行预测和制定预算。

●零件数据：包含零件相关的具体信息，包括零件描述、交货时间、交货条件、归属品类、采购价格、最小订量等。

4）ERP 信息系统中与供应链强相关的交易模块

ERP 信息系统中与供应链强相关的交易模块是处理供应链事件与流程的重要工具，也是联系整个供应链，实现端到端运作的重要链条节点。这些交易模块互相连接，将企业的信息流、物流、商流和资金流有序地与外部资源进行交互并进行实时地记录，这些与供应链强相关的交易模块分布在 ERP 信息系统各主要功能模块的不同层级中，具体如下。

●订货模块。订货模块是 ERP 信息系统供应管理模块的主要组成部分。借助订货模块，ERP 信息系统能够增强采购业务的严谨性，实现采购业务流程标准化。订货模块是对从计划下达到采购发票预制到位的整个采购活动进行管理的模块，包括对采购过程中物料在各个环节的状态进行严密地跟踪、监督，完成对企业采购活动的科学管理。

●库存转移模块。库存转移模块是 ERP 信息系统库存管理模块的重要组成部分，直接连接计划、采购、生产等过程，包括货位记录、入／出库类型、入／出库单据的管理，及时反映各种物资的仓储、流向情况，为计划管理、采购管理、生产管理和成本核算等提供依据，并通过对批号的跟踪，实现专批专管，保证质量跟踪的贯通。

●开票模块。开票模块是 ERP 信息系统应收账款模块的重要组成部分，是财务子系统中对客户账户进行监测与控制的模块。在此模块中，示警报告、逾期清单能使用户可以方便地处理客户未清项。

●支付供应商模块。支付供应商模块是 ERP 信息系统应付账款模块的重要组成部分，是对所有供应商的发票、支付记录、账龄进行管理的模块，它能够和供应管理模块高度集成以替代过去烦琐的手工操作。

除了上述模块外，还有很多分布在不同功能模块中的计划单元都与供应链强相关，例如主生产计划、生产中心排程、物料需求计划等，使得决策者可以完成制定采购决策、生产计划决策、产线排程决策、交付预测等重要工作。

5）常见的 ERP 信息系统应用与实施过程中的问题

ERP 信息系统的实施能为企业带来很多益处，例如增强数据传导的及时性与一致性、辅助快速决策、记录行动数据以为企业进行数据采集与分析提供重要依据等。但是 ERP 信息系统在应用与实施过程中也出现了很多常见的问题，具体如下。

●领料环节失序问题。操作人员不按照系统作业要求进行作业，不及时办理出库交接手续，使得账务与实物出现误差，有些场景下甚至没有领料单和补差单，就强行进行线下作业。这些违背 ERP 信息系统作业要求的行为在制造企业中十分常见，是在 ERP 信息系统实施与企业流程治理过程中常出现的问题，需要企业通过治理手段加以解决。

●反冲投料问题。反冲投料指先使用物料，在工单完工确认的时候直接按物料清单设定的用量进行库存扣减。其优点是：不用单独打印领料单从而节省纸张、不用因物料无法分割进行人工拆分、不用因领料过账不及时影响操作。但是，此类操作存在明显的缺点：比如物料跟踪管控比较差、应用范围有限（反冲投料多适用于低值易耗或通用型物料）等。企业应根据自身的制造类型及物料特点，在 ERP 信息系统实施阶段进行周密、专业地识别与部署，这样才能在实际运作过程中使作业更加顺畅。

● ERP 信息系统参数准确性盘点问题。ERP 信息系统的各类参数与运营活动同时处在动态环境中，这需要参数的维护人员制定严格、及时的参数维护与治理规范，不断进行参数质量盘点，尽量减少数据误差和降低由其引起的运营风险。但在 ERP 信息系统的应用与实施过程中却恰恰相反，无效或错误的参数繁多，严重影响企业的工作效率和质量。

除了应用与实施层面的问题，ERP 信息系统在结构上也存在很多普遍的问题，例如，ERP 信息系统很难承担企业之间的集成与协同，大多数 ERP 信息系统无论在计划技术基础还是功能方面都不具备协调多个企业间资源的能力；大部分 ERP 信息系统缺乏仿真模拟的能力；ERP 信息系统不具备数据挖掘和深度分析的能力，这使得 ERP 信息系统对于快速、复杂决策的支持能力贫乏；ERP 信息系统的排程在无限产能运算逻辑中进行，但实际环境要复杂得多，有限产能的情况普遍存在；ERP 信息系统无法像制造执行系统（Manufacturing Execution System，MES）一样进行全面的制造计划与过程管理；ERP 信息系统的计划模型落后，这需要其他排程软件给予支持，例如 MES 或高级计划与排程（Advanced Planning and Scheduling，APS）系统。

3. DRP 信息系统

DRP 信息系统是被广泛应用的、用于管理分销中心和分销渠道的信息系统。DRP 信息系统的发展经过了两个阶段：第一个阶段是分销需求计划（Distribution Requirement

Planning，DRP），第二个阶段是分销资源计划（Distribution Resources Planning，DRPII）。

1）DRP 信息系统的发展阶段

（1）分销需求计划（DRP）

分销需求计划就是一种补货计划，其主要功能就是确定每个分销渠道中的库存水平，以及库存补充需要的时间与数量，即确定分销渠道中哪个节点在何时需要补充多少数量的某款产品，从而满足客户的交付要求。

（2）分销资源计划（DRPII）

基于分销需求计划基础之上的分销资源计划则在考虑了未来的补货需求之外，还对分销渠道中的其他具有约束性质的资源加以计划，如仓库、劳动力、搬运工具、运输车辆及货币等。DRPII 以业务作业流程优化为基础，以销售和库存综合控制为管理核心，是将需求管理、采购管理、库存管理、销售管理、促销管理、财务管理以及决策分析等功能集合于一身的企业分销业务解决方案，是生产性或流通性企业强化供应链管理的高效工具。

2）DRP 信息系统的功能

（1）产品管理

DRP 信息系统提供了全面的产品管理功能，且拥有完善的产品结构体系及便捷的批量操作体验，使企业可全面掌控和调整产品信息，提供"分类""类型""规格"等多种属性设置，广泛适用于不同品类的产品管理与销售，且便于产品的多角度展示。DRP 信息系统可根据分销商的级别，为其提供专属的分销价格，且该价格对其他分销商保密，保留了分销商之间关于价格的隐私空间。

（2）销售管理

销售管理子系统用来处理日常的销售订单。其目的是把产品销售和企业生产状况、库存状况、客户信贷情况等连接起来，用信息化工具打通企业各部门之间的联系，进而实现客户订单管理、订单发货管理、客户退货管理等功能。

（3）销售终端管理

销售终端管理子系统用于企业销售渠道网络终端（包括各销售分 / 子公司、经销商终端和商超系统终端）的管理。终端可以按不同的销售渠道类型或其他因素进行划分。销售终端管理的功能包括及时准确地采集终端的需求与促销信息、竞品信息、客户和经销商等的反馈信息，以及进行终端的理货、订货、补货和促销管理，企业通过使用销售终端管理子系统可以更好地掌握经销商网络以及市场的情况。

（4）分销中心与制造端的需求管理

需求管理功能用于管理分销中心或经销商与销售管理部门、运营部门、制造部门、客户和供应商进行日常需求的交互传导，以及对下游的需求信息与上游的库存和供应能力状况进行综合管理与分析。

（5）库存管理

库存管理子系统能够处理各种库存事务，如收货、发货、库存转移等，还可以从多个角度扩展对库存产品的管理，主要包含货位管理、库龄管理、批次管理和序列号管理等。

（6）发运管理

发运管理子系统管理跨企业、跨组织、跨区域的实体发运请求，支持多种物流货运模式。发运管理子系统帮助企业的发运人员完成对货物的及时发运处理，包括发运请求管理、发运回执处理、发运结算处理、运费核价与分摊以及承运人考核等业务。

（7）应收管理

应收管理子系统通过对应收款项全面的管理，实现应收业务与库存管理、销售管理、发货管理等相关业务的紧密连接，增强企业对资金的核算与控制，同时协助财务人员与业务人员进行收款清账、催款业务。

（8）存货核算

存货核算子系统主要从价值和流动性的角度管理产品，能准确、及时地反映企业的存货水平，能进行存货余额查询与分析、资金占用分析以及 ABC 成本分析等。

3）DRP 信息系统功能的实现

在整个供应链计划链条中，分时段补货的 DRP 信息系统，会根据事先定义好的时间段，对未来计划时间段内的补货需求进行前瞻性和预测性地计划。DRP 信息系统的数据作为需求计划的重要数据，向上游传导，经过企业的 S&OP 流程后，体现在主生产计划中。DRP 信息系统的计划对象通常是分销渠道所需要的产品或部件，主要包括产成品（对于客户来说可以是零部件）和维修、维护时使用的零配件。DRP 信息系统对补货需求的分解和汇总逻辑与 MRP 信息系统略有不同，MRP 信息系统是按照物料清单中的产品与物料之间的从属关系来分解和汇总的，而 DRP 信息系统主要是按照销售渠道上、下游之间的归属关系来进行分解和汇总的，得到的文件通常称为分销清单（Bill of Distribution, BOD）。比如，某个工厂通过 3 家经销商进行交付，DRP 信息系统就会将 3 家经销商对某款产品或零件的需求汇总成该工厂的需求计划，向上游工厂传导，进入 S&OP 流程，通过主生产计划生成物料需求计划，审核后形成采购订单下发给供应商并督促其执行。供应商按照订单要求交付物资后，工厂完成生产并进行交付，是将总的交付数量分解成 3 家经销商的需求，采用适当的配送方式为 3 家经销商补货。从中可以看出，通过 DRP 信息系统得到的某款产品或零件的需求，也是构成供应计划输入信息的一个来源。图 8-3 通过信息流和物资流的分解与聚合对 DRP 信息系统的运作流程进行了简单的阐释。

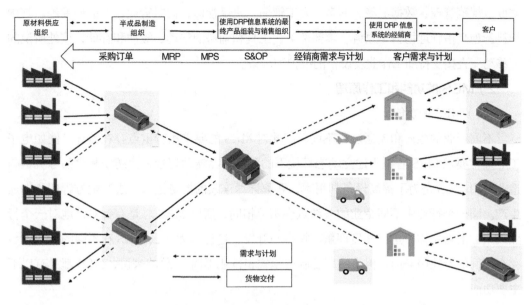

图 8-3 DRP 信息系统的运作流程

| 第 2 节 | 制造执行系统（MES）

1. MES 介绍

制造执行系统（Manufacturing Execution System，MES）是 AMR 公司（Advanced Manufacturing Research，Inc.）在 1990 年 11 月提出的，旨在加强计划与执行控制的功能。

1）MES 的定义

企业内部运营管理中的 MES 是用于管理生产制造的计算机信息系统，它是位于上层的计划管理系统与下层的工业控制系统之间的面向车间层的信息管理系统。它为操作人员 / 管理人员提供计划的执行、跟踪，以及所有资源（人、设备、物料、客户需求等）的当前状态信息。

美国国家标准与技术研究院（National Institute of Standards and Technology，NIST）将 MES 定义为："MES 是使用网络计算技术实现生产控制和过程自动化的系统。MES 通过下载工艺配方和工作排程并上传生产结果，弥合了企业业务与工厂制造现场或过程控制系统之间的断点与脱节。"[3] 21 世纪初，NIST 对 MES 的功能模块进行了划分，明确了 MES 主要的标准功能包含资源调配及跟踪、作业（详细）进度计划、生产单元级调度、规范管理、数据汇集/采集、人工管理、质量管理、物料管理、产品追溯等。其中物料管理是指管理物料（原料、零部件）、工具和辅料的移动、缓冲和存储，该处所说的"移动"直接支持加工作业及设备的维护和准备。

2）MES的功能和工作原理

（1）MES的功能

不同行业的生产和流通过程不同，因此对MES的要求和着重点存在差异。例如电子工业通常要求MES着重于建立动态环境下的精确产品流动记录，而纺织和食品等流程制造业使用MES是为了提高设备利用率，获取详尽连续的批量记录，进行配方管理和加速生产。同一个行业中不同企业的关注点也不尽相同，所以MES总是有针对性地对一个行业或企业的特定需求进行深度理解、挖掘与开发，这也是为什么MES在不同的行业中会存在不同的专业服务商。但是，即便制造模式和行业不同，总的来讲，MES都具有以下主要功能。

●全面制造数据管理。管理全面制造数据，如产品结构、物料清单、工艺路线和工时定额等数据。

●生产计划管理。全面管理企业生产制造过程，了解实时生产信息，掌握生产任务执行状况，制订最优的生产计划和排程，合理利用资源，缩短生产周期。

●生产执行过程管理。通过详细的数据逐级查询和分析，帮助进行任务的协调与平准，优化生产计划与排程，动态响应生产现场的状态变化。

●成品、在制品、工装器具的库存管理。通过库存检索功能，支持随时掌控与观测当前库房情况及追溯历史记录；通过条码扫描操作管控整个流程，车间各工作中心接到加工任务时，工装器具库房可根据该制造工单及时准备，大大缩短等待时间。

●资源分配和状态管理。管理工作中心、车间产线、机台设备、工装工具、物料与备件、工艺文件、人员班次等，用以保证生产的正常进行。资源分配功能具有变更车间已制订的生产计划的能力。

●人力资源管理。提供按照时长设定而定时更新的内部人员状态，作为作业成本核算的基础，包括出勤报告、人员的资格跟踪。人力资源管理的劳务管理与资源分配功能相互作用，共同确定最佳分配比例。

●文档管理。管理与生产制造各单元有关的记录和表单，包括工作指令、配方、工程图纸、标准工艺规程、零件的数控加工程序、批量加工记录、工程更改通知，以及班次间的通信记录，并提供了按计划编辑信息的功能。

●数据采集。通过数据采集接口获取生产制造单元的各种作业生产数据、记录和参数。

●质量管理。对生产制造过程中获得的测量值进行实时分析，以保证产品质量得到良好控制，质量问题得到确切关注。该功能可针对具体质量问题给出相关纠正措施。

●维护管理。观测、追踪和指导作业活动，执行为确保设备和工具正常运转的维护工作，安排定期检修，保障产线系统的正常运转。MES 的维护管理功能还能保留过往维护管理的历史问题和记录，帮助进行问题诊断。

●产品跟踪。产品跟踪功能可以提供工件的位置和状态等信息，并创建历史记录，使得零件和每个末端产品的使用具有可追溯性。

●绩效分析。提供按照时长设定且定时更新的实际生产运行结果报告，对过往实际记录和运行结果进行比较。运行性能结果包括资源利用率、资源可获取性、生产周期、实际排程与计划排程对比、结果与标准的一致性等指标。性能的评估结果以报告或在线可视化的形式呈现。

●系统集成。MES 拥有多个数据集成接口模块，能够与企业的 BI/ PLM/ERP/APS 等上下游信息化、数字化系统实现有效的集成，在动态环境下为各类决策和计划工作提供获得最优解的可能。

（2）MES 的工作原理

MES 的核心逻辑与流程卡管理有类似之处。传统的生产制造企业通常采用流程卡来进行生产的跟踪控制，即通过流水号控制生产进程。MES 通过创建产品的序列号来取代传统的流水号，生产过程中的相关工序通过序列号与数据库进行交互，得到相关的控制信息。序列号保存在企业的数据库中，作为产品今后的跟踪、追溯、查询依据，为达成各种管理目的提供依据。最终产品和子件的实时跟踪结果是 MES 的数据基础，唯一的序列号可用于跟踪每个产品在工厂中的行程。

MES 通过信息传递对从生产订单下达到产品制成的整个制造过程进行优化管理。当工厂发生突发事件时，MES 能通过观测机制迅速察觉，并对此做出反应、分析、报告，用准确的数据对它们进行指导和处理。这种对动态状况的迅速响应使得 MES 能够减少企业内部处理的时延和多余的行动，高效地指导工厂的生产运营过程，从而使其既能提高生产效率和及时交付能力，提高库存信息的使用价值，改善物料的流通性能，又能提升生产回报率，并通过双向的直接交互在企业内部和整个端到端的供应链中提供有关制造过程的关键信息。

MES 利用多种信息技术工具进行交互。它通过传感技术、无线通信技术、计算机网络技术、智能数字技术、物联网应用服务平台技术等多种现代技术，通过信息共享，快速、准确地把握各种生产资源的使用情况，提高企业的生产资源利用率，增强企业的生产应对能力。

MES 对企业生产过程中的所有信息进行整合并实时更新。这利于实现各生产步骤之间的交互与联通，在企业整体的生产过程中建立紧密的链条。同时，由于企业数据实时动态更新，也减少了企业在工作中交互的烦琐与时延，提高了企业的工作效率和精度。

MES 的运算能力可以帮助企业处理复杂工作。在传统企业中，计划人员经常需要确认能够满足同时生产多种产品的总体能力，对于这类复杂问题的计算，就可以使用MES。MES 具有基于计算机的数字化功能，在任何时候、任何情况下都能随时了解生产过程的状态和性能，为改进生产过程甚至分配工作订单提供了便利。

3）MES 的输入信息和输出信息

MES 提供的数据是基于精确执行时间而获取的，这有助于精确表达生产过程的实时行为并为企业做出控制决策提供快速支持；而 ERP 是以具体事务为基础的，其数据交换是对供应计划、生产计划、作业调度、运输安排要求的响应，无法满足生产过程控制决策必须在很短的时间内完成的要求。

MES 和 ERP 系统、APS 系统、SRM 系统、CRM 系统、产品和制造工艺管理系统、制造过程控制系统之间进行数据交互，为企业的多层面决策提供精准的数据依据。

一般来讲，ERP 系统向 MES 提供工作任务信息、库存信息和调度计划，以确定工厂生产活动的时间表；产品和制造工艺管理系统向 MES 发出工作指令、配方、工艺规程和运行参数；来自制造过程控制系统的数据用于测量实际绩效。

作为输出时，MES 向 ERP 系统提供实际生产数据，如成本、周期时间、产出、生产能力、约束等；向产品和制造工艺管理系统提供在一定时间内使整个生产设备以优化的方式进行生产的工艺规程、配方和指令等；向制造过程控制系统提供有关产品的产出和质量等实际数据。

2. MES 的实施

MES 具有很强的行业特征，不同行业企业的 MES 的实施与应用会有很大的差异，其关注的问题也多有不同。流程制造业企业以大批量生产为主，如化工、水泥、食品、制药等行业都属于典型的流程制造业，这些行业中的企业主要采用按库存计划、批量性、连续性的生产方式。因此，将各种不同的自控系统联网，使其自动采集生产过程的数据，实现企业的生产信息集成，建立实时和历史数据库并构建产品追溯能力，是流程制造业企业实施 MES 的重要和基础的任务。典型的离散制造业主要包括机械、电子、航空、汽车等行业。离散制造业企业既有按订单生产的，也有按库存生产的，既有批量生产的，也有单件小批生产的，所以生产计划的制订、生产的快速响应、产品追溯是离散制造业企业实施

MES 的关键。

1）实施 MES 的优势和劣势

MES 的实施给企业的制造运营管理带来很多便利，使得生产运营管理能力成为企业的核心竞争力之一。实施 MES 的优势如下。

● 资源整合的优势。实施 MES 后，企业物流、信息流高度集成，从而提高生产管理效率和决策水平。

● 标准化流程的优势。MES 的核心思想是面向生产制造过程进行管理。MES 的导入和实施，使得企业生产制造过程的规范化和标准化水平得到了显著的提升，增强了企业运营管理水平。

● 控制能力强化的优势。MES 为企业制造运营管理提供有效的、一体化的控制手段。MES 通过提升柔性制造能力、动态计划排程能力、全面质量追溯能力、生产过程跟踪能力、多重物料拉动能力等来强化企业对生产制造过程的控制能力。

但是 MES 在某些方面存在局限性，对比上、下游专业工具，MES 具有一些劣势，例如在应用市场上，很多 MES 的生产调度管理使用的是推式生产计划，但实际应用环境是复杂的。MES 的生产过程管理是从生产现场采集信息，对生产过程加以监控，达到自动修正生产错误的效果，但是这种方式是一种被动的监控，其等待错误发生，然后进行补救，缺乏防患于未然的特点。MES 的排程算法能力相对高级计划和排程（APS）系统而言较弱，这也是制造模式相对复杂的企业使用 APS 系统的原因。还有就是 MES 中的计划功能，并不具备其他供应链计划软件的某些功能，例如需求预测等。

2）实施 MES 的收益和风险

MES 实现了企业的流程固化、生产过程的检测和可视化、产品过程的可追溯，能够准确地采集成本信息，对产品的质量管控提供了有效的手段，这些措施提高了企业的生产效率及产品品质、降低了制造与管理成本、提高了交付水平、减少了废料和浪费、缩短了正常运行时间、增加了库存信息的使用价值、提高了企业生产计划的制订和调整能力、提升了生产绩效分析的效率和生产决策的准确性。

但同时，实施 MES 也会给企业带来相应的风险，例如不菲的成本和实施失败造成的损失。但总的来讲，确实需要实施 MES 的企业在充分调研后，寻找合适的 MES 实施方案，做出适当的选择，完善实施过程，也能使得利大于弊，为企业制造能力的提升提供动力。

3）实施 MES 的条件

在引入 MES 的过程中，实施是一个重要的进程。要将 MES 导入企业的运营体系之中，企业需要先完善管理基础，根据现状、需求和发展规划，选择最优的 MES 软件和实施团队，而后采用科学的实施方法充分准备，才能促使 MES 正式运行、发挥效用。以下几点是实施 MES 的重要条件。

- 选择对应企业需求且在相关领域已经广泛应用的 MES 软件十分重要。
- 经验丰富的实施团队。
- 实施过程分工明确，职责清晰。
- 建立专业的人才架构和推动组织。实施 MES 需要最高管理层选择得力的 MES 项目经理，并搭建跨部门的项目内部实施团队，选择优秀和具有丰富职能经验的人员。
- 重视培训，提高全体员工对于 MES 的认知，相关人员熟悉 MES 的操作与运行逻辑。
- 重视数据治理体系。建立数据准确、及时、完整的保证制度。
- 推进业务流程再造。充分利用 MES 实施过程，推动企业业务流程再造，建立专业的管理流程。
- 推进生产流程优化，以流程管理保障生产流、信息流的通畅。
- 进行 MES 模块的统一规划，关注实施进程的科学管理。

4）国内主流 MES 软件与方案提供商的发展与现状

随着国际 MES 软件与方案提供商如雨后春笋般出现，国内 MES 软件与方案提供商也进入快速发展阶段，这些以国内制造企业的需求与实践为主的软件与方案提供商，借鉴国外自动化方案厂商的成功经验，结合本地制造模式和供应链弹性策略的特点快速发展。国外成熟的 MES 软件与方案提供商多以制造业企业起家，熟悉本行业的制造特征，而国内的 MES 软件与方案提供商则大多以软件开发与实施公司为主。

从目前我国 MES 的业务规模和行业分布来看，流程制造行业实施 MES 的需求占比较大；离散制造行业的需求还处于起步阶段，未来潜力大。虽然国内 MES 软件与方案提供商市场集中度低，目前还没有出现市场垄断者，但随着国内 MES 行业逐渐成熟及国内 MES 软件与方案提供商逐渐熟悉本地用户需求的特点，未来一批头部企业将会逐渐出现。从当前的发展状况来看，国内某流程制造行业龙头 MES 软件企业已经可与国外流程制造行业龙头 MES 企业对标，而且未来有望成为钢铁行业龙头 MES 软件企业；而国内离散制造行业 MES 软件企业多在加强与国外企业的合作与学习，快速地追赶，在汽车船舶、电子制造、航空航天等领域广泛地开展实践应用。

3. MES 应用案例

位于浙江的某上市公司，主要从事半导体用超高纯金属溅射靶材和半导体用精密零部件的研发与生产服务，是国内半导体上游产业链的重要参与者。

　　2011 年，由于企业生产规模的不断扩大及其采用的典型的多品种小批量生产管理模式，光使用 ERP 系统无法做好生产加工过程追踪及与品质过程管控。由于行业的特殊性，工艺流程管控复杂，该企业的每一款产品都要根据加工需要，设计定制、指定的工艺流程，工艺流程因产品不同而不同，差异化大，因此企业具有对工艺流程的变更及监控执行要求高，产品价值高，生产过程管控对成本和品质影响大，精加工、粗加工设备参数复杂，生产过程中对设备依赖性高，设备保养、维修、辅材管控、数据管控要求高等行业特点，急需实施 MES 来弥补 ERP 系统的不足。

　　通过 3 个月的调研、建模、测试，MES 彻底取代了以前的手工填写流程卡，使得 1,000 多种不同产品有条不紊地制造并实时反馈加工信息。2011 年 10 月，MES 项目顺利上线，并取得了预期效果，MES 已经成为该企业提升执行力的得力工具。该项目功能包括电子文档化流程卡管理、原材料批次管理、焊接 / 粗加 / 精加 / 组装测试及包装管理、提供所有的流程指导与报警、提供完全的"人机料法环"的追溯、提供生产线滞留产品的电子看板警示、提供与三坐标等测试仪器的联机集成、与 SCP 实时交换数据等。

　　该企业是国内首家实施 MES 的靶材制造商，通过实施 MES，该企业已经成功实现产品生产过程的实时控制、物料防错、成本管控、品质分析、工单排程，并与 ERP 信息系统进行数据交互。MES 的实施为企业开展精益制造管理和提升整体运营能力提供了充足的动能。图 8-4 展现了该企业 MES 制造任务管理模块的部分内容。

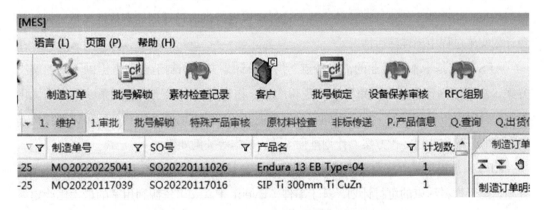

图 8-4　MES 制造任务管理模块的部分内容

| 第 3 节 | 高级计划与排程（APS）系统

1. APS 系统介绍

现代制造业面临的问题越来越复杂，变量规模数以万计，面对复杂问题时所需要的快速响应和决策，是传统的 ERP 信息系统很难做到的，因此人们开始在各层面开发更实用的供应链计划软件。始于 20 世纪 80 年代的高级计划与排程（Advanced Planning and Scheduling，APS）系统对解决复杂的运算问题做出了重大贡献。甘特图（Gantt Chart）和数学规划模型是 APS 系统发展的基石。

1）APS 系统的定义

APS 系统是一个专门围绕计划排程而开发的软件包，帮助制造企业控制与管理生产计划与排程问题。APS 系统被誉为供应链优化引擎，是基于规则及约束条件自动产生的、可视化的详细计划，能够对各类资源做出同步的、实时的、具有约束能力的、具有模拟能力的对比与考量。其约束包括资源工时、物料供应状况、工艺路线、加工顺序及其他自定义约束。

APS 系统采用基于内存的计算结构，可以持续进行计算，而且可以并发地考虑所有被识别的约束。在动态运算进程中，APS 系统会同时检查各项能力约束，包括需求约束、原材料约束、生产能力约束、运输约束等，这样可以提升供应链计划的有效性和及时性，避免计划实施过程中出现滞后情况。

APS 系统基于不同行业的需求特点、供应链计划方案和制造模式来提供不同的解决方案，主要根据资源能力约束和工序逻辑约束、物料状况和工序流程联系、不同的优化规则，计算最早可能开始 / 结束时间和最迟可能开始 / 结束时间、物料分配和计划替代方案、资源分配和计划替代方案、计划排程柔性、成本等关键要素。

APS 系统提供基于资源瓶颈约束的可行计划，基于订单任务（Job-Based）的优先级计划，基于物料约束的可行计划，基于事件（Event-Based）资源利用率的最大化计划，基于供应资源优化的分销配置计划，基于运输资源优化的运输计划等。

2）APS 系统的功能和基本工作原理

（1）APS 系统的功能

一般 APS 系统都由几个主要的功能模块组成：需求计划、生产计划和排程、配送与分销计划、运输计划等。

APS 系统作为 ERP 信息系统和 MES 之间的纽带，起到重要的承上启下作用。APS 系统与传统的 ERP 信息系统不同，ERP 信息系统通常遵循无限产能，而 APS 系统在直接考虑潜在约束的同时，试图找到可行的最优或近似最优的计划。在某些应用上，例如生产排程和算法，MES 与 APS 系统有类似的功能，但是通常来讲，APS 系统在这些方面更加专业。信息系统的设计、决策和实施团队需要了解的是，由于行业与企业经营环境、制造模式的不同，对于各信息系统之间的分工、集成、输入与输出关系需要进行细致专业的分析，并在软件选型、客制化模块、标准化模块之间做出慎重长远的选择。图 8-5 简单呈现了某电气制造企业在实施 APS 系统过程中，对 ERP 信息系统、MES 和 APS 系统之间的分工、集成、输入与输出关系的设计。

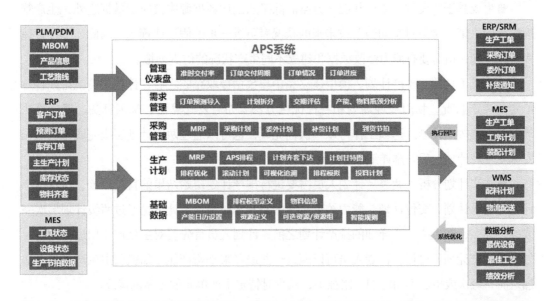

图 8-5　某电气制造企业对 ERP 信息系统、MES、APS 系统 之间分工、集成、输入与输出关系设计

APS 系统的优势集中在如何将客户需求转化为生产单元最优的生产计划排程与调度方面，其目的是为工作中心或车间生成一个详细的生产计划。APS 系统提供动态集成的、基于内存且实时的计算方案，其运算基于事件的有限约束排程，所以其必将实时考虑目前的负荷和能力及原材料库存和供应等诸多因素。

APS 系统支持不同的优化方法，能做出基于规则的资源和工序选择，如最少换装时间、最小闲置时间等，尽量减少"孤岛"所导致的延迟。生产计划明确给出了计划范围内的每一个生产工单在所需资源上的加工开始时间和结束时间，也给出了在所需资源上工单的加工工序。APS 系统提供强大的甘特图和数据报表可视化功能，用以展示生产计划与进程。

（2）APS 系统的基本工作原理

APS 系统的基本工作原理可简单地描述为以下 7 个步骤。

●建立运算模型。生产单元的模型需要详细地配置生产工艺路线（加工顺序、标准额定工时等）、制造物料清单与产品架构，以及相应的资源约束，同时详细获取生产流程和内部物流的特征，以便生成最优的可行生产计划。APS系统只需根据车间或工作中心已经明确的和潜在的瓶颈资源建立一个清晰的模型。

●提取数据。生产计划排程使用的数据来自主生产计划、销售订单或需求计划等，它可以由ERP信息系统、Excel导入或者手动录入APS系统。需要注意的是，如果数据来自ERP信息系统，由于生产计划排程主要利用相关模块数据的一些子集，所以需要明确实际需要的数据的范围。

●生成基于假设的（生产状况）方案。除了从上述数据源中接收的数据之外，生产管理过程的决策者希望对车间当前或未来的状况有更进一步的假设或预判，因此，生产管理人员或计划人员需要有能力修改数据和建立不同生产状况的仿真模拟。

●生成（初始）排产计划。模型建立完毕与数据提取完成之后，计划人员就可以针对给定的生产状况，利用线性规划和各种优化方法（如启发式算法、基因算法、遗传算法等）来生成排产计划。这项工作可以一次性完成，也可以通过两级计划层次完成（例如先安排主生产计划，后安排详细的排产计划）。

●排产计划分析和调整。计划人员需要进行排产计划初始结果的首轮检核，检查排产计划与需求计划、交付计划、能力约束之间的差异。如果排产计划是通过两级计划层次完成的，那么，在生成一个详细的排产计划之前，计划人员首先要对主生产计划进行分析。如果主生产计划不可行，计划人员可以通过一些途径来平衡产能（如微调主生产计划，增加班时、班次或指定不同的加工路径），减少对特定生产单元的工序的修改。

另外，通过APS系统提供的业务进程监控管理技术，排产计划中那些交付逾期、资源过载等被识别出的问题、风险与不可行性将形成警告信息，经过过滤和判断的警告信息将被传递到相关部门，从而推动进行排程优化活动。

●生产状况核准。当所有可选方案经过评估后，符合最佳生产状况的排产计划将被选择与执行。

●执行排产计划，并进行排产计划的更新。计划人员将选定的排产计划输出给相关的协同信息系统，包括ERP信息系统（分解和执行计划）、运输计划系统、分销资源计划系统等。排产计划将持续执行，直到某个事件发生时才更新，如新订单的进入、发生产线产品质量问题、需求突增或机器故障。

当瓶颈资源发生变化或者生产工艺路线发生改变时，生产模型的改变是必需的，在一个模型或计划交付给生产单元实施之前，计划人员可以使用APS系统提供的仿真手段来辅助进行判断。

3）APS 系统的输入信息和输出信息

如上所述，APS 系统使用的数据主要来自 ERP 信息系统、Excel 或者是手动录入的，这些数据主要包含销售订单、主生产计划和需求计划等。

APS 系统输出不同版本的可承诺量、排产计划、销售订单计划、产能计划、多工厂排程透视、产能瓶颈识别、材料瓶颈识别、多仓库库存计划、跨仓库材料协同、采购订单计划、高频率 MRP、库存警告、订单管理分析报告、产能分析报告、最优 KPI 计划等。

2.APS 系统的实施

1）实施 APS 系统的优势和劣势

相比静态、粗略管理的 ERP 信息系统，动态实时精确管理是 APS 系统的主要优势，也是 ERP 信息系统和 APS 系统之间最大的区别。APS 是基于现实的有限产能的计划工具，这一点是基于无限产能的 ERP 信息系统所不具备的。APS 系统能够满足多种资源约束，平衡生产过程中的各种生产资源，在不同的生产瓶颈阶段给出最优的或近似最优的生产计划排程，实现快速排程并对需求变化做出快速反应。在生产计划与排程算法能力上，APS 系统是优于 MES 的。

APS 系统的劣势是，它的主要功能围绕生产计划与排程展开，并不具备与外部供应链交互的功能，也不具备 MES 的数据采集功能，它的输出质量在很大程度上取决于其他系统的输入，例如 ERP 信息系统和 MES 输入的数据的质量。所以只有与其他系统集成才能使得 APS 系统的能力得以充分发挥。

2）实施 APS 系统的收益与风险

APS 系统解决了企业计划不能实时反映物料需求和资源能力动态平衡的问题，最大化地利用了生产能力，最大化地减少了库存量，最快速地提高了市场反应速度，并实现了功能的集成，将原来分布在不同工具和流程的 RCCP、CRP、MRP 等高度集成，大幅度降低了计划人员的工作难度和工作强度，是信息系统赋能最直接的体现之一。在实施 APS 系统的过程中，APS 系统融合了生产管理的诸多理论（库存理论、MRP、Lean、TOC），是基于上述理论基础的遵循里特定律（有限产能和各项约束）的软件系统，是一个优化计算引擎，同时也将企业计划管理的所有细节和逻辑打通，为企业计划能力的增强助力。APS 系统动态监控需求的达成，有利于实现业务过程和交付过程的集成。

实施 APS 系统的风险主要是选型错误带来的运营风险；其次就是缺乏支持系统的代价太大，其主要原因在于，没有 MES 的条件下，ERP 信息系统提供的数据颗粒度过大，使得 APS 系统功效丧失且浪费巨大。

3）实施 APS 系统的条件

第一，企业的整体信息化水平是影响一个企业能否成功实施 APS 系统的关键因素。没有正式运行 ERP 信息系统的企业，实施 APS 系统的意义有限，数据导入困难，反而给企业增加更多的工作量和提高错误产生的概率；即便是有 ERP 信息系统甚至 MES 的企业，如果管理水平有限、数据质量差、数据治理能力低，其首要任务应该是针对 ERP 信息系统和 MES 开展优化和治理工作，针对企业管理水平进行提高，不能 3 个系统的治理与开发，甚至二次开发一哄而上，对于动态运转的制造企业而言，这是十分危险的活动。

第二，领导的重视程度和推动力。一个信息化项目能够成功实施的关键往往在于领导的重视和支持，尤其是对 APS 系统这种对管理水平要求高、对执行力的要求也高的项目来说，领导的重视和支持是非常重要的。

第三，甄别与选择适合本行业和企业的 APS 软件十分重要。APS 软件与 MES 软件一样，具有很强的行业和企业差异性，建立专业的 APS 软件甄别与选择团队十分重要。

第四，一个拥有各类专家的项目团队和经验丰富的软件实施团队是 APS 成功实施的保证。

4）国内主流 APS 软件提供商的发展与现状

与国内 MES 发展态势相似，虽然部分国内主流的 APS 软件提供商起步较早，但绝大多数还处于摸索阶段。随着一些国内大型制造企业进入 APS 软件开发领域，国内 APS 软件行业迎来了新的发展机遇，这些拥有几十年制造经验的企业，利用其自身丰富的制造与运营管理经验，正在快速地推动 APS 软件的成熟与发展。例如国内某大型计算机终端设备制造商，已经大力开发和推动自主品牌的 APS 软件，其针对不同排产性能指标和业务优先级经常变动的特点，设计了多目标组合优化算法，打造了可定制化设置目标优先级的多目标生产计划平台。在市场环境瞬息万变的情况下，该 APS 软件通过灵活调整 KPI，确保企业资源的合理有效利用，最大化运营管理目标；在效率、交期和成本指标之间，实现快速仿真模拟和提供最优方案建议，摆脱生产计划纠结于各个指标的困扰。

其他中小规模的 APS 软件提供商依据逐渐增多的实践，针对性地开发自主品牌的 APS 软件，建立不同行业与领域的专业开发团队，深化理解用户需求和企业特点，积累经验，快速发展。不难预测，未来国内的 APS 软件市场和 APS 软件提供商都将进入快行道，为我国信息化、数字化建设提供动力。

3. APS 系统应用案例

某制冷设备公司在华东某工业园区设立工厂，为冷库和超市提供并联制冷机组，在业务不断发展的情况下几次扩产，使得生产面积较原来扩大了 2.5 倍左右。为了满足不断变化的市场需求，企业陆续推出各类新产品以更好地服务中国客户。不断快速发展的业务和日趋复杂的需求，叠加供应链的不确定性和与之相匹配的制造模式，使得企业对于 APS 系统的渴望越发强烈。虽然企业前期已经实现了 ERP、MES 和 SRM 等软件的应用，但是企业觉得在整体供应链计划与实施管理上仍存在很多断点与脱节现象，想利用 APS 系统实现如下提升。

（1）通过高效排程提高计划效率

●快速评估客户需求交期。

●通过自动化排程，科学合理地指导生产。

●不同计划方案的快速匹配与推荐。

（2）通过实施 APS 系统提高运营效率

●合理安排设备和采购资源，实现精益化生产。

●特殊订单处理。

●减少切换时间，提升生产效率。

●缩短和保证交期，减少在制品库存数量。

（3）整体信息化系统协同提效

●重新梳理与再造 APS 系统、ERP 信息系统、MES 之间的运作逻辑和任务分工。

●与现有 ERP 信息系统和 MES 形成信息闭环系统。

APS 软件方案提供商依据客户需求，提出了整体规划并推动实施了相关行动，包括建立双方实施团队与实施进程规划；进行业务流程再造和生产流程优化；开展企业级数据治理；建立和重构 APS 系统与 ERP 信息系统、MES 之间的集成与协同关系；管理 PLM 系统的输出，包括优化工程 BOM 与制造 BOM 的衔接与流程；建立约束识别机制和订单交期快速评审机制（系统自动计算订单是否可以按期完成，并给出提示）；建立特殊与紧急订单处理逻辑；排成规则与算法建模；APS 项目实施计划与进程管理等。

在经过将近一年的准备、推动与实施后，该企业通过 APS 项目的建设与实施，实现了生产计划排产的自动化，使得从需求管理到生产计划，再到物料采购的各环节能在复杂的客户需求的情况下迅速响应，并提供不同场景的计划方案、快速进行可承诺数量与交期确认等功能。表 8-1 简单列明了该企业实施 APS 系统前后的运营能力变化。

表 8-1　某制冷设备公司实施 APS 系统前后运营能力的变化

职能	APS 系统实施前	APS 系统实施后
运营管理人员	运营管理中，尤其在制造能力、动态库存状态、物料齐套率、订单任务进展等方面都缺乏系统的连续性呈现、缺乏绩效分析数据、缺乏追溯与进程管理	能够详细掌握业务需求与运营进程的匹配情况和全景，对库存与订单执行状况一目了然，可以及时获得全面的质量数据和问题分析结论
计划人员	1. 手工 Excel 排程，工作量大且效率低，存在滞后性	1. 自动 / 半自动排程，效率提升
	2. 计划团队无法在统筹协调下步调一致、高度协同地排产，而且容易因为某道工序或某个人造成整体计划的失效	2. APS 系统提供了多车间、多工序整体计划排程能力，使得计划的合理性更强，同时考虑了产能、物料、工艺等约束条件
	3. 信息与计划行动滞后，无法快速实时获得最新数据，无法快速分析产能负荷和生产进度	3. APS 系统与 ERP 信息系统、MES、SRM 等系统协同与集成，实现了计划排程智能化、一体化，实现了 APS 系统滚动连续性排程，信息一致性强、计划与进程管理同时呈现，根据生产实际完成情况能够及时调整计划或制订新计划
销售 / 商务人员	1. 很难及时告知客户订单进度与预计交期，无法承诺客户交期	1. APS 系统与 ERP 信息系统、MES 等系统协同与集成，能将输出结果快速通知客户
	2. 紧急订单与需求变更无法快速得出有效排程结果和交期预测	2. 通过 APS 系统模拟仿真的功能进行排程和交期预测，及时通知客户预计交期
	3. 销售 / 商务人员与生产、计划、采购人员信息不对称，任务执行不及时	3. APS 系统与 ERP 信息系统、MES、SRM 系统等系统协同与集成，提前将交货日期、备料计划等信息及时共享，各部门较容易开展计划性工作
制造主管 / 车间组长	1. 生产单位缺乏准确的生产提前准备工作明细，如领料清单、工装清单等	1. 通过 APS 系统制订更加精细的工序级别计划，便于开展制造任务开工前的生产准备活动
	2. 制造主管无法及时获得计划达成情况和负荷与异常等情况	2. APS 系统通过与 ERP 信息系统、MES 的交互，使得计划与实际的匹配更加及时与准确，便于透明化管控
采购员 / 物控计划人员	1. 计算产品的物料齐套率困难	1. APS 系统与 ERP 信息系统、MES 的交互使得连续性工单物料齐套率核算得以实现
	2. 物料需求计划、补货计划与需求计划存在偏差与滞后情况	2. APS 系统与 ERP 信息系统、MES、SRM 等系统的协同与集成，使得最优排程输出的物料需求计划与补货计划更加科学

APS 系统的实施给该企业的生产工作提供了科学合理的指导，使其提升了生产效率，向精益生产化管理迈进了一步，同时实现了与现有 ERP 信息系统和 MES 的闭环有机连接，进一步完善了企业的信息化管理，增强了企业的核心竞争力。

| 第 4 节 | 需求预测软件

1. 供应链计划与需求预测软件

供应链计划（Supply Chain Planning，SCP）系统是一个组织计划执行和衡量企业全面物流活动的系统。它通常运用在集成应用软件系统之上来实现其功能。随着对业务流程再造和生产过程再造的重视，软件和方案提供商做出的一个显著努力是将 SCP 系统的功能转移到一个服务器或 PC 环境中，使得原来集中在线下进行的活动得以在工具的帮助下快速执行，并在与其他软件工具的配合下形成更好的预判和决策系统。

SCP 系统是一个提供技术支持的平台，该平台允许企业在延伸的供应链中管理、链接、共识、协同和共享其规划数据。它支持从需求创造到详细的供应响应，从战略规划到战术层面的规划。SCP 解决方案是端到端供应链的规划决策库，管理的是端到端集成供应链的环境。

从 SCP 的发展历史来看，市场上很多 SCP 软件提供商都来自原来的需求预测软件提供商，或者制造运营管理（Manufacturing Operations Management，MOM）系统提供商。SCP 系统的核心功能包括需求预测和需求计划管理、库存计划、补货计划、订单承诺、生产计划和生产调度、支持跨企业联合优化与协同。

需求预测软件作为独立开发的产品，从 21 世纪初开始逐渐快速发展起来，早期在欧洲和美国都有广泛的应用与实践。从需求预测软件的发展趋势来看，紧紧围绕预测算法展开的功能已经成为软件中一个较小的标准模块；而需求预测准确性评估、需求计划、端到端的库存计划、补货与分货计划等功能已经成为不可缺少的 SCP 模块，在最早的需求预测软件中植根并快速拓展。同时为了应对不同行业与企业客户的不同的业务场景和需求，需求预测软件多会进行深度的客制化，根据企业需求提供单一模块或整体方案。

2.需求预测软件的实施

1）实施需求预测软件的优势和劣势

需求预测软件依赖成型的模型和算法，在较短时间内能完成大量规格、种类的预测运算，这是传统的人工或基于电子表格的预测方式无法比拟的。这对于那些实施月度 S&OP 体系的企业尤其重要，因为其可能需要在极短的数日内完成大量产品的预测。需求预测软件的实施可以有效提升企业的数据分析和挖掘能力，对经营计划制订、品类结构优化、未来销售预测、分货补货调度决策、价格调整预判与优化、生产采购计划智能决策等给予科学指导，最终实现商品/品类体系、营销体系和供应体系的最大限度的协同。

然而，即使嵌入了各种模型和算法，需求预测软件依然无法完全匹配千变万化的业务场景，也不可能纳入影响预测准确性的所有因素。有时，人的经验在预测判断时发挥着重要作用；而且，单独实施需求预测软件具有明显的劣势，由于功能本身的限制，单独实施需求预测软件具有分析视角的狭窄与信息界面的不足，与内部供应链数据多有脱节，不能交互响应动态数据，无法快速响应和落地决策等缺点，这也是需求预测软件公司始终致力于将其拓展为具有更广泛能力的软件的原因。采用覆盖范围更广泛的 SCP 软件已经成为更多企业的选择。

2）实施需求预测软件的收益和风险

实施需求预测软件具有可见的收益。第一，企业在实施需求预测软件的过程中，可以逐步优化、过滤那些沉淀已久的业务与运营痛点，通过对政策和流程的梳理，提升库存周转率、降低缺货率、减少呆滞与慢动库存。第二，熟练使用需求预测软件，能提升企业的预测准确性，同样降低了库存风险或缺货率；第三，软件的快速运算缩短了计划周期，使得预测之后的一系列计划，如 DRP、综合生产计划和 MRP 等，能实施得更加及时。

然而，实施需求预测软件也存在下列风险。第一，实施本身的代价。除了不菲的软件开发或采购成本，还包括梳理管理政策和流程的精力。第二，运行中的代价。企业在使用中需要花费大量精力整顿数据以支持需求预测软件的运行。第三，不理想结果的代价。不准确的预测会造成业务损失，特别是在模型和算法选择不恰当的情况下。

综上，建议企业仔细权衡需求及未来规划后，再进行需求预测软件的选择与是否实施的决策。

3）实施需求预测软件的条件

需求预测软件并非一定要依靠 ERP 数据才能运转，因为其预测对象多是市场中或客户的产品，而具有价值的历史数据积累和未来市场分析将为需求预测软件的实施提供更好的条件。另外，需求预测软件不同于普通的计划信息系统，懂得产品并具有数据分析能力的人员是成功实施需求预测软件的关键，因为专业的人员不但可以根据预测趋势辨析出潜在的商机或风险，还能够判断预测存在的问题。

同时，选择具有本行业广泛经验的需求预测软件方案提供商十分重要。那些缺乏本行业经验的开发商和实施商很难深入地了解企业商业预测的痛点与产品市场的特质，也很难给迫切需要帮助的企业提供必要的支持。

需求预测软件要想成功实施，需要做好以下工作。

●需求调研：软件方案提供商对于各个产品、商品管理的关键节点部门进行现状（包括数据、流程、组织和痛点）的深度调研。

●蓝图制定：软件方案提供商根据自身现有的成熟方案和产品的功能，结合客户的实际需求和痛点，设计和确认整体蓝图，即确定整体方案的框架、范围、周期、功能点，以及双方要达到的目标。

●数据提取：根据软件方案提供商的要求，企业业务部门和 IT 部门对于相关数据进行准确提取。

●系统上线进程管控：软件方案提供商对根据蓝图制定出来的方案进行系统的部署、配置，并在约定的时间之前进行上线系统运维。

●系统运维：企业对于已经上线的系统进行维护和反馈。

3. 需求预测软件的应用案例

需求预测软件在市场上已经有很长的发展历史，在功能上主要以模拟仿真、预测误差分析、趋势预测等为主，目前越来越多的软件提供商致力于使需求预测软件功能成为 SCP 软件的一部分。

本案例是一家电子制造服务商应用需求预测软件的实例。该电子制造服务商为全球大型设备类与工业电子客户提供电子、电气组装与测试服务。其客户分布在世界各地，产品跨度大。其在中国的两家工厂负责生产涉及 50 多个客户、1,500 种不同的产品。这些产品需求波动大、预测准确率低、产品交付周期极短，制造模式多样。虽然该服务商的运营计划与管理能力不错，但是由于物料采购周期很多都在半年到 1 年之间，该服务商面对的可持续供应风险较大，在综合原因下，该服务商经常出现缺料和生产排程变更情况，这给该服务商带来了损失。

在这个背景下，该服务商经过长期的调研，协同客户与供应商一起梳理需求和痛点，认为在中长期科学预测上应该下足功夫，从而使得自身能够依据时间序列历史值，结合客户提供的预测数据，预估未来需求趋势，为长周期瓶颈物料的提前部署提供充足而且科学的行动依据。因此该服务商选择了一款具有很多实施案例和经验的需求预测软件，协助自身进行整个供应链条的需求管理。

该服务商对软件功能的需求包括：铺设需求计划链条并与 ERP 信息系统运营数据进行交互；建设完整的预测误差与需求预测算法逻辑；针对需求变更进行动态捕捉并形成报告；具备模拟仿真能力，可以协同 ERP 信息系统进行预见性分析；实现可视化管理。

软件开发商和实施商对该服务商的需求进行了长达数月的分析，深入了解该服务商的产品市场、客户特质、制造过程、供应链计划流程细节等，并制定了细致的实施方案，与该服务商共同成立了项目小组，召集双方的实施专家、供应链专家、客户管理专家、算法专家组成团队制订工作计划。在花费将近一年的时间进行数据采集与清理、计划流程再造、数据展示界面设定、计算逻辑与优先级规划等事项后，该需求预测软件成功上线。此需求预测软件的主要输入为产品级别的客户历史需求预测数据、实际订单数据、实际交付数据、客户提供的未来需求预测，主要输出为客户需求预测误差与精度、准时交付率、需求波动率以及基于产品级别的预测趋势。

在实际应用中，该服务商供应链职能下的需求管理部门是这个软件的主要使用者，此部门与客户直接对接，进行客户需求预测与承接客户订单，负责从订单下达到交付的所有监督、管理与推动工作，并进行需求分析，与客户交互，传递信息。该部门充分利用需求预测软件，分析客户需求预测误差和精度，与客户沟通中长期产品级别的预测趋势，推动客户进行需求的核实与确认，推动采购部门早期部署长周期瓶颈物料。该软件的实施使得系统预测趋势与客户需求预测的差异得到了足够的关注和响应，并促使客户与客户管理部门达成共识与协议，为长周期瓶颈物料的早期部署扫清认知障碍。该服务商获得了很大的收益，如降低了供应风险，并降低了管理客户的难度，该软件也得到了用户内外部的好评。

参考文献

1.Richard L. Nolan. Managing the Crises in Data Processing[J]. Harvard Business Review, 57, no. 2, March‑April 1979.

2.Tobias Schoenherr. Leadership and Transformation in Supply Management[M]3rd ed.. CPSM Learning System Set, Institute for Supply Management, Inc, p.227.

3. 美国国家标准与技术研究院（National Institute of Standards and Technology, NIST）.《工业控制系统安全指南》，NIST SP 800‑82 Rev. 2.

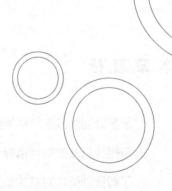

第 9 章

计 划 绩 效

在供应链管理中，绩效管理是重要的过程与结果管理机制，是企业规划、观测、总结与改善端到端供应链管理能力的重要途径之一。通过绩效管理，企业可以及时发现供应链管理中的薄弱环节，在早期识别风险与深层次问题，不断提高管理水平，助力供应链成为企业的核心竞争力。

在绩效管理体系中，对计划体系的绩效管理十分重要。计划作为运营活动的指令系统，它的效率和质量牵动着供应链运作的每个环节，直接影响着企业的运筹能力、交付能力、库存与现金状况、成本与效率水平，是至关重要的衡量指标体系。

本章主要阐述了计划绩效指标体系的框架、计划绩效常用指标、计划绩效管理、计划绩效改善等内容，力图从参考框架和工作实践两个方面给读者带来启发，鼓励并推动企业逐步建立适合自己的成熟的计划绩效管理机制，为供应链管理能力的增强建立坚实的基础。

本章目标

1. 掌握计划绩效指标框架的内容。

2. 掌握计划绩效常用指标。

3. 了解计划岗位对应的职责和绩效列表中各岗位对应的绩效。

4. 了解绩效差距产生的根本原因和改善方法。

| 第 1 节 | 计划绩效指标框架

管理学领域流行这样一句话："你不能衡量它，就无法管理它。"而衡量计划与实际的误差是识别管理缺陷的重要工作。虽然企业千差万别，但是衡量绩效的活动始终没有停止。评估指标的客观性、完整性、结构性与可量化性格外重要。计划绩效指标框架是计划绩效评估机制的元素，也是绩效管理的重要内容，它为那些处于由小变大，由弱变强，或者处在复杂变革期的企业，提供一些从无到有、从 0 到 1 建立绩效考核机制的参考建议和指引。

1. 计划绩效指标框架的结构

建立计划绩效指标框架的目的是将衡量目标标准化、定义化、结构化和量化，使其具有可度量性，使企业能在将策略级别 KPI 部署到运营战术层面的过程中进行逐级分解，阐明对应关系，为管理层和计划组织提供参考指导。

多数实施计划绩效衡量的企业都进行了指标体系的构建与分解，以便在基础运营层面通过分解的指标结构来观测企业运营的优势、短板与风险。

本节介绍的指标框架依据 6 个绩效维度建立衡量指标，虽然这 6 个绩效指标的属性及其拓展的层级内容可能受组织结构、企业规模、供应链运营深度等因素的影响，在不同企业中会有所不同，但它提供了一个可供参照的结构化视角，且可以被使用者进行深入或变体拓展。这 6 个与计划相关的绩效指标是"服务水平""计划周期""供应链敏捷性""计划相关成本""计划稳定性""库存管理"。需要强调的是，计划绩效指标并非仅与计划相关，计划绩效指标作为行动指令，需要在运作中通过活动进程来"回写"和"反馈"计划的有效性和可行性。

计划绩效指标框架的一级指标是对供应链计划整体运转状况的展现，这些指标也称为战略指标或关键绩效指标（Key Performance Indicator，KPI）。对一级指标建立基准有助于设定相对现实的目标，以支持战略实施；二级指标作为对一级指标的分解，有助于确定一级指标绩效差距产生的原因；企业可以根据实际状况对二级指标进行再分解，以便确定需要观测和研究的具体过程。表 9-1 对一般性计划绩效指标框架进行了阐释。

表 9-1　一般性计划绩效指标框架

绩效属性	层级	绩效指标索引码	绩效指标
服务水平	一级	SLV.1.1	满足率
	二级	SLV.1.1-2.1	订单满足率
	二级	SLV.1.1-2.2	物料齐套率
	二级	SLV.1.1-2.3	主生产计划达成率
	一级	SLV.1.2	缺货率
	二级	SLV.1.2-2.1	订单短交率（客户向、产品向）
	二级	SLV.1.2-2.2	物料缺货率
计划周期	一级	PCT.1.1	端到端的计划周期
	二级	PCT.1.1-2.1	需求计划周期
	二级	PCT.1.1-2.2	主生产计划周期
	二级	PCT.1.1-2.3	物料需求计划周期
	二级	PCT.1.1-2.4	生产制造排程周期
供应链敏捷性	一级	SCA.1.1	上调供应链灵活性
	二级	SCA.1.1-2.1	上调供应灵活性
	二级	SCA.1.1-2.2	上调制造灵活性
	一级	SCA.1.2	上调供应链适应性
	二级	SCA.1.2-2.1	上调供应适应性
	二级	SCA.1.2-2.2	上调制造适应性
	一级	SCA.1.3	下调供应链适应性
	二级	SCA.1.3-2.1	下调供应适应性
	二级	SCA.1.3-2.2	下调制造适应性
计划相关成本	一级	PLC.1.1	直接人工成本
	一级	PLC.1.2	间接生产成本
计划稳定性	一级	PST.1.1	计划稳定性
	二级	PST.1.1-2.1	需求计划稳定性
	二级	PST.1.1-2.2	综合生产计划稳定性
库存管理	一级	INM.1.1	库存可用天数
	一级	INM.1.2	库存周转率
	一级	INM.1.3	库存金额

2. 计划绩效指标框架内容简介

本节将对上述计划绩效指标框架的部分内容进行简述，第2节将对关键的常用指标进行讲解与案例分析。由于篇幅原因，本书无法逐项详尽讲解，读者可参考上述框架，设计更加适合自身产业、行业和企业特点的层级结构与指标。

1）服务水平

服务水平衡量企业从供应端到向客户交付的各环节交付物的齐套、达成与准时水平。对其进行考核的目的是对端到端各环节的交付计划与实际达成情况进行采集，呈现计划体系对交付预测的管理能力、对交付计划的达成能力，以及对库存策略的履行能力。

服务水平分为满足率和缺货率两个一级绩效指标。需要强调的是，计划人员需要对供应链各个环节进行细化与分解，这样可以在细密的衔接环节中，洞察计划与实际之间的偏离度，探寻计划失效背后的成因，制订改善和纠错行动计划。表9-2就是对二级绩效指标物料齐套率进行分解的示例。

表9-2 物料齐套率指标分解示例

绩效属性	二级绩效指标索引码	二级绩效指标	三级绩效指标索引码	三级绩效指标
服务水平	SLV.1.1-2.2	物料齐套率	SLV.1.1-2.2-3.1	按照客户订单要求计算的齐套率
			SLV.1.1-2.2-3.2	按照制造任务（工单）计算的齐套率
			SLV.1.1-2.2-3.3	按照客户需求预测计算的齐套率
			SLV.1.1-2.2-3.4	按照S&OP需求计划计算的齐套率

需要注意的是，有些企业为了精确计算，会将三级绩效指标细化分解为四级指标，例如以客户订单要求产品为对象，计算某时间跨度内该产品的原材料齐套率。这需要计划组织或者运营部门根据实际需要进行规划，其目的是建立具有针对性的衡量目标，协助企业诊断与洞察运营过程中的问题。由于不同行业、企业的竞争环境和管理内容存在巨大差异，建议各企业自行建立专业、适度的三级或四级绩效指标体系，本节不做更加深入的展开。

2）计划周期

运营部门在考核交付绩效的时候，多会对需求链条输出与传导的效率进行考核，因为时间跨度过大或者交付延迟，会引起需求与供应两端的不平衡。计划组织应衡量端到端各环节的计划周期，并对计划过程进行分解。

计划周期通常是指形成计划任务需要的总体时间跨度。例如计划绩效指标框架中提到的生产制造排程周期，在 SCOR 中有类似的指标，叫作安排生产活动周期时间（Schedule Production Activities Cycle Time），它是指在生产活动中与计划相关的平均时间。这些活动至少包括：给出生产特定数量的特定零件、产品的计划；评估所采购物资或服务的计划可行性；共识工序排程等。如果这些活动的计划周期过长，或者缺乏有效的组织而产生延误或停滞，都将给制造周期带来负面影响，进而影响整体计划的可行性和交付的进度。

对生产制造排程周期的总时长进行监测与优化，可以使整体的制造周期缩短，生产效率提高，这对于需要快速反应和行动的制造过程至关重要。由于不同企业的制造模式不同，且制造模式多会影响生产活动计划周期，企业应根据自身的实际情况，合理做出安排。

计划绩效指标框架中，计划周期的二级绩效指标一般包含 4 部分内容，分别是需求计划周期、主生产计划周期、物料需求计划周期、生产制造排程周期。计划工作需要很多协同工作来配合，并且所占用的时间在关键路径上。所以，企业需要根据自身所处行业、企业特点和业务场景来进行指标分解。

管理者需要了解的是，虽然计划过程大多是循环的，但是很多计划进程是同步开展的，而缩短整体计划周期使得需求在最短的时间内传递到上游，以及将实现程度在最短的时间内回写到计划系统，始终是计划组织追寻的优化路径与目标。随着信息化、数字化能力的提升，当代企业对于计划周期的观测能力得到了很大的提升，也使得计划本身的效率得到了提高。

3）供应链敏捷性

供应链敏捷性是企业在复杂的竞争与供应环境下越来越关注的内容。与敏捷性相关的绩效指标繁多，下面主要介绍其中与计划强相关的 3 个一级指标及其分解指标。

上调供应链灵活性，是指在未计划的情况下，供应端完成需求端要求的某增量或增幅所需要的时间，主要包括上调供应灵活性与上调制造灵活性。对于增量来讲，存在较为复杂的判定环境，增幅可能来自市场或客户压力、来自企业内部增收的指令，或来自与客户的交付协议，甚至来自前期错误的数据输入。

由于市场环境面临更多的不确定性，企业越来越需要从整个链条的灵活性出发进行改革，对客户需求的变化做出快速反应。通常来讲，迫于市场压力也好，或者是企业自身对供应链能力的要求也好，企业都需要根据供应商资源和制造系统本身的能力制定阶段性的和可行的灵活性目标，例如通过建立合理的库存策略增强链条库存供应能力，从而增强上调供应灵活性；同时通过模块化设计、标准化配置来改变企业的生产制造工艺过程，增加产能或改变排程方式，增强上调制造灵活性。

上调供应链适应性，是指在界定的期限内，目标任务能够完成或提升的最大数量或幅度，主要由上调供应适应性和上调制造适应性组成。这个指标与上调供应链灵活性存在不同的判断视角和方向。例如，某企业需要在供应极限情况下测算，如果供应链熔断，5 天内采购部门可以获得的最大原材料数量，以及根据原材料齐套率，制造部门能够生产出来的最大产成品或半成品数量。

供应链或运营管理者需要了解的是，随着贸易环境等制约条件的改变，根据企业设定的上调供应链灵活性和适应性的指标，企业的生产制造、计划与采购部门都需要协同完成此类重要的目标建设并持续观测。企业通过本章后面阐述的库存天数（Days of Supply，DOS）可以实时观测供应灵活性和适应性。

下调供应链适应性，主要由下调供应适应性和下调制造适应性组成。它是指在指定的期限内，在没有库存与成本损失的情况下，目标任务能够减少的最大数量或幅度。例如，某企业收到客户的紧急通知，要求核算某产品在未来 30 天内的生产与库存状态，并汇报可以取消的数量及涉及的损失。这时，该企业应根据客户需要，开展整个供应链库存和订单状态的排查，迅速汇集数据并与客户展开会商。下调供应链灵活性的各项能力主要通过库存可用天数、连续性到货计划、交付与取消窗口期、订单慢动与呆滞状态等数据来快速核算，并可以通过 ERP 或商业智能（Business Intelligence，BI）软件实现可视化模拟。

总之，在激烈的市场竞争和供应市场困境下，计划部门牵头进行针对性地供应链敏捷性部署是十分重要的，而通过有效的工具可以对敏捷性指标进行连续性监控，当然，供应链组织可以根据计划与运营的深度与广度，加入其他影响因素，形成其他一级及分解指标。需要特别指出的是，供应链管理者或计划部门可以尝试对上调供应链适应性建立阶段性指标与衡量机制，例如计划部门根据库存可用天数、原材料交付能力、假设的增幅进行经常性的核验，衡量未来两周、一个月、两个月的上调供应链适应性，并向前端内外部用户输出交付能力报告，以此建立具有预见性的供应链敏捷性判定机制。

4）计划相关成本

计划职能在成本上的体现十分直接，主要表现为直接人工成本与间接生产成本。计划工作对于直接人工成本和直接人工效率的影响是显著的，例如由于计划的突然改变而使得直接人工效率小于预期、直接人工成本大于预期。在衡量与计划有关的直接人工成本与直接人工效率的绩效水平时，一般采取观测差异的方法，例如可以用此公式进行测算：直接人工成本差异 = 实际产量下的实际人工成本 − 实际产量下的标准人工成本。

除了直接人工成本和直接物料成本以外，在间接生产成本中，有一些成本如辅助人工成本、水电气费用和设备折旧等。基于计划的生产任务的执行与变动对这些成本的影响较大，经常会给企业带来影响，例如计划问题造成产线产量不平衡，使得厂房与设备折旧的处理出现问题等。有关成本与效率的更多内容，可以参见本书综合供应计划一章。

5）计划绩效指标框架的其他内容

在计划绩效指标框架中，计划稳定性、库存管理两个部分是重要的内容。这两部分也是目前各企业考核计划职能时的重要内容。这些内容连同服务水平一起，将在第 2 节进行较为细致的讨论，同时第 2 节将结合具体实践案例来说明其在实务中的使用要点。

|第 2 节| 计划绩效的常用指标

在供应链管理过程中，不同的企业根据自身所处的经营环境，选用了不同的绩效衡量机制。本节就前述计划绩效指标框架中的一些内容和企业实践中常用的方法进行介绍与概述，以便读者能够在实际工作中进行合理的应用。

1. 服务水平——满足率

满足率（Fill Rate）通常是一个衡量准时交付和供应能力的指标，在某些行业中是指货架上现有库存满足请购单的百分比。满足率与计划具有很强的相关性，计划机制的预见性和可行性直接影响满足率，与其相反的是缺货率。当今满足率和它的各种变体已经被广泛地应用于各类供应链绩效的实践当中，不断地发展与深化。

1）订单满足率

（1）订单满足率的概念

订单满足率（Order Fill Rate），是指能够按要求发货的订单数量所占总订单数量的百分比。订单满足率在运营实践中被延伸与拓展使用，比如在衡量按照承诺的交付时，它的计算公式为：

$$订单满足率 = \frac{实际按期交付的数量}{承诺在该期间交付的总数量} \times 100\%$$

数量可以是交付物个数、订单个数、金额、品种行，对于时间的限定可以是一个日期，也可以是一个区间。

（2）订单满足率在企业中的实践

很多企业在供应链管理实践中，使用当前较为普遍的称法——准时交付率（On Time Delivery）作为订单满足率的表述。准时交付率同样存在很多变体，例如按照最初承诺的准时交付率（On Time Delivery to Commitment, OTDC），此指标一般从供应商承诺角度衡量，按照交易双方共识的准时交付率（On Time Delivery to Agreement, OTDA）和十分严格的准时交付衡量指标——按照客户要求的准时交付率（On Time Delivery to Demand, OTDD）。

需要指出的是，准时交付率是完全可以预测的。计划部门基于客户的要求、主计划安排、库存与供应情况、工单任务的物料齐套率、生产部门的可承诺量等信息，逐个识别约束条件，进行针对承诺或客户要求的准时交付率的预测。此类实践活动在企业中已经广泛开展，并不断改进与改善。

2）满足率的其他使用

有些企业在实践中，将物料齐套率纳入满足率考核体系。物料齐套率是达成供需平衡共识、制订主生产计划，以及工单排程的重要依据，也是运营中重要的计划绩效衡量指标。此外，在安全库存的计算中，满足率也被拓展为服务水平满足率来使用，一般理解为交付水平的目标值。以上这些尝试都是为提高管理水平而开展的具有积极实践意义的活动，在此提出来以供读者参考。

2. 服务水平——缺货率

在服务水平考核体系中，缺货率（Stock-Out Rate）被广泛使用，通常来讲它是与满足率反向对应的指标，即没有可用库存而导致延期交货的订单占订单总数的百分比。一般企业多将缺货率概括为订单短交率和物料缺货率，其在不同行业中的变体运算方法很多。

例如计算以客户订货数量为衡量标准的缺货率时，缺货率的计算公式可以为：

$$缺货率 = \frac{客户订货的库存缺货数量}{客户订货的总数量} \times 100\%$$

缺货率分析的维度可以是品类，也可以是单品，还可以针对货架、制造任务（工单）、客户订单、订单行等，在不同行业和场景中存在着不同的实践应用，例如一些行业经常会应用如下公式来衡量缺货率：

$$缺货率 = \frac{缺货的商品种类}{总商品种类} \times 100\%$$

缺货率除了针对数量和种类外，也会针对某种商品的缺货次数进行运算。对于缺货次数进行统计有利于企业获知某种产品可持续供应的状况，针对性地制定品类管理策略、库存策略及改善订货补货模式，相应的运算公式如下：

$$缺货率 = \frac{缺货次数}{用户要求次数} \times 100\%$$

企业建立满足率和缺货率指标的目的是观测和增强自身准时交付能力，使用者应根据应用场景，合理选择与使用。满足率和缺货率是从不同剖面和不同视角对同一结果的反映，并不存在优劣之分。企业在选择和使用符合自己运营特点的指标时，需要深入了解考核和分析的目的，并建立纵深和延展的分析与诊断机制，活学活用。当然企业也可以同时多维度地进行观测与分析，从不同角度解析问题，改善与提高交付水平。

3.S&OP 批准的需求计划稳定性

S&OP 会议所批准的需求计划，是后续计划进程的依据，所以需求计划的稳定性至关重要。严格执行与管理 S&OP 的企业，一般都会针对需求计划的稳定性进行持续地观测与考核。如第 2 章所述，对误差进行考核的算法很多，我们可以使用较为普遍的误差统计方法，如用平均绝对百分误差（Mean Absolute Percentage Error，MAPE）来衡量需求计划的稳定性。MAPE 在计算需求计划稳定性的时候使用了如下公式：

$$MAPE = \frac{1}{n} \sum_{t=1}^{n} \left| \frac{A_t - P_t}{A_t} \right| \times 100\%$$

其中：t——需求计划稳定性衡量时间区间；

n——衡量区间内的数据采集次数；

A_t——取值当期最终计划（或实际需求）数；

P_t——取值当期的上期计划或预算数。

在使用 MAPE 计算需求计划稳定性的时候，通常可以使用两种方法，这两种方法会从不同的角度给出参考与启发。计划部门通常会依据经营状况对该类指标设定衡量标准，并对误差进行深度分析，寻找运营管理中存在的深层次问题。由于行业与企业的差异较大，建议计划部门在设定衡量标准时协同其他部门共同制定，宗旨是通过建立指标而将各部门的准备工作做在前面，减少突发情况。

1）本年度每月批准需求计划数与每月预算需求数的 12 个月的 MAPE

根据 S&OP 的输出，计划部门每个月都可以得到更新的批准需求计划，计算时一般取用最新的批准数量。同时企业在年度预算中已经有了预计的需求数量，这样就可以使用批准的需求计划数和预算需求计划数进行本年度 12 个月的 MAPE 计算，清晰地反映年度整体需求计划的稳定性，以及衡量预算与 S&OP 批准计划之间的差距。这里的 MAPE 的计算通常是基于产品大类 / 产品线 / 产品系列 / 产品族进行的。

例如，某公司针对 H1C 产品 12 个月的稳定性进行衡量，计算每月批准需求计划数与每月预算需求数的 MAPE。表 9-3 列明了 H1C 产品一年的需求计划的预算数与批准数的对比。其中，预算数为年度预算的编制数据，每月批准需求计划数为当期经过 S&OP 各部门达成共识的需求计划数，误差是批准数与预算数的差额，绝对误差是误差的绝对值，而绝对误差百分比是绝对误差占批准需求计划数的百分比。在得到所有数值后，对 12 个月的绝对误差百分比进行平均值的运算，得到 12 个月内 H1C 产品的需求计划稳定性是 6.9%。

表 9-3　用 MAPE 方法计算某公司 H1C 产品年度 12 个月的需求计划稳定性

单位：个

月份	1 月	2 月	3 月	4 月	5 月	6 月	7 月	8 月	9 月	10 月	11 月	12 月
每月批准需求计划数（A）	180	150	260	260	270	260	300	300	280	200	260	200
每月预算需求数（P）	200	150	300	300	300	300	300	300	300	200	280	200
误差	−20	0	−40	−40	−30	−40	0	0	−20	0	−20	0
绝对误差	20	0	40	40	30	40	0	0	20	0	−20	0
绝对误差百分比	11.1%	0.0%	15.4%	15.4%	11.1%	15.4%	0.0%	0.0%	7.1%	0.0%	7.1%	0.0%
平均绝对百分误差（MAPE）	6.9%											

计划部门要注意那些预算需求数与批准需求计划数的误差或 MAPE 值过大的情况，这往往是因为企业在预算阶段过于保守或乐观，而预算数据在生产制造和供应的能力建设上举足轻重，这也证明了成熟的需求计划机制应从预算阶段就深度开展，并发挥重要指引作用。

2）滚动 12 个月的每月批准需求计划数与实际需求数的 MAPE

第二种方法是衡量在需求计划被批准后持续发生的变化程度，选取过去的 12 个月，是为了测量滚动 12 个月的需求计划稳定性。在需求计划的执行过程中，即便企业采用最近批准的需求计划，实际需求数往往也与批准需求计划数存在一定差距，差距主要来自突发的客户需求变化等，所以当月的实际需求计划数会快速地响应变化进行调整，从而与批准需求计划数存在误差。

为使读者了解在实际工作中如何应用，下面使用表 9-4 加以简要说明。某公司计划部门选取了 H2D 产品过去 12 个月的每月批准需求计划数与实际需求计划数。其中每月批准需求计划数为上期经过 S&OP 各部门达成共识的需求计划数量，而每月实际需求数为当期最新的实际需求数量，误差是指实际数量与批准数量的差额，绝对误差是误差值的绝对值，而绝对误差百分比是绝对误差占实际需求数的百分比。在得到所有数值后，对 12 个月的绝对误差百分比进行平均值的运算，得到 12 个月内 H2D 产品的需求计划稳定性是5.1%。

表 9-4　用 MAPE 方法计算某公司 H2D 产品滚动 12 个月的需求计划稳定性

单位：个

月份	1月	2月	3月	4月	5月	6月	7月	8月	9月	10月	11月	12月
每月实际需求计划数	100	100	89	92	90	110	190	190	190	160	180	150
每月批准需求计划数	100	100	100	97	90	100	200	180	180	180	190	150
误差	0	0	-11	-5	0	10	-10	10	10	-20	-10	0
绝对误差	0	0	11	5	0	10	10	10	10	20	10	0
绝对误差百分比	0.0%	0.0%	12.4%	5.4%	0.0%	9.1%	5.3%	5.3%	5.3%	12.5%	5.6%	0.0%
平均绝对百分误差（MAPE）	5.1%											

企业通过跟踪多个区间的 MAPE 的变化趋势来进行原因分析，以改善需求计划的稳定性。需求计划稳定性需要第一时间在计划链条上进行分享，因为综合生产计划与主生产计划、车间排程与物料需求计划等后线计划的安排与执行严重依赖于需求计划的稳定性。同时，管理者们要清醒地认识到，为需求计划设定冻结期在很多场景下并不能最终解决需求不稳定的问题，因为市场需求并不会因为冻结期而简单消失，所以需求计划管理需要更多销售、市场、供应链与制造方面的专家的介入和协同，以缩短产品的交付提前期、寻找最佳的制造模式。只有这样才可能减少需求计划的波动性，同时使企业对复杂的波动快速做出反应。

此类考核既可以采用滚动 12 个月的方法，也可在年内持续追踪，例如每月测算年初到当期的 MAPE。另外需要注意的是，MAPE 方法只能反应误差的幅度，并不能反应误差的方向，所以有些企业会采取其他误差衡量方法。

4.S&OP 批准的综合生产计划稳定性

考核综合生产计划的主要目的是确保综合生产计划的稳定性和连续性，确保关键资源的合理准备、确保与战略业务计划和主生产计划的高效衔接。需要注意的是，与需求计划一样，有的企业为综合生产计划设定了冻结期，但通过 S&OP 调整综合生产计划时要注意冻结期内的数量是不能调整的。

考核 S&OP 批准的综合生产计划稳定性的方法与考核需求计划稳定性的方法类似，也可采用 MAPE 的方法进行测算。其公式如下：

$$\text{MAPE} = \frac{1}{n} \sum_{t=1}^{n} \left| \frac{A_t - P_t}{A_t} \right| \times 100\%$$

其中：t——综合生产计划稳定性衡量时间区间；

n——衡量区间内的数据采集次数；

A_t——取值当期最终计划（或实际生产）数；

P_t——取值当期的上期计划或预算数。

在测量综合生产计划稳定性时，可采用与衡量需求计划稳定性类似的方法。

1）本年度每月批准生产计划数与每月预算生产数的 12 个月的 MAPE

这种方法考核的目的是清晰地反映年度整体综合生产计划的稳定性，以及预算与经 S&OP 批准的综合生产计划之间的差距。在计算时一般取用最新的批准生产计划数进行计算，同时企业在年度预算里已经有了预计的生产数量，这样就可以进行本年度 12 个月的 MAPE 计算。这里的 MAPE 的计算通常是基于产品大类 / 产品线 / 产品系列 / 产品族的。具体的运算方法可以参考表 9-3 中的案例进行理解与思考。

2）滚动 12 个月的每月批准生产计划数与实际生产数的 MAPE

考核 12 个月的 MAPE 是为了反映过去 12 个月的整体的综合生产计划的稳定性及综合生产计划被批准后持续发生的变化程度。选取过去 12 个月的时间段，是为了衡量年度或滚动的一年跨度区间内的差距和稳定性状况，以便为未来的计划方案提供具有一定时间积累的历史数据。与衡量区间需求计划稳定性一样，此类考核也可在年内持续滚动追踪，例如每月测算年初到当期的 MAPE 等。具体的运算方法可以参考表 9-4 中的案例进行理解与思考。

无论是以上哪种方法，在利用 MAPE 衡量综合生产计划稳定性时，其所采用的运算逻辑与前文提到的计算需求计划稳定性时是一致的。

5. 主生产计划达成率

主生产计划是产品级别的生产计划，它是基于综合生产计划中的产品大类 / 产品线 / 产品系列 / 产品族的信息、单品预测、订单和库存等计划要素制订的中短期计划。由于我们在主生产计划阶段安排的是具体产品的生产，因此主生产计划与特定的客户服务水平、特定产品库存、产品成本等紧密相关。考核主生产计划达成率的意义在于通过其达成率来反映企业运营的执行与实施能力，检查企业在计划制订过程中的均衡能力，考量用于计划的数据的准确性和及时性等。

主生产计划达成率的计算公式如下：

$$主生产计划达成率 = \frac{实际入库数量}{计划入库数量} \times 100\%$$

在管理中，实际入库数量是指主生产计划列明的完成时间所对应的入库数量，因此实际入库数量所对应的时间规则是非常重要的运算依据。企业应根据实际需要建立完成时间的相关定义，比如，每日 18:00 点前所有的入库都计入当日的实际入库数量。

考虑到当材料等资源齐备时，计划人员释放出来的工单才有按计划完成的可能性，这时的主生产计划达成率可以考核生产系统；如果释放出来的工单由于计划人员缺乏协同确认等，导致材料等资源的短缺，造成工单无法履行，则主生产计划达成率可能只能作为计划人员的一项考核指标。

6. 库存管理的 3 个相关指标

库存是体现整体运营计划与管理执行水平的一面镜子。由于库存的进程管理十分重要，库存状态始终是计划与再计划能力的一个重要展现。从一般意义上来讲，根据物料在生产前、生产过程中和生产后的 3 个阶段，库存通常可以分为原材料库存、在制品库存和产成品库存。而考核库存管理的指标很多，通常来讲，企业会采用 3 个指标：库存金额、库存周转率（次数）和库存可用天数。

1）库存金额

库存金额（Inventory Value）是指企业在某个时间点所持有的原材料、在制品和产成品的金额，通常根据财务制度要求在每月底或年底进行测量，与预算或预测数据进行对比并实施改进。随着信息化、数字化工具的发展，越来越多的企业已经开展了针对库存金额的连续性（天、周）监测，为阶段性考核建立了过程监督机制。

库存金额的考核可以针对不同产品类型、品类、品种，按业务需要进行。其主要考核方式为将实际库存金额与计划目标库存金额进行比较。

2）库存周转率（次数）

库存周转率（Inventory Turns）指期间内库存周转的次数。库存周转率是判断库存管理能力和现金水平的重要指标，是衡量库存计划人员综合能力的重要标准。它的计算公式如下：

$$库存周转率 = \frac{期间需求的成本金额}{当前库存价值或同期的平均库存价值}$$

在讨论期间需求的成本金额的过程中，有关人员应当依据运算对象来合理取值，例如计算原材料的库存周转率时，考虑销售成本（Cost of Goods Sold，COGS）的意义不大。通常的做法是以原材料的移动平均价为基础并乘以对应数量，有的企业也选用原材料的标准成本等。但是，直接取用原材料的当前采购价格是不合理的，因为当前采购价格只代表当前的合约价格，很可能并未形成采购和使用行为。而在计算产成品、半成品的周转率时多采用COGS，因为其成本中已经包含了直接人工和制造费用，而不仅仅是原材料成本的累积。选择期间时需要注意的是，目前库存周转率大多是年化指标，在运算的时候需要将期间年化。

对于库存周转率的分母如何确定，首先需要明确的是，分母中的库存指的是目前仓库中的库存数量或金额，以及虽然没有在仓库中，但依据合约或财务制度需要企业承担的部分库存（例如在途货物等）。在计算库存周转率时，有的企业简单地采用了月末的库存数，而有的采用了平均库存［平均库存=（期初库存+期末库存）/2］来运算。虽然上述的算法较为普遍，但是采用月末库存和平均库存的方法都不具有很好的区间代表性，因为这些单点或两点取值方法具有偶然性，比如很多采购人员人为控制库存而避免在月底补货收货。目前越来越多的组织为了呈现库存管理的真实状态，采用了多点取值或连续库存平均金额（数量）的方法，例如月内日均、季内日均、年内日均、滚动日均等。通常来讲，考核区间较长时会采用多点或连续取值的方法。

需要注意的是，采用含有未来需求（含预测）的数据进行当前的库存周转率计算，可以更具前瞻性地判断当前库存的绩效表现，仅使用过去实际发生的数据作为基准计算库存周转率具有滞后性。同时，还可以根据未来需求，滚动持续地对未来的库存周转率和库存价值进行预测。但要注意，未来预测的变化、到货数量的调整，以及价格和成本的变动，都会对包含预测信息的库存周转率造成影响。库存周转率预测目前已经广泛开展，并成为供应链管理预见性指标的一项内容。在使用未来的数据时，获得中长期有效数据相对来说存在挑战与难度，这需要企业通过 S&OP 协同作业。

在如何判断库存周转率目标的达成的问题上，很多企业在争论界定"达标"的条件。例如对于年度库存周转率，是否在年内达到一次就算达标，还是要多次达到、月月达到才算。一些企业甚至将最后一个月的库存周转率定义为全年的库存周转率，造成本年度连续达标的月份绩效失去考核意义。成功的实践是将库存周转率分解到原材料、在制品、产成品、供应商、客户等层面，在时间跨度上采取月度、季度、年度目标衡量，并结合权重考量的综合方案；在观测手段上使用连续观测并随时改善的方法，这样可以促进企业制定契合经营环境的指标体系和连续性改善机制，避免以偏概全的状况发生。

某企业计划人员想通过计算原材料的库存周转率来衡量库存状况，表 9-5 所示为他获取的数据和计算结果。

表 9-5 原材料库存周转率算法

原材料号	库存金额 / 万元	日均出库金额 / 万元	年度出库需求金额 / 万元	原材料库存周转天数	年度库存周转率
A01	70.00	60.67	22,144.55	1.15	316.35
A02	369.42	63.11	23,035.15	5.85	62.35
A03	3,920.22	136.74	49,910.10	28.67	12.73
A04	3,196.23	545.53	199,118.45	5.86	62.30
A05	1,034.62	57.84	21,111.60	17.89	20.41
A06	3.67	0.10	36.50	36.70	9.95
A07	10,915.49	830.65	303,187.25	13.14	27.78
A08	49.41	1.64	598.60	30.13	12.11
A09	24.67	10.00	3,650.00	2.47	147.95

表 9-5 已经给出了日均出库金额，按照 365 天计算，得到了原材料的年度出库需求金额。根据前文中讲过的库存周转率的计算公式，我们可以将年度出库需求金额理解为期间需求的成本金额（该期间为年度）。这样计划人员可以用原材料的年度出库需求金额除以目前的库存金额，计算出每一原材料的年度库存周转率。当然，并不能简单地说年度库存周转率越高，库存管理越有效，企业需要对库存的计划与管理对象进行深入分析后才能下结论。有关库存周转率改善的相关实践，将在本章第 4 节以案例的形式进行讲解。

3）库存可用天数

库存可用天数（Days of Supply，DOS）是一个常用的衡量库存水平的指标，指当前的库存水平能支持多少天的供应。DOS 与库存周转率的意义大致相同。DOS 也是各计划和采购人员在库存管理过程中需要持续关注的。DOS 的意义在于快速给出目前可用的库存，提醒有关人员尽快采取行动。

DOS 有很多不同的取值和运算方法。一般来讲，对于单品，DOS 计算公式如下：

$$DOS = \frac{当前库存数量或期间平均库存数量}{期间需求数量} \times 期间天数$$

在考核一种或众多物品的整体库存绩效时，采用各单品的数量计算 DOS 就不可行了。这时，管理者通常采用库存价值来计算。如果计算的是产成品，分母通常采用期间销售成本，公式如下：

$$DOS = \frac{当前库存价值或期间平均库存价值}{期间销售成本} \times 期间天数$$

另外，有些人也喜欢使用 DOS 分别计算原材料、在制品和产成品的库存表现，但计算时均采用销售成本作为分母，严格来讲，计算方法是分别采用各类库存所对应的需求，这部分内容可参考前文库存周转率的相关讲解。管理者在计算 DOS 时，还会遇到当期有库存，却没有需求，而导致计算结果为无穷大的情况，这就需要管理者进行人工调整。有些企业选择不计算当期数据，而有的则采取多期合并的方法来处理。长期出现这种现象则表明企业库存与销售出现不能协同的局面，甚至表明企业有严重的经营问题。

在 DOS 的运算中，也会涉及期间数量和库存金额的确定方法的问题，这部分内容已经在前文讲解库存周转率时进行了介绍。管理者经常将 DOS 应用到对未来可持续供应的风险判断中，这就意味着，企业已经将库存看成对未来的准备，因此他们在计算 DOS 时，以（预计的）未来用量作为期间需求数量。

一些企业对 DOS 进行分解与设定，并通过工具来观测实际数值的变化，使其类似于汽车仪表盘上所显示的里程数，可以给使用者一个直观的概念来判断当前库存的可用状况。

表 9-6 所示的是一家企业实践 DOS 的案例，该企业将库存目标分解到物料级别，以期使得整个库存管理有的放矢。其物料计划部门综合多种因素来计算每一种物料所需要的目标 DOS，用以保证产线的需要和准时交付。在制定完物料的目标 DOS 后，该企业通过信息化工具帮助判断目前 DOS 的状态及其与目标之间的差异，督促相关人员采取行动加以改善。假设表 9-6 中所展示的目标 DOS 是合理的，该企业力图通过 ERP 系统提供的工具来观测目标 DOS 与动态 DOS 之间的差距来寻找自身存在的问题。

表 9-6　某企业实践 DOS

料号	可用库存/个	待判定仓库/个	总库存/个	目标DOS/天	ERP 工单任务需求/个	未来30天总需求/个	未来60天总需求/个	DOS1（ERP工单任务需求计算）/天	DOS2（未来30天需求平均值计算）/天	DOS3（未来60天需求平均值计算）/天
D7BKN237V1	25,000	0	25,000	30	25,000	18,000	25,000	60	42	60
A2B23478V3	30,000	0	30,000	30	40,000	15,000	40,000	45	60	45

在表 9-6 中，以物料 D7BKN237V1 为例，该企业采取了 3 个 DOS 指标来衡量目前 DOS 与目标 DOS 之间的差距。DOS1 指的是基于目前 ERP 系统中已经被锁定的生产任务所需要的物料数量，目前的总库存可以使用多少天，这也反映了 ERP 系统中计算库存消耗速度的基本逻辑。DOS2 衡量的是对于未来 30 天的平均需求，目前的总库存可以使用多久，是使用当前的库存数量 25,000 个，除以 30 天内 ERP 系统中生产所需的数量，乘以期间天数 30 天得来的。

$$DOS2=\frac{25,000 \text{个}}{18,000 \text{个}} \times 30 \text{天} \approx 42 \text{天}$$

同理可以得出 DOS3 为 60 天，就是说按照未来 60 天的平均需求量，目前的总库存可以使用 60 天。

上述运算结果可以表明，目前的实际库存数量是大于企业建立的库存目标的，需要对物料未来的补货计划进行调整，减少到货数量。当然，设立多个 DOS 指标，是为了让管理者能够从更长远的角度来检验自己对于目标库存所采取行动的准确性，比如从 D7BKN237V1 的 DOS3 指标可以看出，未来此物料的日均消耗需求在降低，这也证明现在采取降低补货数量的决策是安全合理的。

| 第 3 节 | 计划绩效管理

管理者希望通过对绩效结果进行缺陷分析、对标学习等活动来寻找改善自身不足的途径，从而建立起见微知著的预见性体系。由于计划工作本身的跨职能属性和难度，其绩效管理机制需要不断地实践与改善，使企业不仅仅关注数据本身，而是去探寻数据背后的问题。

1. 供应链计划中的基础计划岗位

贯穿供应链计划的职能岗位很多，不同的岗位将企业运营计划的大小决策从头到尾地进行推动与实施。计划本身作为指令来指导人员的行动与机器设备的运转，所以计划体系管理水平的高低，将影响组织整体的运营绩效。我们在第1章中介绍了供应链计划体系模型（见图9-1），不难看出各计划之间的紧密衔接至关重要。而在计划链条的运转中，信息的传导效率、交付提前期的长度、计划与实际的误差、计划的有效性、计划的预见性，都需要企业建立基于实践的绩效衡量体系，并予以不断的观测和改善。

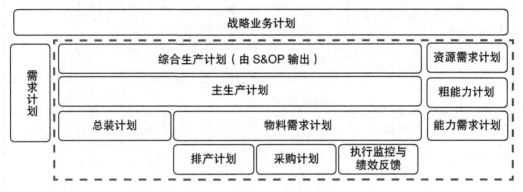

图 9-1　供应链计划体系模型

如同制造执行系统对于计划与生产过程的观测、采集、汇报及对比工作一样，计划体系的绩效衡量工作是管理层获知企业计划和实施能力的关键一环。计划体系的绩效衡量可以从各种维度进行推进，较为普遍的方法是建立指标与岗位之间的对应关系，形成行之有效的考核与改善机制。

一般来讲，计划体系中有需求计划员（Demand Planner）、综合生产计划员（Production Planner）、主生产计划员（Master Scheduler）、物料计划员（Material Planner）、计划协调员（Plan Coordinator）、S&OP负责人（S&OP Owner）等基础岗位，为了便于理解与参考，我们将第1章中讲解的各基础计划岗位的主要职责提炼在表9-7中做简要的阐述，目的是帮助读者了解岗位对应的计划对象和工作重点，以及更加清晰地表明岗位、职责与绩效之间的关系。

表 9-7　基础计划岗位与主要职责

岗位名称	主要职责 1	主要职责 2	主要职责 3	主要职责 4	主要职责 5
需求计划员（Demand Planner）	收集基于产品大类 / 产品线 / 产品系列 / 产品族的信息、客户的需求信息，包括需求数量和需求时间	完成数据和需求计划的分析	达成需求计划的共识	与需求计划制订、达成共识、变更的利益相关方进行需求信息、计划的沟通	
综合生产计划员（Production Planner）	沟通产品大类 / 产品线 / 产品系列 / 产品族相关需求计划或信息、收集关键资源相关信息	完成不同情景下综合生产计划的成本分析、交付分析、资源匹配等	参加 S&OP 并达成综合生产计划的共识	与综合生产计划制订、达成共识、变更的利益相关者进行信息、计划的沟通	
主生产计划员（Master Scheduler）	沟通产品需求计划或信息、收集产品级关键能力信息	完成不同情景下主生产计划的成本分析、交付分析、资源匹配等	组织生产会议并达成主生产计划的共识	与主生产计划制订、达成共识、变更的利益相关者进行信息、计划的沟通	
物料计划员（Material Planner）	批准计划订单	拉近或推远待交付订单	主动识别潜在风险并采取预防措施以消除或降低问题的影响	错误信息的溯源和修正	计划参数的分析和优化
计划协调员（Plan Coordinator）	实现主生产计划和物料需求计划确定的交付时间	审核资源并释放车间订单	监控后续资源和环境变化	提高资源利用效率，包括物料、工装、设备、人员等	
S&OP 负责人（S&OP Owner）	S&OP 流程的组织者	负责组织各级 S&OP 会议	负责向高层领导呈现问题并组织团队解决冲突		

　　管理者需要了解的是，计划职能和计划岗位在很多企业是被分散在不同职能部门的。有的企业基于自身特点，使某些计划职能由其他岗位人员兼任，例如需求计划的制订等由销售或商务人员完成，而并不设置专属的需求计划员。与计划职能相关的管理岗位有很多，例如需求经理、计划经理、主计划经理等，下面主要从计划流程与作业的角度，介绍基础计划岗位的工作职责和计划绩效管理矩阵，供读者参考。

2. 计划绩效管理矩阵

合理分工与高效协同使得企业在复杂的商业环境中更具竞争力。虽然每个计划岗位的职责不尽相同，但在绩效管理上则明显地体现了协同和分工的重要性。在整个计划体系运作中，不同的岗位既有共担绩效也有独立绩效，比如需求计划员的职责并不局限在完成需求计划本身，而是在完成需求计划的过程中，综合考量与推动多项指标和进程，并及时处理差异。管理层需要认识到，很多的绩效指标不可能由一个部门或职能独立达成，例如服务水平、库存和计划提前期等指标，所以管理层对于计划绩效需要建立一个合理而科学的衡量机制，并从分工与定义开始。

值得一提的是，现代企业大多采用 RASCI 方法来进行复杂的分工与任务分配。RASCI 是一个直观的分工与角色模型，用以明确组织机构或流程再造过程中的各个角色及其相关责任，其中"R"代表 Responsible，即负责人，负责牵头与推动布置任务与目标；"A"代表 Accountable，即批准人，负责批准与布置任务或目标；"S"代表 Support，即支持性岗位，配合负责人完成任务或目标；"C"代表 Consulted，负责为各个相关的角色提供咨询服务；"I"代表 Informed，即被通知人，被通知人在目标的制定和任务的执行过程中是信息的接受者，但并不意味着与此制定或执行过程无关，因为目标或项目信息与状态对于被通知人来说可能是重要的。

表 9-8 使用了 RASCI 方式建立基础计划岗位绩效管理与职责分工矩阵，用来展示基础计划岗位、角色职责和参考绩效指标之间的关系。在企业管理中，会出现一些绩效存在多个负责人的情况，比如，库存就由多个计划岗位同时承担主要责任；有些绩效的"A"并未列在下表，比如主生产计划周期（提前期）需要经理层级（如计划经理、运营或供应链负责人等）的审批。

表 9-8 基础计划岗位绩效管理与职责分工矩阵

岗位名称	需求计划稳定性	综合生产计划稳定性	主生产计划达成率	物料齐套率	准时交付率	主生产计划周期	库存周转率
需求计划员（Demand Planner）	R	S	S	C	R	S	R
综合生产计划员（Production Planner）	S	R	C	C	R	S	R
主生产计划员（Master Scheduler）	S	S	R	S	R	R	R

岗位名称	需求计划稳定性	综合生产计划稳定性	主生产计划达成率	物料齐套率	准时交付率	主生产计划周期	库存周转率
物料计划员 （Material Planner）	S	C	S	R	R	S	R
计划协调员 （Plan Coordinator）	C	C	S	S	R	S	S
S&OP 负责人 （S&OP Owner）	A	A	C/I	C/I	R	S	S

在表 9-8 中，以需求计划稳定性为例，需求计划员作为达成此绩效的负责人，在工作链条中需要综合计划员、主生产计划员和物料计划员提供各类重要的进度与误差信息，咨询计划协调员产线状况，结合需求预测和客户的要求推动需求计划的决策并报 S&OP 负责人和相关领导审批，整个过程需要各方高度协同，各司其职。协同的工作模式是计划岗位绩效机制的一种搭建方式。由于不同企业的组织结构和协作模式并不相同，读者可以根据实际做出相应调整，表 9-8 内容仅供参考。本章将在接下来的内容中介绍前文提到的相关绩效指标。

3. 计划绩效的评估与分析

在供应链计划管理体系中，计划对象、计划目标、计划任务、计划进度是形成供应链计划管理机制的重要元素，对目标与进度的度量与评估是管理者十分关注的管理内容；而且由于计划工作本身的特殊性质，其涉及的很多 KPI 与分解绩效指标，例如采购、制造等的指标，都有绩效共担的明显特质（例如库存周转率与准时交付率等），所以对于计划绩效的评估不能抛开其他供应链运营进程而去孤立地分析与评判。

1）计划绩效评估组织的建立

管理者希望通过计划绩效管理提高计划的可行性、指导性与准确性。计划绩效评估机制在某些方面决定了员工的行为和运营作业的模式，而计划绩效评估组织的结构决定了指标衡量结果的分析维度、深度，以及采取改善措施的力度及方向。

根据计划的不同内容，计划绩效评估组织的构成多有不同，表 9-9 举例说明了参与评估的职能及其对应的评估内容，用以说明计划绩效评估组织中每个人的角色和工作内容。由于企业运营形式和组织构架各不相同，此表仅供企业参考。

表9-9 计划绩效评估组织各职能与对应的评估内容

参与评估的职能	需求计划稳定性	综合生产计划稳定性	主生产计划达成率	物料齐套率	准时交付率	主生产计划周期	库存周转率
总经理等最高管理层					√		√
营销职能	√		√		√		
生产制造职能	√	√	√	√	√	√	√
供应链职能	√	√	√	√	√	√	√
财务职能					√		√

　　搭建计划绩效评估组织的意义不仅仅是确保评判标准的合理性与真实性，更是使计划绩效管理框架更加透明，以及透明机制下的数据得以客观地呈现和正确地衡量，从而督促指标设立人员推动指标精炼机制，体现运营管理的本质；而且多部门的参与可以推动评估结论和分析内容被快速输出并形成改善措施，从而强调在实务中的执行原则，并使企业从不同的角度监督执行与改善效果和进程。

2）计划绩效评估进程的设定

　　计划绩效评估组织应推动企业摒弃年度考核机制，建立连续性考核进程管理体系，有针对性地对不同的评估任务和衡量指标进行细化考核，把对计划执行结果的关注延伸到对计划执行过程的关注，使得企业在连续性考核过程中，监测改善内容与行动的可行性，不断优化指标体系与行动指引，快速应对变幻莫测的竞争环境。表9-10举例说明了一些制造企业与计划相关的计划绩效评估频率，例如管理者都知道库存周转率是年化指标，但是对其进行连续性监测和快速改善，可以使得库存管理水平得到明显提高，防患于未然。考核频率往往与计划周期和频率相关，而在信息化、数字化的今天，计划频率的加快和频次的增多已经逐步实现，企业需要做出适应性的调整，满足高变化率的市场动态需求，提高客户满意度和服务水平。

表9-10 计划绩效评估频率

绩效评估频率	需求计划稳定性	综合生产计划稳定性	主生产计划达成率	物料齐套率	准时交付率	主生产计划周期	库存周转率
周度考核			√				√
月度考核	√	√	√	√	√	√	√
季度考核	√	√	√	√	√	√	√
年度考核	√	√	√	√	√	√	√

3）计划绩效评估结果的分析

在管理实践中，绩效指标的制定与组合方式有多种选择，例如从衡量内容分解的角度来讲，有的企业选择了依照 SCOR 有关的标准定义去执行；有的是将国际供应链理事会提供的 SCOR 记分卡（SCOR Mark）作为参考标准；有的则是深入运营实务，在参考 SCOR 指标的基础上，建立适合自身特点的企业级衡量标准。在表 9-11 中，某企业采用了基于自身业务特点并和 SCOR 指标定义结合的方法来衡量针对客户 AA 的订单行完美满足率，通过表格展现的元素内容和运算逻辑，建立采集与分级基础，为推动交付能力的改善提供分析依据。

表 9-11　客户 AA 订单行完美满足率衡量示例

评估对象	分值	数据采集结果/行	衡量依据	绩效衡量条件
按照对客户 AA 的首次承诺，准时和完整的订单行交付率	92%	950	按照对客户 AA 的首次承诺日期，准时交付的订单行总数	1. 承诺日期是指首次承诺客户的交付日期； 2. 需要在对基于内部共识的可承诺量进行检核后发出承诺日期； 3. 必须以对方正式收到的确认为依据； 4. 与客户 AA 使用 INCOTERMS2010 版本，DAP 香港地区机场货仓条款，交货方需考量所有物流时间； 5. 准时交付采用区间计时方法，早于承诺日期 3 天，不晚于承诺日期后 1 天，均被认为是符合承诺的交付
		940	按照对客户 AA 的首次承诺日期，足量交付的订单行总数	
		920	按照对客户 AA 的首次承诺日期，准时和足量交付的订单行总数	
按照客户 AA 的最终要求，准时和完整的订单行交付率	82%	850	按照客户 AA 的最终要求，准时交付的订单行总数	1. 要求日期是指客户 AA 最后一次要求的交付日期，但不能少于双方达成共识的一般运输时长； 2. 需要在对基于内部共识的可承诺量进行检核后发出承诺日期； 3. 必须以对方正式收到的确认为依据； 4. 与客户 AA 使用 INCOTERMS2010 版本，DAP 香港地区机场货仓条款，交货方需考量所有物流时间； 5. 准时交付采用区间计时方法，早于要求日期 3 天，不晚于要求日期后 1 天，均被认为是符合承诺的交付
		830	按照客户 AA 的最终要求，足量交付的订单行总数	
		820	按照客户 AA 的最终要求，准时和足量交付的订单行总数	

评估对象	分值	数据采集结果/行	衡量依据	绩效衡量条件
订单行完美满足率	75%	750	全部按时、足量、满足质量和文档交付的订单行总数	1. 同时满足承诺与要求，按时、按质、按量、文档齐全地交付； 2. 经与对方质量部门共识，在进厂检验阶段判定为不合格的产品，其相关订单行为不满足准时、足量交付

备注：客户 AA 订单总行数为 1000 行 [基于设定衡量区间的评单总数 (可以跨越不同订单)]。
客户 AA 订单行完美满足率：同时满足承诺与要求，按时、按质、按量、文档齐全地交付；经与对方质量部门达成共识，在进厂检验阶段判定为不合格的产品，其相关订单行为不满足准时、足量交付；交付计算以完整订单行为单位，而不是数量。

对订单行完美满足率的最终衡量是来自满足所有严苛条件后的结果，即 750 行订单行同时满足对客户的承诺与客户要求，按时、按质、按量、文档齐全地交付，并通过了对方的进厂检验。

从这个案例中不难观测到，该企业按照客户最终要求的交付绩效远低于首次承诺的绩效，这从一个侧面说明客户 AA 存在多次改变交货要求的可能，使得企业在交付管理上陷入困境，这就迫使两家企业的业务骨干有针对性地进行端到端的需求链条梳理，建立更加合理的库存策略和针对性改善方案。该企业需要在其采购品类策略、原材料库存策略、采购周期管理、制造模式等方面进行一系列的调整与部署，缩短整体交付提前期，并与上游供应商平衡库存水平，保证快速响应。

企业对于计划绩效评估的分析活动应该定期展开，并持续跟进，建立紧急与重要进程管理措施，开立与监督待办事项，推动相关人员进行活动改善。

| 第 4 节 | 计划绩效改善

1. 计划绩效表现

当今企业在计划管理上面临诸多挑战，例如生产计划的不合理排程、缺料严重、交付困难、库存增加等。

随着企业面对的不确定性因素越来越多，业务发展促使企业规模不断扩大，生产经营布局更加复杂，来自客户和产品的需求增多，使得计划工作面临的挑战日益突出。尤其在ETO和MTO制造模式下，出现了较多的生产计划不合理倒排的情况。生产计划倒排本身是一个合理的计划逻辑，但当客户要求的交付日期超过企业供应链上游整体的反应速度或交付提前期能力时，此时的倒排已经丧失了计划本身的逻辑，即便销售人员向客户承诺了基于要求的交付时间，也不具备可实施性。

计划体系本身包括综合生产计划、主生产计划、物料需求计划以及与其对应的3个层级的能力计划。如果企业能以计划层级为纲，合理地、由远及近地规划产能，包括内部产能和供应商产能，就会很好地实现供给与需求之间的平衡。在实际工作中，企业往往忽视了对供应商产能的合理规划，当然也包括对客户指定供应商进行产能规划所面临的挑战，这些恰恰是企业缺乏远期产能规划而在近期无法实现准时交付的主要原因。

无论是计划原因，还是供应商产能不足以及客户调整计划等引起的缺料，都会引起针对客户需求的交付困难。有的企业准时交付率长期处在低位状态，这势必会降低客户满意度，使企业丧失在市场中的竞争力，所以从生存与发展的角度出发，保证对客户的准时交付是管理层对计划和供应链职能最基本的要求之一。

基于计划的频繁调整及供应链的波动，部分企业的库存长时间处于不合理状态，其中一个较为普遍的现象就是库存水平居高不下，但是交付水平不乐观。当然，客户需求的变更或消失，都可能造成现有生产计划的推延或成品的无法交付，但问题根源大多是计划失序。由此可见，一个企业如果缺乏结构化的计划管理体系，以及与之匹配的供应链文化，在很大程度上是很难应对当前市场上复杂多变的客户需求的。

2. 绩效差距的根本原因分析

越来越多的运营部门实施了计划绩效管理机制，但在实际运营过程中，总是出现实际绩效与目标存在差距的现象。出现这种现象的原因多样，具体如下。

● 计划管理缺乏结构化运作和协同机制。例如没有专业固化的计划流程，计划周期错位滞后，缺乏内外部协同。

● 承诺缺乏责任感。缺乏应对需求变化与供应变化的管控与共识机制，随意承诺或改变承诺。

● 计划缺乏可实施性。例如缺乏能力规划，各级计划没有形成固定流程与时间周期管理制度，计划传递形式不一，数据不同源和信息不对称，目标完成标准不明确，计划编制和执行脱节且不受约束。

● 执行缺乏严肃性。例如计划执行过程缺乏权威性，随意插单的情况普遍存在。

●运筹需要创新性。有些组织缺乏结构化的计划管理体系，计划部门往往根据销售订单或客户需求直接进行排产，这种缺乏前瞻性的思维，以及缺少供给和需求的协同的传统计划模式，需要在运筹管理上不断创新。今天的计划管理工作应该着眼于端到端供应链思维下的客户订单履约系统的建设与实施。

当然，除了上述导致计划管理粗放的原因外，其他原因也应引起企业管理层的重视，比如绩效管理流于形式、考核数据难以收集、考核标准不明确、考核结果主观影响因素较多、运营管理薄弱、计划相关会议与决策过程繁杂且议而不决、缺乏目的和目标等。

3. 开展有效的绩效改善活动

针对计划绩效差距产生的原因，企业应建立专业的计划管理职能团队，进行精细化管理，逐步建立系统、规范的计划运营管理和绩效管理平台，使计划运营管理的落实有保障、绩效管理有导向。绩效改善的途径如下。

1）连接计划传导与实施状态回写断点

通过信息化与数字化手段，企业可以大幅度减少计划管理中的停滞与实施缓慢问题。对于计划缺乏可实施性的问题，企业计划工作内容和目标时应根据实际计划内容和岗位职责明确标准及要求，切实做到从成品到物料的梳理与分解，做到计划内容有人对接，计划目标可以衡量。

对于执行缺乏严肃性和承诺缺乏责任感的问题，管理层应确保计划和实施内容的一致性，对工作任务的分解要科学，要制定管理和工作绩效的衡量标准，明确计划与行动的主要时间节点，对数量和质量建立明确的界定和监督机制，关注部门与部门之间的沟通，协调问题的落实与升级管理，实现计划管理的有效协同和联动，在容错与严格治理之间把握好尺度。

2）改善与填补管理短板

加强运营管理能力和人才建设是填补短板的有效手段。管理层和计划组织通过对计划绩效考核机制的执行、改善与梳理，加快企业管理经验的沉淀和积累，初步形成企业的管理能力和知识平台，并通过吸引专业人才加快运营体系与能力的建设。

同时对于计划过程和计划绩效体现出来的问题，管理者和计划组织要进行深度分析与诊断，挖掘企业潜力，梳理解决路径和方案，逐一解决问题，不断增强各环节中各部门的能力，增强与改善运营能力，促进计划管理水平和绩效水平的提高。

3）计划管理结构化

对于计划管理缺乏结构化运作和协同机制的问题，企业要建立结构化的运营系统，从需求到供给，从战略到运营，从需求计划到物料需求计划，层层部署，逐级落实。

企业除了建立专业的计划管理体系外，同时也需要建立专业的计划绩效评估机制。计划绩效评估的本质，除了是观测与管控计划的效率、质量和实施的进度，同时也是激发企业和员工更深层次地理解被分解的计划过程和被诊断的问题根源，能让计划人员寻找更好的途径与方案去优化机制和提高业绩，变被动考核为主动管理。

4）实现高度协同运营

开展内外部协同已经是企业提升运筹能力和竞争力的重要内容，而推动企业运营的计划管理体系需要打通内外部供应链，依靠不断发展的供应链计划软件和 ERP 平台缩短计划传导的时间，将端到端供应链条中不断变化的情况进行高效共享，就解决方案和行动路线达成共识，确保计划的可实施性和响应周期的稳定性。例如，很多企业在不断优化流程管理与信息传导机制的前提下，通过各类计划与执行软件的实施，将端到端供应链条上的变化用尽可能量化的形式进行展现，并使用商业智能软件协助进行数据采集、数据挖掘与深度分析，为快速决策建立判断依据，为进一步开展内外协同创造良好的条件。

4. 高层管理者的作用

在计划绩效管理过程中，高层管理者的介入对于计划体系和计划绩效评估机制的运转具有强有力的推动和促进作用。目前越来越多的企业高层管理者注意到了计划管理与计划绩效管理的重要性，这对增强企业的运营能力至关重要。

1）带动员工了解需求计划的重要性

作为重要的运营计划之一，需求计划的制订与传达对企业整体运营起着重要的作用。高层管理者的参与将使各层级人员提高对需求计划的关注度，提升需求计划实施的效率和质量，使需求计划的重要性得到显著增强。

2）推动企业实施 S&OP

高层管理者参与 S&OP 过程，使得各层级计划人员在制订计划的过程中能够在统一协调指挥的情况下有更高效、更精细的产出，并及时处理非正常现象或升级事件。

3）着手建立插单管控机制

高层管理者的介入可以有效地减少无序插单、删单、推迟进行等情况，对超越流程与排程规则的现象起到有效的抑制作用。

4）督促各部门加快能力建设

高层管理者在建立、引导、组织、整合团队力量，鼓舞士气上具有重要的推动作用，还能针对导致绩效差距产生的根源性问题进行分析与诊断，给出意见、建议，督促与协助各部门加快能力建设。

　　总之，高层管理者应当认识到，如果忽视计划体系和计划绩效机制的运转工作，将使运营管理过程经常性地出现问题搁置、随意修改等问题，影响交付绩效和运转效率，这是运营管理过程中应当全力避免的。高层管理者关注计划管理和计划绩效机制，可以起到保证管理秩序、维持正常的计划实施进程的作用，可以推动与协助实现企业目标。建立有效的、连贯的计划绩效机制是企业提升整体运营能力的重要途径。

5. 积极开展与计划绩效改善相关的实践活动

　　在实践中获得更深入的认知是有效的提升计划绩效的手段，越来越多的企业持续开展基于实践的计划绩效改善活动，使得计划绩效与管理机制能够在长期的实践变得更加客观与成熟。

1）建立持续改善交付提前期的有效机制

　　交付提前期是指从收到客户订单到交付给客户产品或服务的时间跨度，它是指企业的"净"交付提前期［在 SCOR 中称为订单履行过程时间（Order Fulfillment Process Time）］，这个提前期是企业端到端供应链能力的真实体现。改善交付提前期就是减少整个供应链关键路径上的无效时间（例如企业内部运营各环节用于等待、排队的时间）和时间跨度延长的风险。这些改善活动包括缩短各环节的计划提前期；通过精益活动加快反应速度，从而缩短整体制造周期；通过更好的供应链计划与品类管理策略缩短原材料供应商的交付周期和增加供应弹性；等等。

　　交付提前期是企业综合能力的体现，涉及计划、制造、采购、供应商管理、库存管理等方方面面。企业不可能完全靠自身加深对目标和能力的认知，而是需要通过建立成熟持续的对标机制向先进标杆学习，确立竞争性需求，使团队认识到变革的重要性，并通过不断地复盘与改善规划行动，促进跨职能的协作落实到位。除了引进专业人才、寻找缺陷存在的深层次原因以及形成多职能协同解决方案等部分重要的改善活动以外，开展针对客户与产品的专项提高活动对推动交付能力的增强和改善交付提前期也具有重要意义。

　　值得注意的是，在与交付提前期有关的绩效指标中，一些企业选择持续衡量与缩短主生产计划的提前期。主生产计划的提前期是指主生产计划员从收到客户订单到下达生产计划的时间长度，衡量这个指标的目的是关注计划成型并开始实施的效率。

2）积极开展库存绩效优化活动

　　在经营管理中，库存管理和绩效通常是一个共担指标。企业组织结构中通常设有采购、计划、生产、研发、销售等职能部门，而库存管理始终贯穿于经营管理的各个环节和职能。建议管理层对库存指标进行细分，并使不同部门管理不同的细化指标，避免将库存绩效和压力全部放在单一部门身上。例如有的企业的销售部门和商务部门对产成品库存目标的设定和绩效负责，制造部门对在制品负责，采购部门则是对采购物品负责，各环节的安全库存目标与状态由相关部门负责，而各职能的计划人员起着重要的策划与监测作用。有的企业则通过S&OP过程，在统一的计划体系中，在计划部门的带领下，持续计划与管理库存目标。

库存周转率在实践中已经被广泛地应用在观测整体、产成品和原材料等不同的层级上，这类被分解到不同层级的绩效表现使得相关人员能够聚焦问题的严重部分，集中精力来提高弱项，加速改善。下面来看一家企业的库存管理实践案例，见表9-12。该企业采集每个客户订购的产品在生产环节所需要的原材料，并按照不同的库存周转率进行归类，该企业将库存周转率≥12的原材料定义为高周转原材料，库存周转率≤3的原材料定义为低周转原材料，并对符合条件的数据进行整理。

表9-12　高周转和低周转原材料汇总

客户名称	库存周转率≥12的原材料库存金额/万元	全部原材料库存金额/万元	库存周转率≥12的原材料库存金额占比	库存周转率≥12的原材料种类	全部原材料种类	库存周转率≥12的原材料种类占比
AAA	133.6	1,126.1	11.9%	100	1,808	6%
BBB	27.4	481.6	5.7%	43	1,227	4%
CCC	10.7	55.9	19.1%	45	196	23%
DDD	77.5	447.7	17.3%	100	870	11%
EEE	0.5	126.6	0.4%	2	313	1%

客户名称	库存周转率≤3的原材料库存金额/万元	全部原材料库存金额/万元	库存周转率≤3的原材料库存金额占比	库存周转率≤3的原材料种类	全部原材料种类	库存周转率≤3的原材料种类占比
AAA	314.6	1,126.1	27.9%	781	1,808	43%
BBB	145.8	481.6	30.3%	522	1,227	43%
CCC	11.2	55.9	20.0%	50	196	26%
DDD	181.6	447.7	40.6%	369	870	42%
EEE	86.6	126.6	68.4%	229	313	73%

在表 9-12 中，该企业通过报表将库存周转率 ≥ 12 和 ≤ 3 的原材料统计出来，通过其与全部原材料库存金额及种类的对比，来观测库存周转率较高和较低的原材料占目前全部原材料库存金额及种类的比例。比如，客户 AAA 所需的原材料中，有 781 种原材料的库存周转率 ≤ 3，占了该客户所需原材料种类的近 43%，这个占比是相当大的，这就提醒有关人员（包括采购和物料计划人员）需要采取针对性的措施来提高这类原材料的库存周转率、降低库存水平，以使得与此客户有关的整体的库存周转率得到提高。针对这个案例，该企业采取的主要行动包括减少原材料的最小订购批量、回顾安全库存设置的合理性、推动实施 JIT 物料补货方式等。

3）大力推动准时交付能力的提升

当今很多企业都面临着准时交付率偏低的问题，低水平的准时交付能力甚至影响了企业在市场上的竞争力，所以推动准时交付能力的提升，已经成为管理层的重要任务之一。

下面列举了一个制造企业通过关注准时交付率来推动运营能力的提升，进而改善交付绩效，提高客户满意度的案例。表 9-13 所示为该企业针对客户所采购产品的总体交付水平，管理层对于 OTDC 的目标是 100%，对于 OTDD 的目标是 95%。其中，某些产品的支付水平既满足客户需求又符合企业承诺的交付能力，是企业综合计划能力较强的有力证明，比如 A1B037A 和 A2B368D 两种产品；但是产品 A2H334G 的交付水平很低，企业必须做出改善。

表 9-13　企业 OTDC/OTDD 交付情况

订单号	订单行号	产品号码	要求数量/个	要求出货日期	承诺数量/个	承诺出货日期	实际交付数量/个	实际交付日期	OTDC	OTDD
20220105	021	A1B037A	120	2022 年 5 月 5 日	120	2022 年 5 月 5 日	120	2022 年 5 月 5 日	100%	100%
20220105	022	A2B368D	300	2022 年 5 月 5 日	300	2022 年 5 月 5 日	300	2022 年 5 月 5 日	100%	100%
20220105	023	A1B038A	200	2022 年 5 月 5 日	200	2022 年 5 月 15 日	200	2022 年 5 月 15 日	100%	0
20220105	024	A2H334G	200	2022 年 5 月 20 日	200	2022 年 5 月 25 日	200	2022 年 5 月 30 日	0	0
20220105	025	A3H556B	300	2022 年 5 月 28 日	200	2022 年 5 月 28 日	200	2022 年 5 月 28 日	100%	0

针对此产品的交付失效状况，计划人员发现供应商提供的原材料的准时交付率很低，

而且主生产计划达成率也较低。企业分析根本原因后发现，供应商产能与企业自身的产能都存在与需求严重不匹配的现象，其根本问题在于缺乏供应链计划协同，具体地说，就是供应商的产能与企业的产能没有在 S&OP 过程中与生产计划形成很好的协同效应，造成内部生产计划与供应链产能计划严重脱节。

据此，计划人员建议采购人员对供应商产能依据项目管理的方式进行改善。据采购人员反馈，如果供应商想增加设备投入，需要企业提供未来 3 年的战略业务计划作为参考。采购部门经过核对，确认该物料属于战略物料，需要与供应商建立深度合作的伙伴关系。经过双方高层管理者的协商以及对战略业务计划的深入沟通，最终形成了供应商产能提升计划并迅速开展实施活动。企业内部也同期开展了产能提升活动，对一部分非重要产品实施了制造外包，从而释放了关键设备的产能。为从根本上解决问题，高层管理者参与并主导提升了 S&OP 的严肃性和可行性，采购部门不定期地开展供应商产能的审核活动。在一系列的改善活动后，产品 A2H334G 的交付水平得到了明显且稳定的提高。

以上这些基于实践的改善项目只是具有代表性的活动，企业在运营中通常会开展更加广泛和深入的绩效改善实践活动，例如从原材料质量管控、供应商交付能力提升、精益制造、敏捷供应链等方面同时入手，不断完善与丰富端到端供应链体系，为整体管理能力的增强打下坚实的基础。

供应链管理专家（SCMP）
职业水平认证项目介绍

一、项目背景

中国物流与采购联合会（以下简称"中物联"），是国务院政府机构改革过程中，经国务院批准设立的中国唯一一家物流与采购行业综合性社团组织。

供应链管理专家（SCMP）认证项目由中物联组织近 40 位国内顶级专家精心开发——历时 10 年打磨、历经两次改版，是国内唯一拥有自主知识产权的、符合中国供应链发展实际的供应链管理职业认证项目。该项目立足供应链管理职业教育，努力贯彻《国务院办公厅关于积极推进供应链创新与应用的指导意见》关于供应链人才培养的部署，坚持可持续更新和专业化方向、与国际接轨的原则，为广大企业的采购、物流、运营、计划等与供应链相关岗位的人员提供一套权威的认证知识体系。

二、项目价值

1. 对个人而言

（1）系统化学习、梳理和掌握最前沿的供应链管理发展趋势。

（2）熟练运用供应链专业知识，为企业创造更多价值，获得更多成就和认可。

（3）取得 SCMP 证书，是职业能力的重要体现，为职业发展提供更加广阔的空间。

2. 对企业而言

（1）快速多变的外部环境给企业带来巨大挑战，推进 SCMP 认证和贯彻企业供应链愿景和战略，将给企业带来"事半功倍"的效果。

（2）众多供应链试点项目和标杆企业，都开始运用或部署 SCMP 认证，赋能企业供应链实践，为企业发展培养和储备供应链专业人才，提升企业竞争力和抵御风险的能力。

三、适合对象

（1）供应链总监、经理、主管。

（2）采购、项目管理、材料管理、运营管理、供应商质量保证、财务、计划等岗位专业人士。

（3）物流和其他岗位具有一定经验的相关专业人士。

四、知识体系

新版供应链管理专家（SCMP）知识体系采用 6+1 模式，包含 3 册必修教材（《供应链运作》《供应链规划》《供应链领导力》）、3 册选修教材（《物流管理》《计划管理》《采购管理》）、1 册术语集（《供应链术语》）。

供应链运作	1. 供应链管理概述 2. 客户需求管理与交付 3. 库存管理基础 4. 物流管理	5. 生产运作 6. 服务运作 7. 采购运作 8. 质量管理	物流管理	1. 运输管理 2. 仓储管理 3. 逆向物流 4. 物流服务	5. 物流设施与设备 6. 物流信息系统与技术 7. 物流网络规划 8. 物流绩效
供应链规划	1. 供应链环境、战略和价值 2. 供应链设计 3. 供应链集成和优化 4. 供应链成本管理	5. 供应链财务分析及工具 6. 数字化供应链技术和应用 7. 供应链项目管理 8. 供应链管理创新	计划管理	1. 计划概述 2. 预测与需求计划 3. 综合供应计划 4. 销售与运营计划 5. 主计划、物料计划及排程	6. 供应能力计划与管理 7. 库存管理 8. 计划信息系统 9. 计划绩效
供应链领导力	1. 供应链管理领导力概述 2. 组织和供应链的战略与目标 3. 组织结构规划与重组 4. 人力资源管理与员工激励	5. 伙伴关系管理 6. 沟通与协同 7. 供应链组织绩效管理 8. 社会责任、道德和合规管理 9. 供应链风险管理	采购管理	1. 采购需求 2. 品类管理 3. 寻源管理 4. 全球采购 5. 间接采购	6. 数字化采购 7. 采购谈判 8. 合同管理 9. 采购与供应商绩效管理

知识体系框架

五、认证流程

供应链管理专家（SCMP）知识体系自2024年起将采用"3（3门必修课）+X（自选1门选修课）"的认证思路，认证流程大体分为3个环节：培训—考试—认证及再认证。

1. 培训

（1）3+X：学员可以在选择3门必修课的基础上，任选1门选修课进行学习，也可以3门选修课都学习。每门课程培训时长为两天。

（2）培训有线上、线下两种模式可选，由中物联授权的培训机构负责组织。

（3）培训讲师均为经过中物联培训并授权的资深供应链管理培训专家。

2. 考试

（1）中物联在全国范围内统一确定考试时间（每年3月、7月、11月），统一组织考试。

（2）考试的形式是机考。考生参加考试必须有在中物联购买教材的记录。考生可自行决定每次报考科目数量。

（3）每个科目的考试皆为100道单项选择题，60分为通过。

（4）每个科目的考试时间为120分钟。

（5）考试未通过的科目可以申请补考，单科成绩保留两年。

3. 认证及再认证

（1）认证层次

●两年内通过3门必修课和1门选修课考试并且通过认证的考生，将获得由中物联颁发的供应链管理专家（SCMP）相关选修方向的证书。

●两年内通过3门必修课和3门选修课考试并且通过认证的考生，将获得由中物联颁发的供应链管理专家（SCMP）总证书。

（2）认证条件

考生须满足以下条件中的一项方可申请认证：

●具有3年及以上全职物流、采购、运输、供应链等方面的工作经验。

●拥有大学本科学历，全职从事物流、采购、运输、供应链等相关工作1年及以上。

证书样本

（3）再认证条件

本职业认证非终身制，每次认证的有效期为4年。申请再认证需要按规定提交在4年内接受不低于60个学时的供应链管理领域继续教育（含在线）证明或其他有效证明文件。

详情请查询中物联采购服务网或通过以下方式

田老师：010-83775665

崔老师：010-83775730

微信：CFLP_SCM

邮箱：jyrz@chinascm.org.cn

地址：北京市丰台区丽泽路16号院2号楼铭丰大厦1212室